DISCURSO POLÍTICO

Patrick Charaudeau

DISCURSO POLÍTICO

Tradução
Dilson Ferreira da Cruz
e Fabiana Komesu

Le discours politique: les masques du pouvoir
Copyright © Vuibert, Paris, 2005

Todos os direitos desta edição reservados à
Editora Contexto (Editora Pinsky Ltda.)

Montagem de capa
Gustavo S. Vilas Boas

Diagramação
Antonio Kehl

Revisão
Lilian Aquino

Dados Internacionais de Catalogação na Publicação (CIP)
(Câmara Brasileira do Livro, SP, Brasil)

Charaudeau, Patrick
  Discurso político / Patrick Charaudeau ; tradução Fabiana
Komesu e Dilson Ferreira da Cruz. – 2. ed., 4ª reimpressão. –
São Paulo : Contexto, 2018.

  Título original: Le discours politique: les masques du pouvoir
  Bibliografia.
  ISBN 978-85-7244-318-0

  1. Análise do discurso 2. Persuasão (Psicologia) 3. Poder
(Ciências sociais) 4. Política - Linguagem 5. Sociologia política
I. Título.

05-9884   CDD-320.014

Índice para catálogo sistemático:
1. Discurso político : Linguagem e comunicação :
Ciência política 320.014

2018

EDITORA CONTEXTO
Diretor editorial: *Jaime Pinsky*

Rua Dr. José Elias, 520 – Alto da Lapa
05083-030 – São Paulo – SP
PABX: (11) 3832 5838
contato@editoracontexto.com.br
www.editoracontexto.com.br

Proibida a reprodução total ou parcial.
Os infratores serão processados na forma da lei.

Para meus filhos.

Prólogo

A máscara não é necessariamente o que esconde a realidade. É verdade que em nosso mundo ocidental ela tornou-se – nas representações — um signo de dissimulação e mesmo de fraude: quanto mais ela oculta, mais simula. Oculta quando nos impede de ver o que permitiria identificar a pessoa mascarada (a máscara do Zorro). Simula quando nos dá a ver uma imagem diversa da que está escondida, uma aparência que deveríamos ter por verdadeira (a máscara da Virtude). Dito de outra forma, um jogo de ser e parecer em que supostamente a pessoa não é enganada, pois reconhecer a máscara seria denunciar o simulacro.

Mas a máscara é também, em outras tradições, o que define o ser em sua perenidade, em sua imutável essência. Ela é símbolo da identificação, a ponto de nela se confundirem o ser e o parecer, a pessoa e a personagem, tal como no teatro grego. Não há mais oposição entre o verdadeiro e o falso, o autêntico e o artifício, o vivido e o representado. Não há mais apenas um ser congelado em um momento de verdade, que faz unir a contingência do aqui-agora e a imutabilidade de uma natureza.

Pode-se conjugar essas duas tradições em uma das hipóteses que as Ciências da Linguagem nos oferecem: sendo o sentido que nasce de todo ato de linguagem o resultado do encontro entre um sujeito que enuncia e outro que interpreta, cada qual agindo em função daquilo que imagina do outro, pode-se dizer que a identidade desses sujeitos não é nada mais que a imagem coconstruída que resulta desse encontro. Assim, cada um é para o outro apenas uma imagem. Não absolutamente uma imagem falsa, uma aparência enganosa, mas uma imagem que é o próprio ser em sua verdade da troca. Nesse momento, a máscara seria nosso *ser presente*; ela não dissimularia, ela nos designaria como sendo nossa imagem diante do outro.

No entanto, várias máscaras são possíveis, e, portanto, várias identidades são possíveis: mudamos a situação de troca, substituímos as máscaras. Assim, sabendo-o, pode-se jogar com as máscaras, e o outro, que também o sabe, entrará no jogo. Tiramos a máscara e o que encontramos sob ela...? Outra máscara, depois outra e depois mais outra. A máscara é o que constitui nossa identidade em relação ao outro. Em outros termos, no que é dito, há sempre o que é dito e o que não o é, um não dito que, entretanto, também se diz.

O discurso político é, por excelência, o lugar de um jogo de máscaras. Toda palavra pronunciada no campo político deve ser tomada ao mesmo tempo pelo que ela diz e não diz. Jamais deve ser tomada ao pé da letra, numa transparência ingênua, mas como resultado de uma estratégia cujo enunciador nem sempre é soberano.

Este livro pretende mostrar como se instaura esse jogo de máscaras no discurso político, qual é o quadro de troca que o sobredetermina (na parte "As condições do discurso político") e quais são os meios discursivos de que dispõe o sujeito político para tentar persuadir e seduzir seus interlocutores (nas partes "Imagens dos atores políticos" e "Os imaginários de verdade").

Este estudo não aborda, portanto, este ou aquele discurso particular (de direita, de esquerda, fascista, totalitário, democrático, extremista etc.) para buscar definir sua especificidade. Ao contrário, trata-se, a exemplo de nosso estudo anterior sobre o discurso das mídias de informação,[1] de definir o domínio de prática social no qual se move o discurso político, de colocar em evidência quais são as condições gerais de emergência e as estratégias que se oferecem a todo ator político, quaisquer que sejam as ideias e as posições por ele defendidas. Descobre-se, então, que uma mesma estratégia

---

[1] *Le Discours d'information médiatique: la construction du miroir social*, Nathan-Ina, Paris, 1997 (esgotado). Retomado e reescrito, com acréscimo de partes inéditas, sob o título *Les Médias et l'Information. L'impossible transparence du discours*, De Boeck-Ina, 2005.

pode ser empregada em lugares diferentes do tabuleiro político. Virtude da generalização – que não ignora outros estudos mais específicos – e que nos permitiu, entre outras coisas, encerrar este livro (Balanço) com uma reflexão crítica relativa à nossa época: há verdadeiramente, como sustentam alguns, degenerescência do discurso político ou deve-se pensar em uma nova ética do conceito político?

Sumário

O QUE É DISCURSO POLÍTICO? 13
   A PALAVRA POLÍTICA NO ESPAÇO SOCIAL 15
      A palavra política e a questão do poder 16
      Do espaço social aos espaços sociais da palavra política 23
      Sobre a complexidade do campo político: os setores de ação social 27
   O ESTUDO DO DISCURSO POLÍTICO 32
      Desafios de análise diversos 33
      Uma problemática do discurso político como processo de influência social 39

AS CONDIÇÕES DO DISCURSO POLÍTICO: CONTRATOS E ESTRATÉGIAS 49
   AS RESTRIÇÕES DO DISCURSO POLÍTICO: DISPOSITIVOS,
   IDENTIDADES, LEGITIMIDADE 51
      Sobre o contrato de comunicação política 52
      Sobre a identidade do sujeito político: a questão da legitimidade 64
   AS ESTRATÉGIAS DO DISCURSO POLÍTICO 78
      Sobre a persuasão no discurso político 79
      A persuasão política entre a perversidade e o mentir verdadeiro 104

IMAGENS DOS ATORES POLÍTICOS 111
   O *ETHOS*, UMA ESTRATÉGIA
   DO DISCURSO POLÍTICO 113
      O *ethos* como imagem de si 113
      Os *ethé* de credibilidade 119
      Os *ethé* de identificação 137
   ALGUNS PROCEDIMENTOS LINGUÍSTICOS 167
      Os procedimentos expressivos 168
      Os procedimentos enunciativos 174
      Conclusão: o *ethos*, imagens versáteis 179

Os imaginários de verdade do discurso político 185
  Da ideologia aos imaginários sociodiscursivos 187
    O propósito como ideal dos fins 187
    O obstáculo da ideologia 190
    Representações sociais e sistemas de pensamento 194
    Imaginários sociodiscursivos 202
  Alguns imaginários de verdade do conceito de política 209
    O imaginário da "tradição" 211
    O imaginário da "modernidade" 214
    O imaginário da "soberania popular" 227
    O discurso político e a conjunção de imaginários opostos 241

Balanço – Uma questão em debate:
degenerescência do discurso político ou nova ética? 247
  As interferências na opinião pública 253
    Um deslocamento dos imaginários societários 256
    Uma transformação da consciência cidadã 261
    Sobre as tensões na razão de ser militante 272
    Perda ou transformação identitária? 277
  Os efeitos de interferência das mídias 280
    Especificidades da midiatização contemporânea 281
    Novas condições de visibilidade do discurso político 287
    Sobre a responsabilidade das mídias 293
  As interferências do discurso dos atores políticos:
  o chão do populismo 298
    O discurso de esquerda: fim da utopia 298
    O discurso de direita: fim do autoritarismo 300
    A fusão dos imaginários de verdade 301
    Um dispositivo sem adversário 302
  Conclusão: da dessacralização do discurso político à pesquisa de
  uma nova ética 305
    A prática política ocultando o conceito político 306
    Uma predominância do afeto 308
    Em direção a uma recomposição identitária 310
    Sobre a dessacralização 312
    Além do discurso populista, uma nova ética 314
    Uma nova relação entre as instâncias política e cidadã 315
    As condições para uma democracia popular não populista 317
    Sobre o dever dizer e o direito de olhar 318

  Bibliografia 321
  Os tradutores 328

O que é discurso político?

"Todo governo atual [...] é em parte um governo da palavra e da imagem."
Marc Augé, *Por uma antropologia dos mundos contemporâneos*, Bertrand Brasil, 1997.

A palavra política no espaço social

O que se entende por *discurso político*? A questão precisa ser colocada de imediato para evitar mal-entendidos e confusões decorrentes da perspectiva adotada. Trata-se dos discursos produzidos no campo da política? Da política enquanto discurso? Mas, então, a política seria apenas discurso? E a ação política seria secundária em relação ao discurso ou constituiria, ao contrário, a base política na qual o discurso seria implantado? As respostas não são evidentes e jamais podem emergir dissociadas de um ponto de vista particular. De fato, várias disciplinas têm analisado o fenômeno político sem que nenhuma tenha conseguido esgotar seu objeto: a Filosofia, a Sociologia, a Psicologia Social, a Antropologia Social, as Ciências Políticas e as Ciências da Linguagem, todas se interessam por esse fenômeno e o constroem como um objeto de estudo que lhes é próprio. Isso explica a tendência natural de cada uma delas de converter seu objeto em um absoluto (filosófico, antropológico, sociológico, linguageiro etc.) do fenômeno.

Para um linguista do discurso, que não pode ignorar que a linguagem não faz sentido, a não ser na medida em que este é considerado em um certo contexto psicológico e social – e que, consequentemente, em seus procedimentos de análise devem ser integrados conceitos e categorias pertencentes a outras disciplinas humanas e sociais –, convém tentar definir a problemática geral na qual será construído e estudado seu objeto. Aqui, mais particularmente, trata-se de tomar posição quanto às relações entre *linguagem, ação, poder* e *verdade*, a fim de determinar a problemática particular na qual será estudado o discurso político. Antes, porém, é necessário interrogar-se sobre a natureza e o funcionamento do que chamaremos, por ora, de *palavra política*, na medida em que ela se inscreve em uma prática social, circula em certo espaço público e tem qualquer coisa que ver com as relações de poder que aí se instauram.

A PALAVRA POLÍTICA E A QUESTÃO DO PODER

A questão do poder e da legitimidade política tem sido longamente discutida, começando por Platão, passando por Kant até chegar, mais recentemente, a Weber, Arendt, Foucault, Bourdieu e Habermas. Retomaremos diversas proposições desses autores para tentar determinar o que é o campo político. Sem exagerar a complexidade das relações de força que se instauram nesse campo, parece que é possível determinar quando são tratadas simultaneamente, e em interação, as questões da *ação política*, de sua finalidade e de sua organização; as *instâncias* que são partes interessadas nessa ação; os *valores* em nome dos quais é realizada essa ação.

Linguagem e ação

Linguagem e ação são dois componentes da troca social que têm uma autonomia própria e que, ao mesmo tempo, se encontram em uma relação de interdependência recíproca e não simétrica.

Todo ato de linguagem emana de um sujeito que apenas pode definir-se em relação ao outro, segundo um *princípio de alteridade* (sem a existência do outro, não há consciência de si). Nessa relação, o sujeito não cessa de trazer o outro para si, segundo um *princípio de influência*, para que esse outro pense, diga ou aja segundo a intenção daquele. Entretanto, se esse outro puder ter seu próprio projeto de influência, os dois serão levados a gerenciar sua relação segundo um *princípio de regulação*. Princípios de alteridade, de influência e de regulação são fundadores do ato de linguagem que o inscrevem em um quadro de ação, em uma praxiologia do agir sobre o outro.

Mas agir sobre o outro não pode continuar a ser uma simples questão de fazer fazer, de fazer dizer ou de fazer pensar. O enfoque é acompanhado de uma exigência, a de ver a intenção seguida de efeito. Essa condição completa o enfoque comunicacional por meio de um objetivo que consiste em colocar o outro na obrigação de tomar uma decisão desagradável, isto é, em uma relação de submissão à posição do sujeito que fala. A questão de saber o que pode obrigar o sujeito visado a submeter-se deve, então, ser colocada. Diremos que é a existência de uma ameaça ou a possibilidade de gratificação. Uma ou outra constitui uma sanção, e é essa possibilidade que confere ao sujeito que fala alguma autoridade. Desde que essa seja reconhecida pelo parceiro na troca, o projeto de influência adquire certo poder de ação. Da mesma forma, o sujeito-alvo é colocado em uma posição de dominado, o sujeito de autoridade em uma posição dominante e os dois em uma relação de poder. Assim, pode-se dizer que todo ato de linguagem está ligado à ação mediante as relações de força que os sujeitos mantêm entre si, relações de força que constroem simultaneamente o vínculo social.

A ação política

É a ação política que, idealmente, determina a vida social ao organizá-la tendo em vista a obtenção do bem comum. Ao mesmo tempo, é ela que permite que uma comunidade tome decisões coletivas, uma vez que seria movida por um "querer viver junto" (Arendt). Aqui, a noção de decisão coletiva deve ser examinada. Toda ação é finalizada em função de um objetivo e se estrutura em um espaço fechado irreversível, que faz com que o responsável, o agente, seja um decisor que deve se dar os meios de atingir seus fins. Decisor quer dizer que o agente não apenas elaborou um projeto no qual está inscrito o fim a atingir, mas que, além disso, tomou a decisão de engajar-se na concretização dessa ação pela qual ele é, a partir desse momento, totalmente responsável. Dar-se os meios de obter um resultado positivo significa que é esse mesmo agente que planifica da melhor forma possível a sucessão de seus atos, preocupando-se unicamente com a eficácia (não se planeja para fracassar), mas avaliando, ao mesmo tempo, as vantagens e os inconvenientes da escolha desse ou daquele meio (fonte de uma possível reflexão ética).

Mas se a decisão é coletiva, então as características da ação encontram-se modificadas. De fato, para que a decisão seja coletiva é preciso, inicialmente, que os diversos indivíduos que compõem o coletivo entendam-se para a elaboração de um projeto comum, decorrente de um objetivo comum, o que supõe a existência de um espaço de discussão onde se elabore esse projeto comum. Em seguida, é preciso que o compromisso de ação, sempre sob responsabilidade do coletivo, seja firmado por um seu representante. Finalmente, é necessário que os meios escolhidos também tenham sido discutidos, a fim de que se estabeleça qual deles deverá ser utilizado pelo representante. Por sua vez, esse representante é obrigado a prestar contas de seus atos perante a coletividade, que deve prever mecanismos de controle dos atos praticados por seus representantes: "convém desconfiar dos abusos do político e velar por seu controle, aplicando-o ao próprio político, usando de contrapoderes contra o poder", nos diz Ricoeur.[2] Daí resulta uma organização da ação política que compreende um espaço de discussão dos objetivos a definir (tanto nos partidos, sindicatos e outros grupos associativos quanto nas mídias), um *modo de acesso à representação do poder* (eleições) e *modalidades de controle* (no interior das diversas instituições e no exterior, por movimentos reivindicativos diversos). Vê-se que a linguagem não está ausente do desenrolar da ação política, já que esse espaço depende de um espaço de discussão.[3]

As instâncias

Isso nos conduz à questão das instâncias implicadas na ação política: a *instância política*, que é delegada e assume a realização da ação política; e a *instância cidadã*, que está na origem da escolha dos representantes do poder. É a instância política que se encontra em contradição: ela chegou ao poder por uma vontade cidadã (e não autoritária), mas esta, não estando

---

[2] Ricoeur (1991).

[3] Diremos que uma tal organização corresponde ao único caso do regime democrático, mas um regime monárquico ou ditatorial trabalha com os mesmos componentes da organização política; o que muda são os meios de atingir e a natureza das relações de força. O próprio espaço de discussão pode funcionar nesses regimes, ainda que de maneira reduzida ou manipulada, servindo, ao final das contas, de álibi.

encarregada dos negócios de Estado, não conhece as regras de seu funcionamento e ignora as condições de realização da ação política. A instância política, que é de decisão, deve, portanto, agir em função do *possível*, sendo que a instância cidadã a elegeu para realizar o *desejável*. Nasce, assim, um exercício difícil do poder político, que consiste em ditar a lei e sancioná-la, sempre se assegurando do consentimento da instância cidadã. É a teoria da "dominação legítima" desenvolvida por Weber,[4] que vai até a justificação da violência, legal, como meio necessário para que "os homens dominados se submetam à autoridade". É sabido que Arendt[5] contesta essa necessidade da violência ao definir o poder político como o poder dos cidadãos, princípio de determinação da comunidade que encontra aqui sua própria justificação, seu próprio fim. Não nos cabe resolver essa questão, mas fazer notar, seguindo Habermas, que de toda maneira a instância política encontra-se entre "dois processos contrários: a produção comunicativa de um poder legítimo [...] e a constituição dessa legitimação pelo sistema político, com a qual o poder administrativo estabelece uma relação reflexiva".[6] No entanto, se o poder administrativo remete às regras da ação política que acabamos de discutir, o poder comunicativo remete à busca pela dominação legítima – que, sem necessariamente justificar a violência, garante o acesso da instância política ao poder, ou sua manutenção nessa posição –, pois ela se encontra permanentemente ameaçada por uma sanção física (golpe de Estado), institucional (derrubada do governo) ou simbólica (descrédito). Isso faz com que ao espaço de discussão que determina os valores responda um *espaço de persuasão* no qual a instância política, jogando com argumentos da razão e da paixão, tenta fazer a instância cidadã aderir à sua ação. Todos os grandes políticos disseram, ou deram a entender, que a arte política reside em uma boa gestão das paixões coletivas, isto é, em um "sentir com os outros"[7] que, é preciso acrescentar, os torna cegos quanto às suas próprias opiniões e motivações pessoais. Seria o suficiente para justificar a expressão weberiana "dominação legítima", terrível ao olhar da moral comum.

---

[4] Weber (1963-2003).
[5] Arendt (1972).
[6] Habermas (1990).
[7] Maffesoli (1992).

Os valores

Os valores correspondem às ideias que defendemos neste espaço de discussão. Pode-se supor, como faz Arendt, que o que está em jogo é: *como fazer* para satisfazer o desejo de viver em comunidade em um ideal que definiria os seres em suas relações de trocas (dar-receber) com o próximo, de forma que sejam estabelecidas situações de igualdade entre os indivíduos. Assim, ao termo dessas trocas seria determinado um conjunto de valores que desempenharia o papel de princípio de decisão e cujo domínio seria coletivo. Nesse momento, a ação política seria uma ação concertada e seu responsável se confundiria com essa mesma coletividade. A propriedade coletiva dos valores cria entidades abstratas (Estado, República, Nação) que garantem os direitos e os deveres dos indivíduos; entidades que superam cada um dos membros do grupo e sobredeterminam esse último ao produzir o que Ricoeur chama de uma "desapropriação de indivíduos".[8] Os valores se agrupam sob a figura de um terceiro, de um outro, como um ideal em que todos são, ao mesmo tempo, responsáveis e desapossados: "Esse despojamento é fundador e, nesse sentido, necessário, mas engendra ao mesmo tempo as formas específicas do mal político. [...] É por isso que ele deve permanecer sob vigilância".[9] Trata-se aqui de certa visão do poder político que se opõe ao poder totalitário que, segundo Arendt, procede de um poder individual. Pode-se, entretanto, estender essa definição a todos os tipos de poder político na medida em que os que dele se apropriam de maneira individual (por exemplo, em um golpe de Estado) o fazem em nome de um ideal supostamente partilhado por certo número de indivíduos – mesmo se minoritário – que têm necessidade de manter-se no poder sob uma aparência de aprovação popular e se valem da discussão, ainda que como simulacro: eis os fundamentos do populismo. Mais: se essa propriedade coletiva dos valores é o fim de uma discussão, isso quer dizer que no ponto de partida existiam opiniões diferentes, até mesmo opostas, sobre a definição dos fins e dos meios. Uma primeira consequência é que a coletividade deve se dotar de um

---

[8] Ricoeur (1991).
[9] *Ibid.*

mecanismo para determinar a partir de qual momento ela pode considerar que foi estabelecido um acordo, um consenso, na hipótese mais provável, ou que não houve unanimidade alguma. Uma segunda consequência é que as diferentes opiniões de partida não desaparecerão sob consenso e que é preciso ver uma sociedade como um conjunto fragmentado de comunidades de opiniões diversas, que a ação política deverá levar em conta na tentativa de gerenciar os conflitos resultantes desse confronto.

Os conceitos do poder político

É pela existência dos espaços de discussão e de persuasão, lugares de construção dos valores dos quais dependem a ação, que o campo político é, como diz Augé, "o governo da palavra",[10] mas apenas "para uma parte", como ele próprio explicita. De fato, quando se produzem ações de protesto que fazem pressão sobre o governo, pode-se perguntar o que tem maior influência: se os *slogans* e outras declarações da imprensa (palavra) ou se o número de manifestantes e os distúrbios causados na economia do país pelas greves e barricadas (ação)? E quando o governo deve responder a essas reivindicações, o que é que pode acalmar o jogo: uma campanha de persuasão voltada às categorias afetadas para convencê-las dos fundamentos da situação em curso (palavra) ou medidas concretas para a redução efetiva das taxas de juros ou aumento da renda (ação)? O governo da palavra não é tudo na política, mas a política não pode agir sem a palavra: a palavra intervém no *espaço de discussão* para que sejam definidos o ideal dos fins e os meios da ação política; a palavra intervém no *espaço de ação* para que sejam organizadas e coordenadas a distribuição das tarefas e a promulgação das leis, regras e decisões de todas as ordens; a palavra intervém no *espaço de persuasão* para que a instância política possa convencer a instância cidadã dos fundamentos de seu programa e das decisões que ela toma ao gerir os conflitos de opinião em seu proveito.

---

[10] *Op. cit.*

Logo, diz, de um lado, Weber (para quem o poder político está diretamente ligado à dominação e à violência, por meio do Estado que, tendo força de dominação, impõe sua autoridade sob a aparência da legalidade e obriga os homens a saberem-se dominados, portanto, a submeterem-se):

> O Estado é uma relação de *dominação* exercida por homens sobre outros homens e apoiada pela violência legítima [...]. Para que ele exista é preciso, portanto, que os homens dominados *submetam-se* à autoridade reivindicada por aqueles que se encontram em posição de dominação em cada caso considerado.[11]

Por outro lado, Arendt – para quem, ao contrário de Weber, o poder político resulta de um consentimento, de uma vontade dos homens de viverem juntos que funda o fato político no qual poder e ação se definem reciprocamente – afirma que "Quando declaramos que alguém está no poder, entendemos por isso que ele recebeu de certo número de pessoas o poder de agir em seu nome".[12] O poder político não se liga, pois, à opressão, mas à livre opinião. Entre os dois, se assim podemos dizer, está Habermas, que propõe distinguir um "poder comunicativo" e um "poder administrativo". O primeiro instaura-se fora de toda dominação, porque é o povo seu iniciador e depositário, e que o faz circular na sociedade, criando um espaço de discussão "fora de todo poder, em um espaço público não programado para a tomada de decisão, nesse sentido, inorganizado".[13] O segundo implica sempre relações de dominação, pois se trata de organizar a ação social, de regulá-la por leis e sanções e de evitar ou repelir tudo que poderia se opor a essa vontade de agir.

É nessa filiação que nos inscrevemos ao defender uma concepção de poder político que resulta dialeticamente de dois componentes da atividade humana: o do *debate de ideias* no vasto campo do espaço público, lugar onde se trocam opiniões; o do *fazer político* no campo mais restrito do espaço político, onde se tomam decisões e se instituem atos. Esses dois campos legitimam-se reciprocamente, mas à diferença de Habermas e de

---

[11] Weber (1963-2003, p. 119).
[12] Arendt (1972, p. 153).
[13] Habermas (1990).

Arendt – e, sobretudo, de Weber, que não vê senão um único campo, aquele em que se exerce uma "violência legítima" na qual se fundam legitimidade e autoridade –, diremos que os dois se definem segundo relações de força que exigem processos de regulação, que se desenvolvem segundo um jogo de dominação que lhe é próprio. Cada um o faz misturando linguagem e ação: no primeiro é a linguagem que domina; no segundo, a ação. O primeiro é o lugar de uma luta discursiva na qual muitos golpes são permitidos (manipulação, proselitismo, ameaças/promessas etc.), estando em jogo a conquista de uma *legitimidade* por meio da construção de opiniões; o segundo é o lugar onde se exerce o poder de agir entre uma instância política que se diz soberana e uma instância cidadã, sendo o desafio o exercício de uma *autoridade* mediante uma dominação feita de regulamentação e de sanção.

Vê-se, uma vez mais, não apenas como a linguagem se funde à ação, mas também como a palavra política é *cheia de armadilhas*. Esse duplo poder obriga a instância política a encontrar uma maneira de dizer que não revela todos os projetos e os objetivos de ação, mas que, em igual medida, não perde de vista que esse jogo de máscaras da ação pelo discurso é limitado por uma ética da responsabilidade. A palavra política deve se debater entre uma *verdade do dizer* e uma *verdade do fazer*, uma verdade da ação que se manifesta por meio de uma palavra de decisão e uma verdade da discussão que se manifesta mediante uma palavra de persuasão (ordem da razão) e/ou de sedução (ordem da paixão).

Do espaço social aos espaços sociais da palavra política

O espaço político – e mais geralmente da sociedade – não corresponde necessariamente ao geográfico, mesmo se às vezes os dois coincidam. Ele é fragmentado em diversos espaços de discussão, de persuasão, de decisão que ora se recortam, ora se confundem, ora se opõem. Pode-se nesse momento falar de um *espaço público* como um espaço mais ou menos homogêneo no qual aconteceria tudo que diz respeito à vida em sociedade?

O que está em questão há muito, e em debate ainda no momento atual, é saber se convém diferenciar o espaço público e o espaço político, qual é a natureza desse espaço público e onde se situa a fronteira entre espaço público e privado.

Espaço público, espaço privado e espaço político

Espaço político e espaço público são frequentemente confundidos. Isso é particularmente verdade na Antiguidade, quando o espaço da *polis* "era o da liberdade",[14] que se emancipava da tirania do poder exercido pelo senhor no espaço privado.

Um uso restrito da expressão é defendido, entre outros, por Wolton sob a denominação de *comunicação política*, que é "o espaço onde se trocam os discursos contraditórios dos três atores que têm a legitimidade para se exprimir publicamente sobre a política: os políticos, os jornalistas e a opinião pública conhecida por meio de pesquisas".[15] Assim é determinado um espaço particular no interior do espaço público, pois nem tudo o que aí se diz e se faz é necessariamente de ordem política. Para Wolton, fazem parte da comunicação política apenas os discursos "sobre os quais se estruturam os enfrentamentos", pois, acrescenta o autor, "o desafio de toda fase de comunicação política permanece precisamente na decisão e na ação política".[16] Note-se que Wolton fala aqui de comunicação política e não de discurso político, e, como ele bem afirma, este não faz parte daquela.

O sentido abrangente é defendido por Miège, que reprova os escritos de certos cientistas políticos por centrarem-se excessivamente "em análises das relações entre dirigentes políticos, jornalistas das grandes mídias audiovisuais e especialistas em *marketing* político", pois assim "conseguem *de facto* reduzir o espaço público ao único núcleo duro de seu componente político".[17] Depois de fazer um rápido percurso histórico sobre os diferentes estágios vividos pela imprensa, pelas mídias e pela comunicação, Miège propõe

---

[14] Arendt (1983, p. 68).
[15] "Communication politique: construction d'un modèle" e "Communication politique: les médias, maillon faible de la communication politique", *Hermès* n° 4, Paris, CNRS Éditions, julho de 1989.
[16] Wolton (1995, p. 114).
[17] Miège (1995).

considerar que esses diferentes momentos construíram quatro modelos de comunicação que podem ser considerados princípios organizadores dos espaços públicos das sociedades liberais-democratas. Trata-se da "imprensa de opinião", de meados do século XVIII, que se caracterizava pelo engajamento político e, ao mesmo tempo, pela escrita literária e que confrontava as elites; da "imprensa comercial de massa", da segunda metade do século XIX, que era financiada pela grande indústria e fez emergir um jornalismo voltado para os leitores cidadãos; das "mídias audiovisuais de massa", que assumem a cena na segunda metade do século XX e caracterizam-se por dar visibilidade a todos os acontecimentos do mundo graças ao desenvolvimento tecnológico e à organização do *marketing*; da "comunicação generalizada", enfim, que a partir dos anos 70 invadiu o planeta transformando os desafios sociais. O autor acrescenta que esses modelos, longe de substituírem-se uns aos outros, justapuseram-se e continuam mesmo a coexistir. Ora, o ponto comum entre esses modelos é que informação e comunicação, de um lado, espaços público e privado, de outro, "têm seu destino ligado desde as sociedades da Antiguidade".[18] Não haveria, portanto, decisão nem ação possível no campo político sem a consideração da opinião, para cuja fabricação as mídias intervêm. Encontramo-nos, assim, em um jogo em que todos mudam sob a influência dos outros: a opinião sob a influência das mídias, as mídias sob influência da política e da opinião, o político sob influência das mídias e da opinião.[19]

Um espaço político duplo

Na verdade, pode-se dizer que os dois autores têm razão. Wolton, por querer determinar um campo específico para a comunicação política, pois as coisas não podem estar em todas as coisas e pode-se muito bem defender a ideia de que o campo político é marcado pela ação e pela decisão, enquanto

---

[18] *Op. cit.* (p. 60).
[19] Pode-se trazer como exemplo a pesquisa da *Business Week* que revela que nos Estados Unidos surgiu uma onda de "antiempresas", resultante da influência das mídias sobre a opinião pública, a qual, por sua vez, influencia a política, se nos referirmos às declarações de George W. Bush a propósito do escândalo da Enron (*Le Monde*, 9 de setembro de 2000).

a atuação da opinião acontece, como veremos mais tarde, de outra maneira; na maior parte do tempo, reverberada pela câmara de eco que são as mídias. Mas Miège também tem razão ao destacar que o que caracteriza de modo específico a sociedade midiatizada é precisamente o fato de ela embaralhar as cartas ao confundir os espaços e que, do mesmo modo, toda ação política encontra-se sob a dependência da midiatização da opinião, a ponto de ela mesma ter de entrar no jogo se quiser obter algum resultado. No mais, Wolton não está longe de pensar a mesma coisa, uma vez que ele próprio reconhece que a "publicização, por intermédio das mídias, tem a vantagem de facilitar a circulação dos problemas e discursos em um espaço público: tudo se torna passível de discussão".[20] Mas talvez haja um mal-entendido relativo aos conceitos de *discurso político* e de *comunicação política*, e mesmo entre os de *discurso* e de *comunicação*. É o que tentaremos esclarecer em nossa segunda parte.

Em todo caso, é a partir da segunda metade do século xx, o da midiatização, que começa a ser abolida a fronteira entre o público e o privado. As instâncias política e civil são tomadas pelos mesmos interesses, não se sabendo mais, verdadeiramente, onde se encontra o poder real.[21] A sociedade midiatizada vai apoderando-se progressivamente de todo o espaço privado: o da vida doméstica, que deveria permanecer no círculo mais fechado das atividades internas da casa; o da vida cotidiana do cidadão médio, que acontece em um espaço coletivo (na rua, na repartição, no restaurante, no metrô etc.) e regula mais e mais o comportamento individual; enfim, o da vida dos sentimentos, que deveria ser completamente preservada do olhar público e que, entretanto, encontra-se na boca de cena televisiva. Esses diferentes círculos do privado estão doravante expostos ao olhar público: por meio da publicidade, que transforma essas atividades em aposta comercial, os atores, em consumidores, e os objetos que circulam nesses lugares, em artefatos de consumo; pela realização de pesquisas, que transformam esses

---

[20] Wolton (1995).

[21] "[...] o Poder é inapreensível e não se sabe mais de onde vem o 'Projeto', diz Eco. De fato, embora existam projetos, esses não são mais intencionais, portanto, não se pode mais fazer críticas atacando suas intenções", declaração feita ao *L'Express*, 1983, citada por Bonnafous Tournier em "Analyse du discours, lexicométrie, communication et politique", *Langages*, n° 117, Larousse, Paris, 1995.

atores em seres de opinião; pelo debate dos problemas que surgem nesse espaço que faz desses atores seres sofredores.²² Assim, tudo o que diz respeito ao privado (doenças, catástrofes, escola, empresa etc.) é tratado sob a ótica da responsabilidade civil.

Na verdade, a sociedade da midiatização alcançou no mais alto grau – e com os efeitos perversos que sempre acompanham o excesso – as duas condições complementares que já assinalamos: construção de um espaço de comunicação no qual o "agir comunicativo",²³ como troca de argumentos racionais, deveria constituir uma mediação social entre o Estado e a sociedade civil; construção de um espaço do viver junto, no qual os atores, as ações e os acontecimentos sociais devem ser "publicizados" para que se elabore o julgamento coletivo e se construa um "senso comum".

Sobre a complexidade do campo político: os setores de ação social

Em virtude de ter nascido com o desejo de organizar a vida dos indivíduos em comunidade, a política se concretiza mediante várias atividades de regulamentação social: regular as relações de força com vistas a manter ou aplainar certas situações de dominação ou de conflito e mesmo tentar estabelecer relações igualitárias entre os indivíduos; legislar, mediante a promulgação de leis e de sanções, orientando os comportamentos dos indivíduos para preservar o bem comum; distribuir e repartir as tarefas, os papéis e as responsabilidades de uns e de outros mediante a instalação de um sistema de delegação e de representação mais ou menos hierarquizado (por nomeação ou por eleição). Esses três modos de regulação mostram bem que a política é um espaço de ação que depende dos espaços de discussão e de persuasão que, para serem válidos, devem ser divididos em domínios, pois toda sociedade tem necessidade de reconhecer e de classificar as trocas realizadas.

---

[22] Ver Charaudeau e Ghiglione, *La Parole confisquée. Un genre télévisuel: le talk show*, Dunod, Paris, 1997; Pasquier, *La Culture des sentiments*, Edition de la Maison des sciences de l'homme, Paris, 1999; e Mehl, *La Télévision de l'intimité*, Le Seuil, Paris, 1996.

[23] Habermas (1987).

O espaço público não seria gerenciável se em seu interior não fossem distinguidos tipos de atividades definidas por desafios particulares. Daí resulta uma estruturação em certo número de setores (ou campos) de ação social, lugares de organização globalizante das relações de força que mantêm, entre elas, relações estreitas. Podem ser determinados quatro principais: o *jurídico*, o *econômico*, o *midiático*, o *político*.

O desafio do setor jurídico é regulamentar os conflitos sociais (no interior da vida econômica, no trabalho e na organização do dia a dia das empresas), determinando valores simbólicos em função das noções de propriedade, de igualdade, de conduta moral etc., justificando, assim, a instalação de determinado arsenal legislativo. O desafio do setor econômico é regular o mercado, determinando os valores de troca e de uso do que constitui o benefício individual ou coletivo, qualquer que seja a natureza desse benefício. O desafio do setor midiático é regulamentar a circulação da informação, de modo que esta atinja o maior número de cidadãos e, ao dizer-lhes respeito, permita-lhes ter uma opinião. Enfim, o setor político (e aqui a noção é enfocada em um sentido restrito) tem como desafio estabelecer regras para a governança, distribuindo tarefas e responsabilidades mediante a instauração das instâncias legislativas e executivas.

Os setores em interação

Esses quatro setores, sempre mantendo sua finalidade específica, interagem uns com os outros e às vezes encontram-se mesmo em relação de interdependência. Por exemplo, a justiça depende estritamente, para sua organização, para a tomada de decisão e para a execução das sentenças que profere, do poder político. Todos os países são marcados por uma longa história de relações de dependência/autonomia entre o poder judiciário e o poder político. Atualmente, no que concerne à França, basta lembrar o longo debate realizado entre a classe política para decidir sobre a criação do Conselho Superior da Magistratura; ou ainda a intervenção do poder político quando dos escândalos de corrupção nos quais foram implicados (ou suspeitos de implicação) políticos de projeção nacional (deputados, ministros), regional (responsáveis por regiões administrativas) ou membros de partidos políticos. O setor econômico encontra-se igualmente inserido nas relações, ao mesmo tempo, de dependência e de autonomia, para com o setor político. Relações de dependência, quando se trata de empresas públicas, da moeda, de operações na bolsa relativas à absorção ou fusão de grandes empresas, do mercado global, do estímulo ao consumo, da luta contra o desemprego e da política de combate à inflação ou à deflação. Mas também relações de autonomia, quando a bolsa, os *lobbies* financeiros, ou alguns organismos internacionais (FMI) exercem pressões sobre os projetos políticos, por meio de ministérios da área econômica. Isso se produz mais e mais no mundo ocidental, em que se veem as leis do mercado imporem-se onde outrora estavam ausentes: no esporte, no lazer, na arte, na educação etc.

Também as mídias encontram-se em uma situação contraditória. Elas estão estreitamente ligadas ao mundo político na busca de informação: os jornalistas são, de um lado, dependentes das fontes de informação, oficiais ou não, que se impõem a eles; frequentam jantares, banquetes e outras reuniões públicas – e mesmo privadas – que reúnem políticos; estabelecem e utilizam redes de informantes e se dotam de agendas de endereços que lhes permitem obter instruções mais ou menos secretas; suscitam confidências etc. Entretanto, as mídias, por razão de credibilidade, procuram se distanciar do poder político. Diversificam as fontes, realizam pesquisas e investigações de todas as ordens. Revelam os subterrâneos de certos negócios; na verdade, interpelam os responsáveis políticos para provar ao cidadão que são independentes e estão imunes à influência política, pois existe sempre a suspeita do jornalista a serviço do poder estatal.[24]

Enfim, o setor político (sempre no sentido estrito) intervém permanentemente nos outros setores, ao mesmo tempo em que ele próprio é invadido por estes. Além disso, esse setor torna-se cada vez mais complexo diante da influência crescente de instâncias supranacionais, que se encontram, elas próprias, em uma relação de dependência e de autonomia quanto às instâncias nacionais. De dependência, posto que são formadas por representantes de vários Estados (União Europeia, ONU, GATT e depois OMC, FMI). De autonomia, na medida

---

[24] Como aconteceu na França, nos anos 70, com a L'ORTF, Agência Francesa de Radiodifusão e Televisão, criada em 1964 e suprimida em 1974, acontecimento que deu origem às televisões públicas francesas.

em que elas próprias agem como instituições que têm poder de controle sobre os Estados, frequentemente com a ajuda de especialistas ou de tecnocratas ditos independentes. Além disso, as instâncias nacionais sofrem a pressão regional dos que se encontram entre o desejo de marcar sua especificidade ante o Estado, e o de serem diretamente reconhecidos pelas instâncias supranacionais por meio de uma recomposição regional que supere os Estados. Isso sem contar a emergência de uma nova militância que tenta regular o mundo do comércio e do direito internacional (Anistia Internacional, Médicos sem Fronteiras e diversos movimentos anti ou pró-globalização).

Entre autonomia e confusão dos setores

Os setores interagem, portanto, mas, ao mesmo tempo, cada um deles é estruturado segundo um dispositivo que lhe é próprio, o que permite distingui-los. Assim, estamos autorizados a autonomizar o campo do político e a descrever seu dispositivo de funcionamento, porém, sem perder de vista que os outros campos estão estritamente ligados a ele. Tudo se passa como se o setor político fosse o centro de um sistema em torno do qual gravitariam os satélites que são os outros setores, os quais, por sua vez, em virtude da existência de uma rede de contatos e de intersecções, influenciariam uns aos outros. Essa representação da estruturação do campo social é puramente operatória, portanto, de geometria variável. Se decidíssemos examinar o campo jurídico, então esse é que estaria no centro do sistema e os demais em posição periférica; o jogo de influência teria, pois, se deslocado. Isso permite não colocar todos no mesmo saco. A relação de influência que pode existir, por exemplo, entre o político e o jurídico não será vista da mesma maneira conforme nos encontremos em um ou em outro desses setores.[25] O mesmo acontece se observamos a relação entre o político e o midiático, que estão estritamente ligados, mas cujo sistema de influências varia conforme se enfoque um ou outro ponto de vista.

---

[25] O que faz alguns afirmarem que em nossa época observa-se um "enfraquecimento das instituições representativas" e paralelamente um "fortalecimento das instituições jurisdicionais", Pizorno, *Sciences Humaines* nº 103, p. 41.

Tudo isso faz com que as fronteiras entre os diferentes setores de atividade, entre os espaços de decisão, de persuasão e de discussão, e entre espaço público e privado tornem-se mais e mais fluidas. Desse modo, é bastante difícil raciocinar em termos essencialistas e pressupor a existência de um espaço público e de um espaço privado acabados, de uma comunidade política e de uma comunidade civil claramente circunscritas. Ainda mais na medida em que os recursos técnicos de transmissão da informação atravessam todos esses espaços operando transformações maiores ou menores: os domínios público e privado se confundem, os desafios dos diferentes setores se sobrepõem (como a lógica de mercado que invade as mídias de informação). Quanto aos indivíduos, eles são chamados a "viverem juntos separadamente", conforme a feliz fórmula de Flichy.[26] Quando saímos de um desses espaços ou setores para entrar no outro? Quais são os limites que circunscrevem uns e outros? Quando podemos dizer que há desagregação ou recomposição de um ou outro? O conceito de espaço público seria pouco operatório? O certo é que o espaço público não é homogêneo. Ele é fragmentado em diferentes espaços que se entrecruzam e não respondem às mesmas finalidades. O discurso político circula nesses meandros metamorfoseando-se ao sabor das influências que sofre de cada um deles.

---

[26] Flichy (1991).

O estudo do discurso político

Até o momento empregamos o termo "fala", e não "discurso", para referirmo-nos aos fatos de linguagem presentes no campo político. Esse termo não era usado no sentido que lhe dá Saussure (*parole*), como fato individual de linguagem, oposto à língua como fato social. Toda fala política é, evidentemente, por definição, um fato social. Não era necessário, então, entendê-la como relacionada aos atos de produção exclusivamente oral, um escrito de caráter político pertencente a uma fala política. "Fala" foi empregado no sentido genérico, que é encontrado em numerosos textos de filósofos, de semióticos e mesmo de linguistas. No mais, emprego relativamente impreciso, que remete tanto aos efeitos pragmáticos do uso da linguagem, como compreendemos em "atos de fala", quanto a seus efeitos psicológicos e sociais (por exemplo em expressões como "uma fala terrorista", "uma fala sedutora", uma "fala legítima", "uma fala firme e determinada" ou "ter apenas uma fala"). Trata-se aqui de circunscrever em um primeiro momento um dos numerosos domínios de emprego da linguagem em relação com uma prática social, sem entrar no detalhe de sua organização. Falar agora de "discurso político" é tentar definir uma forma de organização da linguagem em seu uso e em seus efeitos psicológicos e sociais, no interior de determinado campo de práticas. Trata-se aqui de um objeto de estudo, que está no centro de diversas disciplinas.

Desafios de análise diversos

A análise do discurso político partilha certos pontos de vista e certas noções tanto com a Filosofia Política quanto com as ciências políticas, mas delas se diferencia por sua finalidade.

A Filosofia Política

A Filosofia Política (ou a filosofia do campo político) se questiona sobre os fundamentos do pensamento político e as categorias que o compõem.[27] Parece que o que justifica esse lugar de reflexão é uma interrogação permanente sobre os modelos de organização da sociedade. Esta é considerada um corpo de indivíduos cujas relações devem ser ordenadas em nome de um ideal do bem e da justiça, o que abre um espaço de reflexão coletiva sobre a ética, ao tentar responder à lancinante questão: "Qual é o melhor regime de governo?" Correlativamente, a interrogação se relaciona a "quem faz o quê" nessa organização social. Isso leva a pensar em termos de estruturas hierarquizadas e, portanto, em que tipo de relação deve se instaurar entre um poder governante – o Estado – e o restante da sociedade – a cidadania. É aqui que se coloca a dupla questão da soberania e da legitimidade, que, como se sabe, oscilou conforme as épocas e as culturas entre soberania monárquica, soberania popular estatizada (socialismos de Estado) – após uma tentativa de contestação radical da soberania única pelo anarquismo –, soberania do povo-cidadão (democracia) e soberania do mercado (liberalismo e manipulação das massas). A questão da legitimidade das formas de governo centralizou, por muito tempo, o debate filosófico sobre a questão do poder e, correlativamente, sobre a questão da justiça e do direito: qual justiça suprema poderia tratar os homens de acordo com aquilo a que eles têm direito, isto é, ao olhar das forças divinas ou mágicas (construídas pelos saberes de crença), das forças biológicas (construídas pelos saberes eruditos) e das forças irracionais da natureza (percebidas pela experiência), quais são

---

[27] Badiou chega mesmo a dizer que "Todo o problema é pensar o pensamento como pensamento e não como objeto"; ou ainda "pensar o que é pensado no pensamento, e não 'o que' [o objeto] o pensamento pensa" (1998, p. 36).

os direitos dos homens que vivem em sociedade? Essas interrogações, por muito tempo, abriram um espaço de reflexão e de teorização jurídica.[28] A Filosofia Política, que como toda filosofia busca "pensar o pensamento",[29] tem, portanto, por objeto as diferentes formas possíveis da racionalidade política.

A Ciência Política

A Ciência Política (ou ciência do campo político) se questiona menos sobre o fundamento de um tipo de pensamento que sobre a própria ação política em relação às suas finalidades pragmáticas e a seus efeitos. Essa disciplina se encontra em cruzamento disciplinar com a História, a Sociologia, a Antropologia Social e a Filosofia Política. Ela procura tornar evidentes as normas que se instauram como princípios de governança, revelar as razões que as instituem e medir seus efeitos sobre o estado das sociedades. Desse modo, são estudados os comportamentos dos atores políticos em função de sua identidade e de seus engajamentos, os processos que conduzem a reações e a escolhas diante da irrupção de acontecimentos sociais, tais como a imigração ou o desemprego, o jogo de manipulação das massas que acompanha o avanço das doutrinas. Esses estudos têm em perspectiva a esperança de extrair não apenas lições, mas previsões para o futuro.

A Ciência Política, exatamente como a Sociologia, tem sido solicitada, por diversas instâncias do mundo político, a elucidar os mecanismos que presidem os movimentos da opinião e que fazem o fracasso ou o sucesso dos políticos. Assim, originaram-se diversos tipos de estudos. Alguns, relativamente ingênuos, preocupados com o *marketing* político, consistem em descrever técnicas de influência mediante modos de expressão (a entonação, os gestos, o vestuário) ou o emprego de palavras que supostamente "matam" o adversário ou seduzem a opinião. No entanto, esses estudos de *marketing*, apesar do grande respaldo de pesquisas e de testes junto a amostras da população, foram desacreditados pelos cientistas que os viam, essencialmente, como uma maneira de justificar o novo ofício de marqueteiro. Recordemos, por

---

[28] Que culmina talvez com a *Theory of Justice* do filósofo americano Rawls, 1971.
[29] Badiou (1998, p. 110).

exemplo, a "regra dos quatro *Cs*" (ser claro, curto, coerente, crível) ou as que dizem respeito à velocidade de elocução e à escolha das palavras (em certa época, essas palavras deviam fazer parte da "língua fundamental"), todas as coisas que no momento atual ainda persistem quando se trata de falar no rádio ou na televisão e que constituem o que entre os especialistas em comunicação chamam-se "retratos estilísticos".[30] Outros estudos, mais sérios, consistem em observar, com a ajuda de modelos estatísticos exaustivos, as maneiras de falar dos políticos (sobretudo, apoiando-se em levantamento do vocabulário), a fim de evidenciar não mais os retratos estilísticos, mas as ideias, o pensamento e a ideologia.[31] Esses estudos fornecem resultados ambíguos. Na verdade, eles revelam efetivamente características discursivas específicas de diferentes personalidades ou linhas políticas (ainda que a distinção entre ambas frequentemente não seja realizada), a partir do que são feitas hipóteses sobre os tipos de pensamento político. Mas se esquece que o mundo político acostumou-se a se servir dos modernos meios de difusão da palavra política (imprensa escrita, rádio, televisão), cuja principal característica é dirigir-se a uma opinião que é, ao mesmo tempo, informe e múltipla e que deve ser mantida a seu favor. Segue-se uma grande prudência na escolha das palavras, uma estratégia de emprego de fórmulas inanes, suscetíveis de agradar a maioria, ou uma estratégia de banalização do vocabulário, certamente, do emprego do vocabulário da parte adversa. Isso se verificou várias vezes nos grandes momentos de enfrentamento face a face no campo político (como durante as disputas presidenciais na França entre François Mitterrand e Valéry Giscard d'Estaing, em 1981; entre Mitterrand e Jacques Chirac, em 1988; entre Chirac e Lionel Jospin, em 1995).[32] Por não haver uma melhor contextualização, esses estudos concluíram por uma similaridade do vocabulário empregado pelos dois adversários políticos. Mas, sobretudo, esse tipo de estudo sofre a objeção feita por Pêcheux, nos anos 80, a saber, que o sentido das palavras depende de algo "pré-construído", isto é, de universos discursivos já construídos e presentes quando da profe-

---

[30] Método iniciado na França por Cathalat (1986).
[31] A esse propósito, ver o estudo sobre Jean-Marie Le Pen por Souchard *et alii* (1997).
[32] Le Bart lembra alguns desses casos em *Le discours politique* (1998).

rição do discurso político, o que deveria proibir a interpretação das palavras dos adversários sem a consideração de sua "interdiscursividade"[33] que as sobredetermina. A investigação desse fato mostraria que em certa época, nos anos 70, as palavras eram carregadas de pré-construídos ideológicos particulares, fortemente marcados sob a etiqueta de uma cisão direita/esquerda, ao passo que atualmente esse pré-construído é de uma ideologia que revoga as clivagens do passado e privilegia os valores universais (por exemplo, a "segurança dos povos").

A História

A História sempre procurou reconstruir os acontecimentos políticos do passado e construir explicações para as causas e as consequências. Ela o faz com seu método bem testado de tratamento dos arquivos, de correlação dos fatos e de análises de conteúdo temático. Nos anos 70 condenaram-na por centrar-se exclusivamente nas fontes, nos acontecimentos e na temática veiculados pelos textos e de não levar em conta as condições de produção desses textos, as quais teriam permitido um olhar crítico sobre eles. Não se há de esquecer a polêmica ocorrida no início dos anos 80, entre historiadores e analistas do discurso, os primeiros reprovando os últimos por utilizarem um canhão para matar uma mosca, ao que Pêcheux reage com certa violência:

> De acordo com a posição que a análise do discurso reivindica em relação a essa falha, é a fantasia da objetividade minuciosa (que consiste literalmente em fazer-se de bobo, proibindo-se de pensar o sentido existente sob a textualidade) ou a posição sectarista cientificamente sustentada (que tende a tratar os autóctones da política como imbecis) que cada vez mais assume a dianteira.[34]

Essa polêmica teve ao menos o mérito de tornar consciente a divergência que podia haver entre análise de discurso e análise de conteúdo. Mas não se esquecerá o peso da "Nova História", de uma História interpretativa, que se

---

[33] A propósito desse conceito, ver *Dicionário de análise do discurso*, verbete "Interdiscurso". São Paulo, Contexto, 2004.
[34] "L'Étrange Miroir de l'analyse de discours", *Langages* n° 62, Larousse, Paris, 1986.

interessa pelas mentalidades, pelos comportamentos e pelas representações dos povos segundo as épocas (sofrimento, educação, filhos, propriedade etc.),[35] que trouxe uma nova luz sobre os fatos políticos sociais, culturais e da civilização.

Análises do discurso político

A análise do discurso, contrariamente às disciplinas precedentes, não se questiona sobre a legitimidade da racionalidade política, nem sobre os mecanismos que produzem esse ou aquele comportamento político, nem sobre as explicações causais, mas sobre os discursos que tornam possíveis tanto a emergência de uma racionalidade política quanto a regulação dos fatos políticos.

A análise do discurso desenvolveu-se na França com base em um *corpus* especificamente político. Novas noções como as de *enunciação*, de *corpora de textos* (e não apenas de frases), de *contextos*, de *condições de produção* permitiram aos estudos linguísticos descobrir e determinar um novo campo de análise da linguagem, que não remetia mais à língua, ao estudo dos sistemas da língua, mas ao discurso, isto é, aos atos de linguagem que circulam no mundo social e que testemunham, eles próprios, aquilo que são os universos do pensamento e de valores que se impõem em um tempo histórico dado. A análise do discurso político invocou em seu início o "materialismo histórico" e uma "teoria das ideologias" tal como ela foi definida por Althusser.[36] Em seguida, ela se apropriou, ao final de um trabalho crítico,[37] do conceito de "formação discursiva" proposto por Foucault[38] e deu lugar a pesquisas que tinham por objetivo revelar os pressupostos ideológicos que se escondiam sob a linguagem, isso com a ajuda de métodos de análise diversos (análise automática, análise distribucional, análise lexicométrica

---

[35] Ver os textos dos historiadores, Prost (1996) e Duby (1991).
[36] "Idéologie et appareils d'État", *La Pensée* n° 151, Éditions sociales, Paris, 1970.
[37] Ver Pêcheux, "Remontons de Foucault à Spinoza" (1977), in *L'Inquiétude du discours,* Éditions des Cendres, Paris, 1990. Trad. em espanhol: Monforte Toledo, M. (ed.) *El discurso político*, México, Nova Imagem, 1980, pp. 181-200.
[38] *A arqueologia do saber*, Trad. Luiz Felipe Baeta Neves, 5. ed., Rio de Janeiro, Forense Universitária, 1997.

etc.).³⁹ Atualmente, os estudos que se desenvolvem sobre o discurso político procuram combinar vários desses métodos: uma análise lexicométrica que, utilizando um método de tratamento estatístico dos *corpora*, tenta determinar os universos semânticos e os posicionamentos dos locutores implicados de uma maneira ou de outra no campo político;⁴⁰ uma análise enunciativa que evidencia os comportamentos locucionais dos atores da vida política, para além de seu posicionamento ideológico;⁴¹ uma análise argumentativa que tenta evidenciar as lógicas de raciocínio que caracterizam os ditos posicionamentos.⁴² Paralelamente, surgiu nos anos 80 a análise crítica do discurso, definida e desenvolvida por Teun A. van Dijk. Esta, em suas próprias palavras,⁴³ inscreve-se em diversas filiações: na neomarxista de Adorno a Habermas, na Escola de Chicago, na sociolinguística inglesa com Berstein e Halliday, na análise do discurso francesa sob a influência de Foucault e Pêcheux, e no pensamento de Gramsci, na Itália. Van Dijk começou interessando-se pelo discurso racista em todas as suas formas, mesmo as mais indiretas e dissimuladas, para, em seguida, tentar "elucidar as estratégias de legitimação e de construção da dominação que [...] se inscrevem no *abuso do poder*",⁴⁴ o que, diga-se de passagem, não é apenas uma questão ideológica, mas de comportamento psicossocial.

A atividade nesse domínio foi muito intensa e suscitou numerosas questões que continuam a ser discutidas atualmente: a questão da metodologia que é diversa; alguns métodos de análise são mais complexos que outros; uns trabalham estatisticamente com as palavras, enquanto outros aplicam a técnica comprovada da análise de conteúdo; certos pesquisadores analisam as marcas da argumentação; outros utilizam um *corpus* fechado e outros, ainda,

---

[39] Para os trabalhos relativos a esse período, ver, sobretudo, *L'inquiétude du discours*, Éditions des Cendres, Paris, 1990, e "L'Analyse du discours politique" de Courtine, *Langages* nº 62, Larousse, Paris, 1981, e o número 117 de *Langages* dedicado às "Analyses du discours en France".

[40] Ver a apresentação feita por Bonnafous e Tournier em "Analse du discours, lexicométrie, communication et politique", *Langages* nº 117, Larousse, Paris, 1995.

[41] Ver, entre outros, Authier-Revuz e Romeu, "La Place de l'autre dans un discours de falsification de l'histoire", *Mots* nº 8, Fondation des sciences politiques, Paris, 1984.

[42] Ver Bonnafous e Toumier em "Analse du discours, lexicométrie, communication et politique", *op. cit.* Ver também uma breve recapitulação feita por Le Bart em *Le Discours politique, op.cit.*

[43] "Discurso, Poder y Cognición Social", 1994.

[44] "Discurso, Poder y Cognición Social", 1994, p. 6.

um *corpus* aberto cuja pertinência deve ser julgada antes da complexidade; a questão do conceito de ideologia que foi, por muito tempo, dominante no campo da análise do discurso e é atualmente bastante discutida[45] sob o enfoque de saber se o social é objeto de uma dupla construção significante, uma mascarando a outra, ou se, de imediato, ele é construído e estruturado por um conjunto de sistemas de valor que testemunha sua realidade imaginária;[46] a questão mais global da finalidade de uma análise dos discursos políticos quanto à sua capacidade de revelar o que é a realidade do poder, este sendo, para alguns, essencialmente uma questão de ação, tendo, portanto, necessidade de mostrar que não poderia haver ação política se não houvesse discurso que a motivasse e lhe conferisse sentido.

UMA PROBLEMÁTICA DO DISCURSO POLÍTICO COMO PROCESSO DE INFLUÊNCIA SOCIAL

O discurso político não esgota, de forma alguma, todo o conceito político, mas não há política sem discurso. Este é constitutivo daquela. A linguagem é o que motiva a ação, a orienta e lhe dá sentido. A política depende da ação e se inscreve constitutivamente nas relações de influência social, e a linguagem, em virtude do fenômeno de circulação dos discursos, é o que permite que se constituam espaços de discussão, de persuasão e de sedução nos quais se elaboram o pensamento e a ação políticos. A ação política e o discurso político estão indissociavelmente ligados, o que justifica pelo mesmo raciocínio o estudo político pelo discurso.

Os lugares de fabricação do discurso político

Qualquer enunciado, por mais inocente que seja, pode ter um sentido político a partir do momento em que a situação o autorizar. Mas é igualmente verdade que um enunciado aparentemente político pode, segundo a situação, servir apenas de pretexto para dizer outra coisa que não é política,

---

[45] Ver neste livro "Os imaginários de verdade do discurso político", Da ideologia aos imaginários sociodiscursivos.
[46] Ver neste livro "Os imaginários de verdade do discurso político", Alguns imaginários de verdade do conceito de política.

a ponto mesmo de neutralizar seu sentido. Não é, portanto, o discurso que é político, mas a situação de comunicação que assim o torna. Não é o conteúdo do discurso que assim o faz, mas é a situação que o politiza.

Há, pois, diferentes lugares onde se fabrica o pensamento político, que não está reservado apenas aos responsáveis pela governança nem aos solitários pensadores da coisa política. A produção do sentido é, uma vez mais, uma questão de interação e é, portanto, segundo os modos de interação e a identidade dos participantes implicados que se elabora o pensamento político. Assim, propomos distinguir três lugares de fabricação desse pensamento, que correspondem cada qual a um desafio de troca linguageira particular: um lugar de elaboração dos sistemas de pensamento, um lugar cujo sentido está relacionado ao próprio ato de comunicação, um lugar onde é produzido o comentário.

O discurso político como *sistema de pensamento* é o resultado de uma atividade discursiva que procura fundar um ideal político em função de certos princípios que devem servir de referência para a construção das opiniões e dos posicionamentos. É em nome dos sistemas de pensamento que se determinam as filiações ideológicas, e uma análise do discurso deve se dedicar a descrevê-los a partir de textos diversos (Ver "Os imaginários de verdade do discurso político", Alguns imaginários de verdade do conceito da política.).

O discurso político como *ato de comunicação* concerne mais diretamente aos atores que participam da cena de comunicação política, cujo desafio consiste em influenciar as opiniões a fim de obter adesões, rejeições ou consensos. Ele resulta de aglomerações que estruturam parcialmente a ação política (comícios, debates, apresentação de *slogans*, reuniões, ajuntamentos, marchas, cerimônias, declarações televisivas) e constroem imaginários de filiação comunitária, mas, dessa vez, mais em nome de um comportamento comum, mais ou menos ritualizado, do que de um sistema de pensamento, mesmo que este perpasse aquele. Aqui, o discurso político dedica-se a construir imagens de atores e a usar estratégias de persuasão e de sedução, empregando diversos procedimentos retóricos (Ver "Imagem dos atores políticos").

O discurso político como *comentário* não está necessariamente voltado para um fim político. O propósito é o conceito político, mas o discurso inscreve-se em uma situação cuja finalidade está fora do campo da ação política: é um discurso a respeito do político, sem risco político. Pela mesma razão, a atitude de comentar não engendra uma comunidade específica, a não ser ajuntamentos circunstanciais de indivíduos por ocasião de trocas conversacionais não voltadas exclusivamente à política. Um discurso de comentário tem por particularidade não engajar o sujeito que o sustenta em uma ação.[47] Ele pode ser revelador da opinião do sujeito que comenta, mas sem que se saiba necessariamente qual é seu grau de engajamento em relação àquela. É o que explica porque muitas discussões políticas podem descambar para outra coisa, parar ou azedar os humores sem que se consiga fixar uma opinião ou tomar uma posição. Ouve-se frequentemente o discurso de comentário político no bar, em família ou entre amigos, mas ele inclui também aquele que é mantido – com mais seriedade e espírito de análise – pelos jornalistas que comentam a atualidade política. De fato, o contrato de informação midiática exige que eles o façam fora do campo da ação política (mas no campo da cidadania) e sem engajamento de sua própria opinião.[48] É um discurso "como se" o desafio fosse exprimir uma opinião política, embora ela não o seja realmente. O fato de dificilmente ser determinável, de ele não conduzir à constituição de uma comunidade específica, não significa que deva escapar à análise. Sondagens de terreno, delicadas, deveriam permitir recolher essas ponderações e analisá-las.

Em outras palavras, o discurso político manifesta-se tanto "*intra*governo", correspondendo a um desafio de ação no qual a palavra política se faz performativa para poder governar com os parceiros diversos, quanto "*extra*governo", correspondendo a um desafio de deliberação no qual a palavra circula entre esses mesmos parceiros sem que estes tenham poder de decisão. Mas tanto em um caso quanto no outro, vê-se que a linguagem se alia à ação, de forma recíproca, como afirma Arendt:

> [...] sem o acompanhamento da linguagem, a ação não perderia somente seu caráter revelador, ela perderia também, por assim dizer, seu sujeito; não haveria homens, mas robôs executando atos que, humanamente falando, permaneceriam incompreensíveis. A ação muda não seria mais ação, pois não haveria mais ator e o ator, este fazedor de atos, não é possível se ele não for, ao mesmo

---

[47] Nisso o comentário se distingue, evidentemente, do discurso militante.
[48] Trata-se, evidentemente, de um ideal do contrato midiático que não é sempre sustentado. Para essa questão, ver *Les Médias e l'Information*.

tempo, falador de palavras. A ação que ele começa é revelada humanamente pelo verbo, e ainda que possamos perceber seu ato em sua aparência física bruta sem acompanhamento verbal, o ato não adquire um sentido senão pela palavra na qual o agente identifica-se como ator, anunciando o que ele faz, o que ele fez, o que ele quer fazer.[49]

Estes diferentes lugares de fabricação do discurso político não estão evidentemente separados uns dos outros. Uma das características de todo discurso social é circular no interior dos grupos que o constituem, depois se exportar e atravessar outros grupos que frequentemente dele se apropriam ao preço de uma alteração. O discurso se difunde, dá voltas, estica-se, fica à deriva, transforma-se a ponto de perder seus dados de origem. Assim é com o discurso político, que pode ser construído de maneira rigorosa, teorizante, em seu desafio de elaborar um sistema de pensamento, e que depois se manifesta em diferentes situações de comunicação, atravessa diferentes comunidades de opinião edulcorando-se, insinua-se nos comentários,[50] volta às vezes ao seu ponto de origem e reaparece em outras épocas, mas se reconstruindo de forma diferente. No que concerne a esse fenômeno, quem afirmará a influência política que pode ter tal comício, tal manifestação de rua, tal declaração televisiva, tal debate? E quem afirmará igualmente a influência política que pode ter tal manual de história, tal jornal, tal circular de empresa redigida para orientar as contratações ou mesmo tal peça de teatro (Brecht), tal romance (Sartre), tal poesia (Éluard, Aragon)?[51]

Qualquer que seja seu lugar de aparição, o discurso político "não constitui um ornamento da conduta política, colocada em palavras, explicada ou comentada, vestida com mais ou menos felicidade, enfim, uma superestrutura. O discurso é constitutivo do político".[52] Ele está intrinsecamente ligado à organização da vida social como governo e como discussão, para o melhor

---

[49] Arendt, Hannah. *Condition de l'homme moderne*, Calmann-Lévy, coleção Agora, Paris, 1961 e 1983, p. 235.
[50] "O fenômeno da 'vacina'", de que fala Roland Barthes em *Mitologias*, Difel (2003).
[51] E os poetas espanhóis da geração de 1927: "La poesía es un arma cargada de futuro" (Gabriel Celaya), "Me queda la palabra" (Blas de Otero).
[52] Trognon e Larue (1994).

e para o pior. Ele é, ao mesmo tempo, lugar de engajamento do sujeito, de justificação de seu posicionamento e de influência do outro, cuja encenação varia segundo as circunstâncias de comunicação, o que tornaria mais justo falar dos discursos do conceito político do que do discurso político.

Um estudo para a articulação do conceito de política e da prática política

Alain Badiou propõe distinguir, para não dizer opor, a "política-opinião" da "política-verdade".[53] A política-opinião depende, para Badiou, de um *julgamento reflexivo* que parte do sujeito e remete ao sujeito, mas passa por uma discussão, isto é, por uma confrontação de diferentes julgamentos até que se estabeleça certa partilha desses julgamentos que se tornam, então, um único e mesmo julgamento. Constitui-se, assim, o lugar de uma opinião coletiva cujos indivíduos são, ao mesmo tempo, produtores e espectadores, e que lhes permite formar uma comunidade. À maneira de Arendt, o autor define essa comunidade como uma pluralidade de "ser-com", como uma partilha, um "em comum" que faz uma "unidade subjetiva de consenso". Esse consenso se faz em torno de uma norma de sentido que deve dizer o que é o bem e o que é o mal, partindo do princípio de que o mal é original e que, portanto, a política se erige "contra a destruição dessa partilha que concilia a opinião pública".[54] Mas essa opinião não nasce da ação nem termina nela necessariamente, é uma opinião sem engajamento do sujeito, portanto, sem verdade. Pelo menos, se entendermos a verdade como Badiou, isto é, como um *julgamento determinante* que "funde a discussão à decisão",[55] assim sendo, à ação. Um julgamento desse tipo implica um engajamento do singular no coletivo. É o engajamento do militante, do membro da resistência francesa durante a Segunda Guerra[56] e de todo indivíduo que responda a uma "ne-

---

[53] Badiou (1998).
[54] *Op. cit.* (p. 23).
[55] *Op. cit.* (p. 25).
[56] Badiou começa seu compêndio de metapolítica (*op. cit.*) por algumas belas páginas sobre a vida exemplar de Georges Canguilhem, o que o leva a dizer que "a resistência não é uma opinião. Antes ela seria uma ruptura lógica com as opiniões circulantes e dominantes".

cessidade social" que extrapole todo "imperativo moral". Tratar-se-ia de uma concepção restritiva da verdade política se esta dependesse apenas do engajamento militante. Entretanto, Badiou parece estender o domínio disso que ele chama a política-verdade a todo discurso de prescrição, de declaração, de intervenção e de organização, uma vez que, acompanhando Saint-Just – que durante o período do Terror na Revolução Francesa tornou-se notório por levar vários homens públicos a julgamento –, ele convida-nos a ler a política a partir dos atores. Para Badiou, a política-opinião não tem engajamento; a política-verdade é a do engajamento na ação. Assim, ele recusa a expressão "a política" porque esta "supõe uma faculdade específica, um sentido comum";[57] ora, acrescenta ele, "há apenas políticas irredutíveis umas às outras, e que não compõem nenhuma história homogênea".[58] Poder-se-ia retorquir, como fazem alguns, que temos necessidade de um conceito neutro de política para pensar o fenômeno como uma entidade abstrata, como uma estrutura "que não implica nem pessoas nem regimes particulares".[59] Mas, para Badiou, preocupado que é em atar a realidade política ao que funda o ser em torno da "potência do Outro", a política resulta de uma multiplicidade na qual encontramos ao mesmo tempo uma infinidade de situações, uma mediação transcendental representada pela supremacia do Estado, rupturas eventuais decorrentes do surgimento inesperado de acontecimentos, a organização de contrapoderes por meio de práticas militantes.

Isso não impede – e este será nosso ponto de vista – que nos interessemos em distinguir o conceito político da prática de política. Aquele se refere a tudo que nas sociedades organiza e problematiza a vida coletiva em nome de certos princípios, de certos valores que constituem uma espécie de referência moral.

> Falando substantivamente do conceito de política, afirma Rosanvallon, eu qualifico assim tanto uma modalidade de existência da vida comum quanto uma forma da ação coletiva que se distingue implicitamente do exercício da política.[60]

---

[57] *Op. cit.* (p. 33).
[58] *Ibid.*
[59] Maffesoli (1992).
[60] Rosanvallon, aula inaugural no *Collège de France*, ministrada em 28 de março de 2002, e *La Démocratie inachevée* (2000).

A prática de política concerne mais particularmente à gestão da vida coletiva na qual estão implicadas diferentes instâncias (de governança e cidadania) que regulam suas relações mediante um jogo de poder e contrapoder. Rosanvallon distingue ambos, afirmando:

> Referir-se ao conceito de política, e não à prática, é falar do poder e da lei, do Estado e da Nação, da igualdade e da justiça, da cidadania e da civilidade, enfim, de tudo o que constitui uma cidade além do campo imediato da competição partidária para o exercício do poder, da ação governamental no dia a dia e da vida ordinária das instituições.

A relação entre essas duas noções é de reciprocidade dialética: a prática política não pode ser concebida sem os princípios do conceito político que a funda, e o conceito de política não teria razão de ser se não fosse colocado à prova pela prática política que, em contrapartida, o questiona.

O duplo fundamento do discurso político

No plano da linguagem certamente existe um lugar no qual se inscreve o discurso político, aquele em que precisamente se encontram *opinião* e *verdade* em uma relação dialética entre a construção da opinião, na qual desemboca o julgamento reflexivo, e a verdade, que surge da ação e do ato de decisão. É nesse lugar que se instituem comunidades múltiplas de pensamento e de ação, que se definem nesse "em comum", um em comum que é preciso considerar como uma norma de pensamento e de ação intercambiada entre os membros do grupo. Essa norma partilhada constitui a mediação social na qual se encontram os valores transcendentais que, ao mesmo tempo, fundam o julgamento e a ação, e que são construídos e transportados por um discurso que os faz circular na comunidade, construindo seu cimento identitário.

O discurso político resulta de uma mistura sutil entre a palavra que deve fundar a política e a que deve gerir a política. Claude Lefort lembra, em entrevista,[61] que o fenômeno político é resultante de várias componentes:

---

[61] Ver "Rencontre avec Claude Lefort", *Sciences humaines* nº 94, maio de 1999, e Lefort (1999).

fatos políticos, como atos e decisões que emanam da autoridade; fatos sociais, como organização e estruturação das relações sociais; fatos jurídicos, como leis que regem as condutas e as relações dos indivíduos que vivem em sociedade; fatos morais e psíquicos, como práticas que manifestam sistemas de valores. A análise do discurso político toca a todas essas componentes na medida em que cada uma delas deixa traços discursivos, o que quer dizer que seu campo é imenso e complexo, mas também que ela não pode se contentar em analisar as ideias das quais os discursos são portadores. Talvez seja mesmo necessário deixar de crer que são as ideias que governam o mundo e precisar que apenas valem pela maneira como são transmitidas de uns para outros, pela maneira como circulam entre os grupos e como influenciam uns e outros, ganhando em contrapartida sua consistência. A política é um campo de batalha em que se trava uma guerra simbólica para estabelecer relações de dominação ou pactos de convenção. Consequentemente, o discurso das ideias se constrói mediante o discurso do poder, o primeiro pertencendo a uma problemática da verdade (dizer o Verdadeiro) e o segundo a uma do verossímil (dizer ao mesmo tempo o Verdadeiro, o Falso e o Possível).

Isso justifica as duas orientações adotadas pelos estudos sobre o discurso político: uma direciona-se para os conteúdos do discurso, a outra para os mecanismos da comunicação. Se, até o momento, a análise do discurso político apoiou-se mais sobre os conteúdos das proposições apresentadas, fixados pelos políticos, que sobre os procedimentos encenados; mais sobre o valor dos argumentos julgados em função do sistema de crenças ao qual eles remetem que sobre as próprias estratégias persuasivas; mais sobre o *logos* que sobre os efeitos do *pathos* e do *ethos*, é talvez porque o jogo político se desenvolvesse mais particularmente em torno dos sistemas de pensamento, em torno das ideologias. Ora, parece – nós o verificaremos ao final desta obra – que o discurso político, mesmo sendo uma mistura desses três componentes, progressivamente deslocou-se do lugar do *logos* para o do *ethos* e do *pathos*, do lugar do teor dos argumentos para o de sua encenação. A exemplo do discurso publicitário – e talvez também do midiático –, o discurso político mostra mais sua encenação que a compreensão de seu propósito: os valores de *ethos* e de *pathos* terminam por assumir o lugar de valores de verdade.

Esses dois modos de abordagem do discurso político são, entretanto, indissociáveis um do outro. Efetivamente, se é verdade que o pensamento pode ter em si influência, ocorre que ele pode igualmente ser mascarado por procedimentos de comunicação empática tais que, ao final dessas manipulações comunicativas mais ou menos voluntárias, se constroem outras formas do pensamento político.

As condições do discurso político: contratos e estratégias

"O signo, a língua, a narrativa, a sociedade funcionam por contrato, mas como esse contrato está, na maioria das vezes, mascarado, a operação crítica consiste em decifrar o embaraço das razões, dos álibis, das aparências, por uma só palavra, de todo o *natural* social, para tornar manifesta a troca regulamentada sobre a qual repousam a marcha semântica e a vida coletiva."
Roland Barthes, *Roland Barthes por Roland Barthes*, Trad. Leyla Perrone-Moisés, São Paulo, Estação Liberdade, 2003, p. 72.

As restrições do discurso político: dispositivos, identidades, legitimidade

Quando falamos, nunca somos completamente livres, gostaríamos de falar como um poeta ou como o pai Ubu, da peça de Alfred Jarry. Embora cada um de nós seja um indivíduo dotado de uma história singular, forjamos essa individualidade e essa singularidade mediante nossas relações com os outros, nas comunidades mais ou menos constituídas, mais ou menos fechadas, e nas situações de troca que são simultaneamente diversas e recorrentes. Somos, portanto, seres ao mesmo tempo coletivos e individuais, duas componentes que, ao dialogarem entre si, se enriquecem mutuamente e se determinam reciprocamente. Seres coletivos que partilham uma identidade com os outros, pois é difícil conceber seu EU sem sua socialização; seres individuais que procuram diferenciarem-se para construírem uma unidade própria, pois é difícil conceber seu EU sem se distinguir dos outros. Consequentemente, quando falamos, somos, ao mesmo tempo, constrangidos pelas normas e convenções da linguagem que partilhamos com o grupo, e livres – ainda que relativamente – para proceder a um uso discursivo que nos caracteriza de forma exclusiva, permitindo nossa individualização. Pode-se, então, representar a comunicação humana como um teatro, uma vasta cena na qual seres humanos representam, por meio de seus atos de linguagem, espetáculos relacionais diversos nos quais alguns papéis estão previstos e outros são improvisados. Mas em um teatro as representações são diversificadas, cada peça é objeto de uma encenação particular e, dentre elas, está a cena política, na qual se representam relações de poder segundo os lugares, os papéis e os textos previstos por essa dramaturgia e segundo a relativa margem de manobra de que dispõem os atores. Trata-se, portanto, de ver em um primeiro momento quais são as características dessa cena, que valem para todos os atores, para observar melhor, em seguida, o jogo pessoal deles. Em termos mais apropriados à análise do discurso, diremos que é preciso descrever inicialmente as restrições estruturais da situação de comunicação política antes de descrever as estratégias discursivas que os atores podem utilizar. Não se misturam, portanto, situações e estratégias de comunicação, sendo toda situação de comunicação estruturada segundo um dispositivo que assegura um lugar determinado aos parceiros da troca.

Sobre o contrato de comunicação política

Todo discurso se constrói na intersecção entre um campo de ação, lugar de trocas simbólicas organizado segundo relações de força (Bourdieu), e um campo de enunciação, lugar dos mecanismos de encenação da linguagem. O resultado é o que chamamos de "contrato de comunicação". É assim com o discurso político, desse modo explicando ao mesmo tempo sua heterogeneidade, do ponto de vista das múltiplas significações que dela podem advir, e sua estabilidade, da perspectiva das possibilidades de comportamentos enunciativos de que dispõe o sujeito político. Nascem aí as dificuldades a serem enfrentadas pelos políticos, que gostariam de assegurar a eficácia de seu discurso; pelos cidadãos, que gostariam que sua força de contestação tivesse um impacto; e pelo analista, que se lança na empreitada perigosa de interpretar esses discursos, procurando extrair deles todos os sentidos possíveis.

De fato, o discurso político, no que concerne às suas significações e a seus efeitos, não resulta da simples aplicação de esquemas de pensamento pré-construídos que se reproduziriam sempre da mesma maneira quer se esteja do lado dos dominantes ou dos dominados. As significações e os efeitos resultam de um jogo complexo de circulação e de entrecruzamentos dos saberes e das crenças que são construídos por uns e reconstruídos por outros.

Essa construção-reconstrução se opera segundo o lugar ocupado no contrato e, ao mesmo tempo, segundo o posicionamento dos indivíduos que ocupam essas posições. Ora, esses posicionamentos resultam de linhas de pensamento diversas, de reações ao mesmo tempo emocionais e intelectivas e de interações em situações particulares em que eles estão alternadamente em posição de dominante e de dominado. Diremos que as significações do discurso político são fabricadas e mesmo refabricadas, simultaneamente, pelo dispositivo da situação de comunicação e por seus atores.

O dispositivo de interação

Se descartarmos o sentido jurídico desse termo e seu emprego nas mídias,[62] constatamos que o dicionário *Houaiss* nos dá as duas acepções mais correntes do termo *dispositivo*, acepções que encontramos de uma maneira ou de outra nos diferentes empregos que fazem os pesquisadores: "disposição particular das diferentes partes de um aparelho ou máquina"; "aparelho construído com determinado fim; engenho"; "(termo militar) formação de uma unidade de combate".[63] Em outras palavras, de um lado, uma definição que se refere à organização material das coisas: os componentes de um mecanismo e sua disposição; de outro, uma definição que faz referência à organização conceitual das atividades humanas: pensar a maneira como ações se sucedem umas às outras (planificação) com ajuda de um conjunto de meios em que uns podem ser coisas (armamentos), outros, pessoas (tropas), tudo devendo agir de acordo com uma finalidade (atacar, defender).

Em uma perspectiva da análise dos fatos de comunicação, o dispositivo é, antes de tudo, de ordem conceitual. Ele é o que estrutura a situação na qual se desenvolvem as trocas linguageiras ao organizá-las de acordo com os lugares ocupados pelos parceiros da troca, a natureza de sua identidade, as relações que se instauram entre eles em função de certa finalidade. Mas o emprego do dispositivo depende também das condições materiais em que se desenvolve a troca linguageira. Uma vez que estas podem variar de uma

---
[62] Ver o percurso feito por Guy Lochard (1999).
[63] *Dicionário Houaiss da Língua Portuguesa*, Rio de Janeiro, Objetiva, 2001.

situação de comunicação a outra, estabelece-se uma relação de encaixamento entre o macrodispositivo conceitual que estrutura cada situação de troca social e os microdispositivos materiais que a especificam enquanto variantes. Por exemplo, há um macrodispositivo conceitual da situação de informação e microdispositivos correspondentes à televisão, ao rádio e à imprensa escrita e, no interior de cada um deles, outros microdispositivos que correspondem a gêneros (o telejornal, a reportagem, o documentário, o debate etc.). A situação é a mesma para a comunicação publicitária e suas variantes, que são os espotes televisivos, as páginas das revistas, os *outdoors* etc. É também esse o caso do discurso político, que se define ao mesmo tempo por um macrodispositivo – que adiante descreveremos – e suas variantes, tais como o comício eleitoral, a declaração televisiva, as promessas eleitorais, os discursos no Congresso Nacional, as entrevistas radiofônicas etc.

O dispositivo é, portanto, aquilo que garante uma parte da significação do discurso político ao fazer com que todo enunciado produzido em seu interior seja interpretado e a ele relacionado. Ele desempenha o papel de fiador do contrato de comunicação ao registrar como é organizado e regulado o campo de enunciação de acordo com normas de comportamento e com um conjunto de discursos potencialmente disponíveis aos quais os parceiros poderão se referir. Reencontramos assim Augé, para quem:

> A intervenção política é assim exemplar do que propomos chamar dispositivo ritual amplo [...]. Ela obedece a certo número de restrições formais [...]; gera uma expectativa e uma previsão dos resultados; dá tratamento a uma alteridade (a do público, em geral, e a dos adversários políticos, em particular) e tenta estabelecer [...] um "consenso" ou uma maioria, isto é, a afirmação de uma identidade relativa a uma questão particular ou à conduta dos negócios de Estado.[64]

Esse conjunto constitui o que chamamos ordinariamente "as leis do gênero", dotadas de permanência histórica precisa.

---

[64] Augé (1994).

As instâncias do dispositivo

Quem são, portanto, os parceiros desse contrato? Não são as pessoas de carne e osso, mas entidades humanas, cada qual sendo o lugar de uma intencionalidade, e categorizadas em função dos papéis que lhe são destinados. Trata-se, desse modo, de categorias abstratas, desencarnadas e destemporalizadas, definidas, como se diz, pela posição que elas ocupam no dispositivo e às quais os indivíduos são remetidos. Por isso, é preferível falar de instâncias. Assim, em cada dispositivo, as instâncias se definem de acordo com seus atributos identitários, os quais, por sua vez, definem sua finalidade comunicacional. Em todo ato de comunicação, o conhecimento das pessoas é necessário, mas de forma alguma suficiente. É preciso acrescentar o conhecimento das instâncias, sem o qual a interpretação do falar das pessoas seria equivocada. Esse aspecto é importante para a análise do discurso político. Ele evita que se caia em dois extremos: o que consiste em reduzir as explicações dos fatos políticos apenas à personalidade psicológica e social dos atores reais da vida política (tal como um Jean-Marie Le Pen, líder de extrema direita na França, ou um Jacques Chirac, presidente francês); e o que consiste em interessar-se apenas pelas ideias veiculadas pelos discursos (a ideologia), sem levar em conta a natureza das instâncias do dispositivo.

Seria cômodo considerar que o dispositivo identitário do político se compõe de duas instâncias, uma política e outra cidadã. Entretanto, dadas a complexidade da estruturação do campo político, decorrente dos múltiplos entrecruzamentos que se produzem entre os diferentes setores de atividade[65] da prática social, e as diferentes situações de comunicação,[66] convém distinguir três lugares de fabricação do discurso político: um lugar de governança, um lugar de opinião e um lugar de mediação. No primeiro desses lugares se encontra a *instância política* e seu duplo antagonista, *a instância adversária*; no segundo, encontra-se a *instância cidadã* e, no terceiro, a *instância midiática*.

---

[65] Ver neste livro "O que é discurso político", A palavra política no espaço social (seção "Do espaço social aos espaços sociais da palavra política").

[66] Ver neste livro "O que é discurso político", A palavra política no espaço social (seção "Sobre a complexidade do campo político").

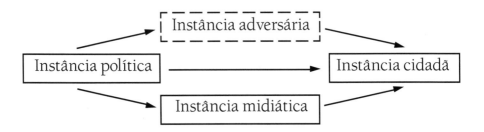

A instância política (e a instância adversária)

A instância política encontra-se no lugar em que os atores têm um "poder de fazer" – isto é, de decisão e de ação – e um "poder de fazer pensar" –isto é, de manipulação. É o lugar da governança.[67] Por conta disso, a instância que os reúne está em busca de legitimidade, para ascender a este lugar, de autoridade e de credibilidade, para poder geri-lo e nele se manter. No entanto, a instância política não pode afirmar de forma explícita que é movida pelo desejo de ocupar o lugar do poder e nele se manter; isso seria contraproducente. Não há outra justificativa para o poder senão a própria situação de poder (quer seja obtida pela força ou pelas urnas). Portanto, o discurso da instância política pode apenas se dedicar a *propor* programas políticos quando se trata de candidatar-se aos sufrágios eleitorais, a *justificar* decisões ou ações para defender sua legitimidade, a *criticar* as ideias dos partidos adversários para melhor reforçar sua posição e a *conclamar* o consenso social para obter o apoio dos cidadãos, tudo com a ajuda de diversas estratégias de persuasão e sedução.

Por outro lado, a instância política é uma entidade que recobre diversos *status* e diversas situações. Diversos *status* que correspondem a igual número de cargos e funções: os de chefe de Estado, de chefe de governo, de ministros, de deputados etc. Diversas situações, pois essa instância pode se encontrar nas situações de debate, de declaração pública, de tomada de

---
[67] A noção de "governança" é aqui definida em um sentido amplo: tudo o que participa da gestão do poder em um grupo social, qualquer que seja sua dimensão. Essa noção engloba, pois, aquela mais restrita de governo, que se refere ao aparelho institucional de Estado. Esse termo não foi aqui empregado no sentido que se lhe atribui nos meios políticos, como "poder partilhado entre múltiplos organismos que deliberam em comum". Esse sentido está incluído no nosso.

decisão, de campanha eleitoral etc. Entretanto, encontra-se associado à instância política determinado número de organismos estritamente ligados a ela. Assim, pode-se considerar que essa instância é composta de um centro e de vários satélites. O centro seria constituído pelos representantes do Estado, dos governos, dos parlamentos e das instituições aferentes. Entre os satélites haveria um primeiro círculo, constituído pelos partidos políticos, uma vez que são eles que alimentam o debate sobre a representação política; um segundo círculo, constituído pelas instâncias jurídicas, financeiras, científicas e técnicas que dependem intimamente do poder político em virtude do processo de nomeação para as chefias de diversos órgãos de representação de uma mesma tendência política (conselho superior da magistratura, empresas, bancos, grupos econômicos públicos), ou em virtude das pressões exercidas pelos poderes públicos sobre as operações da bolsa, sobre o consumo etc.; um terceiro círculo seria constituído pelos organismos supranacionais (parlamento europeu), internacionais (Gatt e depois OMC, FMI) e não governamentais (ONU, Unesco), que também se encontram em posição de dependência em relação às instâncias governamentais (eles reúnem os representantes de diversos países e procuram entender-se para regular o mercado global, a cultura e a tecnologia), mas também em posição de autonomia, quando fazem pressão sobre esses mesmos países, impondo regras de funcionamento e evocando para si um poder de controle (regulamentação do direito internacional, da economia agrícola etc.). A impressão que se tem, observando, por exemplo, a ação da justiça diante dos casos de corrupção política, é que certos organismos adquirem, sob a pressão conjugada das instâncias cidadã e midiática, mais e mais autonomia. Assim, em nome da diversidade dessas situações, a instância política estabelece com seu parceiro principal, a instância cidadã, relações diversas segundo a maneira como a imagina: como um público heterogêneo, quando se trata de dirigir-se a ele por meio das mídias; como um público-cidadão que tem uma opinião, quando se trata de fazer promessas eleitorais; como um público-militante que já tem orientação política, quando se trata de "mobilizar" os filiados.

A *instância adversária* encontra-se no mesmo lugar de governança na medida em que é movida pelas mesmas motivações (e por isso ela está representada com linhas pontilhadas em nosso esquema). Como a instância política, ela deve propor ao cidadão um projeto de sociedade ideal, deve tornar-se fidedigna e tentar persuadi-lo da legitimidade da sua posição. A única diferença em relação à instância precedente reside no fato de que, estando ela na oposição, isto é, despojada do poder, mas representando, ao mesmo tempo, uma parcela da opinião cidadã, é levada a produzir um discurso sistemático de crítica ao poder vigente, que lhe é simetricamente retribuído. Observa-se, assim, que a instância adversária utiliza as mesmas estratégias discursivas que a instância política; elas não serão, portanto, distinguidas na sequência de nosso estudo.

A instância cidadã

Na expressão "instância cidadã", o termo *cidadã* deve ser entendido no sentido amplo, como noção que faz parte de um regime democrático. Essa noção também não tem a mesma significação em todos os países, e nem mesmo na França nenhum político nem militante trata mais seus congêneres de "cidadãos, cidadãs", como aconteceu durante a Revolução Francesa. A cidadania não se define pela origem étnica, religiosa ou mesmo geográfica, mas pela filiação simbólica dos indivíduos a uma mesma comunidade nacional, na qual eles se reconhecem porque ela é a fiadora de sua vontade de estar e viver junto, e na qual exercem sua parte de soberania ao elegerem seus representantes. Definiremos, então, a instância cidadã como aquela que se encontra em um lugar em que a opinião se constrói fora do governo. É o lugar no qual os atores buscam um saber para poder julgar os programas que lhes são propostos ou as ações que lhes são impostas, e para escolher ou criticar os políticos que serão seus mandantes. Se a instância cidadã dispõe de um poder evidente, isso sempre acontece por via indireta, a de um questionamento da legitimidade e da credibilidade da instância política. Ela produz discursos de *reivindicação*, quando se trata de protestar contra determinadas medidas (ou omissões) políticas; de *interpelação*, quando se trata de exigir explicações ou atos; e também de *sanção*, quando se trata de eleger ou reeleger representantes do povo. Esses discursos de reivindicação e de interpelação apenas podem ser mantidos em nome de uma idealização do bem-estar comum. As pesquisas mostram, por exemplo, que os índices de contentamento sobem ou descem na proporção da satisfação dos interesses coletivos (reações diante da repartição do crescimento econômico, do preço muito elevado dos combustíveis, da adesão ao boicote ao consumo desses produtos, apesar dos aborrecimentos causados etc.). O discurso da instância cidadã dedica-se essencialmente a interpelar o poder governante.

A instância cidadã define-se, assim, de maneira global diante da instância política em uma relação recíproca de influência, mas de não governança. No entanto, a exemplo da instância política, a instância cidadã é uma entidade que recobre organizações e situações diversas: organizações mais ou menos institucionais (sindicatos, corporações, coordenações, grupos étnicos, pessoas das mais variadas origens); situações de protesto, como manifestações de rua, recusa em participar de eleições, pressões junto a personalidades políticas ou locais notáveis, por meio de pesquisas ou de declarações nas mídias. Essa instância está longe de ser homogênea: está fragmentada pela diversidade das comunidades a ela relacionadas e pelas diferentes percepções que cada uma tem das outras instâncias (política e midiática) que a elas se dirigem. Propomos, entretanto, distinguir dois subconjuntos que nomearemos *sociedade civil e sociedade cidadã*.

É no século XIX (Hobbes, Hegel) que surge a noção de *sociedade civil*, definida como uma entidade pouco estruturada que se opõe a duas outras, fortemente estruturadas: o Estado (estruturação institucional) e a família (estruturação sociobiológica). No século XX, com o enfrentamento entre sistemas capitalista e socialista, a sociedade civil foi considerada por Hobbes como um meio de manter o elo comunitário diante da ausência de estrutura estatal – daí o crescimento de agrupamentos de todas as ordens (étnicos, corporativos, associativos) e de grandes instâncias não governamentais. Já Hegel a teve como o lugar no qual deviam se desenvolver os movimentos de contestação anticapitalistas. Para nós, a sociedade civil é um lugar de pura opinião,[68] que concerne à vida em sociedade, tanto pública quanto

---

[68] O que não quer dizer que ela permaneça inerte. Ela se caracteriza igualmente por comportamentos ritualizados, como qualquer grupo social, mas sem objetivo cidadão.

privada. Os membros dessa sociedade se reconhecem em nome do "estar junto",[69] que caracteriza sua comunidade cultural. Fora desse local de filiação, os membros da sociedade civil, mesmo tendo ou exprimindo opiniões a favor ou contra fatos de sociedade (doenças, religiões e seitas, filhos, vida do casal), julgam e agem individualmente[70] ou em pequenos grupos que se reúnem de maneira conjuntural tendo em vista objetivos pontuais, em geral, à margem do jogo político cidadão. Pode-se ter uma opinião sem ter necessariamente uma consciência cidadã.

A *sociedade cidadã*, ao contrário, é uma construção. Ela reúne indivíduos que têm consciência de um papel a desempenhar na organização política da vida social. Ela existe de maneira orgânica, seja por atribuição institucional, quando é chamada a votar, seja por decisão própria, quando transforma o espaço público em espaço de discussão que, por causa disso, influencia os governantes via mídias, seja ainda quando ela se organiza em força de contrapoder e age no próprio espaço do poder de governança. Ela constitui, então, comunidade de "viver junto" em nome de um projeto de sociedade. Sob esse aspecto, a sociedade cidadã compõe-se de indivíduos de direitos e não de pessoas físicas concretas, o que a distingue da sociedade civil.

Ela pode igualmente constituir-se em subconjuntos de *grupos militantes* que se organizam em partidos, sindicatos, diversas associações ou mesmo grupos clandestinos que escolheram meios mais ou menos violentos. Essas organizações agem de maneira ordenada e disciplinada, em grupos de "fazer junto", segundo instruções de ação que constituem suas instâncias dirigentes ou as de seus líderes. Mesmo quando se comportam de maneira violenta, essas organizações podem ser consideradas parte da sociedade cidadã, com a condição, porém, de que seu projeto seja de progresso e justiça social (contra a exploração dos trabalhadores, contra o colonialismo que submete os povos, contra a *"junk food"*, contra os efeitos nefastos da globalização etc.), e não em defesa de interesses de classe (defesa da propriedade privada), de grupos corporativos (caçadores e pescadores) ou

---

[69] E não de um "viver junto". Trata-se de uma relação de filiação simbólica ao grupo, pela via de uma representação que constitui um tipo de "superego" sobredeterminante.

[70] Quando os membros do governo de Raffarin dizem que os ministros da Educação e da Fazenda, Luc Ferry e Francis Mer, pertencem à "sociedade civil" (citado no *Le Monde*, 16 de novembro de 2002), eles pontuam essa individualidade.

financeiros. Sua ação armada deve se inscrever em um campo de enunciação política como uma ameaça de sanção diante de um poder que então seria visto como exercendo um terrorismo de Estado: "Veja o que faremos se vocês não concordarem com nossa demanda de justiça." Trata-se aqui de agrupamentos ditos ativistas, que se querem representantes de uma reivindicação implícita do povo.[71]

Entretanto, a passagem da civilidade à cidadania é fenômeno frequente, o que às vezes torna difícil a distinção. Por exemplo, uma associação pode reunir indivíduos para ajudar e servir portadores de deficiência ou pessoas que sofreram danos materiais ou morais que seriam solucionados apenas por meio jurídico. A partir do momento em que ela se organiza para pressionar os poderes públicos, busca, na verdade, implicá-los e mesmo acusá-los (é o caso do escândalo do sangue contaminado pelo vírus HIV, ocorrido na França nos anos 90); não se trata mais de uma consciência de civilidade, mas de cidadania. Essa passagem de uma para outra é, talvez, característica da modernidade, como parecem mostrar, de maneira pontual, algumas grandes manifestações que aconteceram na França, contra a extrema direita em abril de 2002, e na Espanha, contra os atos de terrorismo ou, de maneira mais permanente, os grandes movimentos humanitários ou contra a globalização, que afetam a sociedade civil e cujos posicionamentos nasceram de uma consciência cidadã, com ações proativas. Mas esses agrupamentos se compõem de grupos identitários muito diferentes uns dos outros, de grupos que têm objetivos de luta diversos e que, em outras épocas, teriam sido antagonistas: associações de defesa dos direitos dos homossexuais, dos direitos da criança; associações para a defesa do meio ambiente, para a defesa dos imigrantes; contra as condições precárias de vida, contra o desemprego, contra a pobreza; grupos religiosos, grupos laicos etc. Eles não constituem uma comunidade homogênea, mas um grupo instável que existe apenas de maneira conjuntural. Retomaremos essa questão na última parte, quando

---

[71] É nesses termos que, quer se concorde com eles ou não, grupos e movimentos de libertação dos povos (palestino, checheno), de independência de algumas regiões (Corsa, País Basco), de reconhecimento de alguns povos (os índios de Chiapas), de luta contra um déspota ou um ditador (como na Espanha ou na América Latina), fazem parte dessa sociedade cidadã e militante. A questão que se coloca então é a dos meios. Alguns deles, ao fazerem vítimas inocentes, perdem a chancela da cidadania para os grupos que têm tal compromisso. Em contrapartida, as guerrilhas dirigidas pelos traficantes de drogas não podem pretender agir em nome de uma cidadania.

fizermos nosso balanço. Nossa modernidade é tomada em uma tensão entre a sociedade cidadã, que tende a estabelecer um elo social entre os indivíduos em torno de valores abstratos e de ordem racional, e a sociedade civil, que tende a produzir esses agrupamentos comunitários em torno de valores de ordem afetiva.

A instância midiática

A instância midiática encontra-se igualmente fora da governança. É o elo que se vale de diferentes modos de mediação – panfletos, cartazes de rua, cartas confidenciais e grandes veículos de informação – para unir a instância política à cidadã. Os atores que compõem a instância midiática estão legitimados de antemão em seu papel de informantes, mas, ao mesmo tempo, estão em busca da credibilidade dos cidadãos (e dos políticos) – o que inscreve essa instância em uma lógica democrática – e de captação do maior número de adeptos, dada sua situação de concorrência com outros órgãos de informação – o que a inscreve em uma lógica de sedução comercial. Assim, é construído um olhar espectador específico.

A construção do olhar-espectador é caracterizada pelo fato de a palavra pública, que emana de uma instância de poder ou de um contrapoder, não mais circular de maneira unidirecional, não mais estar diretamente direcionada e, portanto, não poder mais ter força injuntiva. Ela tem uma origem difusa, isto é, emana de uma fonte compósita em direção a um alvo coletivo, sem que se possa medir seu alcance. Foi o desenvolvimento de uma tecnologia específica que, ao criar redes difusoras, permitiu que a informação atravessasse o espaço de maneira multidirecional. Isso produziu uma mudança na posição dos receptores dessa informação: de alvos privilegiados, de destinatários exclusivos de uma mensagem, de interlocutores possíveis que poderiam interagir, eles tornaram-se espectadores de uma informação que não sabem ao certo se lhes diz respeito, apesar de – paradoxalmente – ela não poder dizer respeito senão a eles. Diante dessa situação, toda instância que quer entregar suas mensagens aprende a construir alvos abstratos, categorias de público que correspondem menos a classes que variam conforme a atividade social do que a grupos de indivíduos de comportamentos opostos, atitudes imaginadas, imaginários suputados pelas pesquisas. Consequentemente, outro paradoxo, ninguém tem a prova absoluta de que essas categorias de alvos assim construídas coincidem com alvos efetivos.[72]

Pode-se dizer que a instância midiática encontra-se em um duplo dispositivo: de *exibição*, que corresponde à sua busca por credibilidade, e de *espetáculo*, que corresponde à sua busca por cooptação.[73] Esta última adquiriu uma posição dominante no circuito de informação a ponto de não se saber mais qual crédito conceder à instância midiática. Isso não impede que o discurso que a justifica avance em seu dever de informar e de promover o debate democrático, de maneira a ser reconhecido seu direito de fazer revelações e de denunciar. O discurso da instância midiática encontra-se, portanto, como já discutimos,[74] entre um enfoque de cooptação, que o leva a dramatizar a narrativa dos acontecimentos para ganhar a fidelidade de seu público, e um enfoque de credibilidade, que o leva a capturar o que está escondido sob as declarações dos políticos, a denunciar as malversações, a interpelar e mesmo a acusar os poderes públicos para justificar seu lugar na construção da opinião pública. Nesse ponto, não diremos, como fazem alguns, que a opinião pública encontra-se sob influência direta da instância política. Se ela depende desta para a pesquisa de informação – o que poderia levá-la a certos compromissos –, ela não é, por outro lado, um satélite e, em princípio, goza de relativa independência, salvo quando controlada pelo poder político, como ocorre em regimes autoritários,[75] ou quando é militante, como é o caso de emissoras particulares ou jornais de partidos. Ao realizarmos nosso balanço, veremos o papel desempenhado pelas mídias nas democracias modernas, sua responsabilidade na transformação do discurso político, e portanto, o problema deontológico que a elas se coloca.

O dispositivo do contrato de comunicação política é, de certa forma, uma máquina de forjar discursos de legitimação que constroem imagens de

---

[72] Donde advém a discussão em torno da "teoria dos efeitos limitados" e a distinção que fizemos entre os *efeitos visados* pelo produtor de uma mensagem e os *efeitos produzidos* junto aos receptores da mensagem, em *Les Médias et l'Information*, ibid.
[73] Para as características dessa encenação, ver Soulages (1999).
[74] Charaudeau (2005, 2ª parte).
[75] Foi o caso, na França, de diversos governos gaullistas, que consideraram que a ORTF deveria ser "a voz da França".

lealdade (para a instância política), que reforçam a legitimidade da posição de poder; de *protesto* (para a instância cidadã), que justificam a legitimidade do ato de tomar a palavra; de *denúncia* (para a instância midiática), que mascaram a lógica comercial pela lógica democrática, legitimando esta em detrimento daquela. Esse dispositivo coloca em jogo não só a legitimidade dos Estados e de seus chefes, dos governantes e de seus dirigentes, dos partidos, de seus líderes e militantes, mas também a legitimidade dos povos, dos cidadãos, e dos seus modos de intervenção. Frequentemente, é a busca da conquista dessa legitimidade que desencadeia as guerras, as revoltas, as revoluções e diversos conflitos. Mas, nesse jogo, o peso dessas instâncias varia segundo o tipo de regime político. O dispositivo do discurso político permanece o mesmo, mas o poder de influência que cada uma dessas instâncias pode ter sobre as outras varia conforme o regime for totalitário, autocrático, democrático e de democracia representativa, participativa ou direta. Tudo depende da maneira como essas diversas instâncias se posicionam em relação a uma situação de poder que é percebida como *direito de agir*, por alguns, e como *dever de agir*, por outros.

SOBRE A IDENTIDADE DO SUJEITO POLÍTICO: A QUESTÃO DA LEGITIMIDADE

O campo político é encenado de forma que os diversos atores representam as comédias, os dramas ou as tragédias do poder mediante relações de legitimidade, de credibilidade e de cooptação. Mas qual é a natureza da identidade desses atores?

O ser de palavra, quer se queira quer não, é sempre duplo. Uma parte dele mesmo se refugia em sua legitimidade de ser social, outra se quer construída pelo que diz seu discurso. Qual das duas é a verdadeira? A segunda não faria senão esconder a primeira? Não, pois esta não poderia existir sem aquela; ela não adquire sentido a não ser em relação à primeira, da qual é tributária. Nunca se sabe quem esconde quem e qual predomina; as duas se interpelam. Do mesmo modo, os destinatários de nossos atos de comunicação são duplos: existem enquanto tais em sua realidade empírica plural, e são ao mesmo tempo construídos por nós como o destinatário ideal que gostaríamos de submeter à nossa área de influência. É desse mesmo modo que o ator político se manifesta na cena do teatro social, com uma dupla identidade, que destina ao outro, seu público, a feição ideal de um cidadão que seria seu duplo, seu cúmplice. Embora ele represente essa mesma dupla identidade por necessidade – e, pode-se mesmo pensar, com certo deleite –, ele não é ingênuo, pois sabe que essa atribuição é, afinal, apenas uma "figuração [que] permanece sempre litigiosa. Sua constituição é um problema e ao mesmo tempo um desafio".[76]

É na identidade social do sujeito político que se projeta sua legitimidade. Esta pode provir de diversas fontes e ter campos de aplicação diversos, pode também ser usurpada ou adquirida pela força (golpe de Estado). A legitimidade social é importante porque é a que dá a toda instância de palavra uma autoridade de dizer.

Sobre a legitimidade em geral

A noção de legitimidade não é exclusiva do domínio político. De maneira geral, ela designa o estado ou a qualidade daquele cuja ação é bem fundamentada. Pode-se estar ou não legitimado a tomar a palavra em uma assembleia ou em uma reunião, a decretar uma lei ou um regulamento, a aplicar uma sanção ou a dar uma gratificação. O mecanismo pelo qual se é legitimado é o reconhecimento de um sujeito por outros sujeitos, realizado em nome de um valor que é aceito por todos. Ele é o que dá direito a exercer um poder específico com a sanção ou a gratificação que o acompanha.

A legitimidade é instituída em sua origem para justificar os feitos e os gestos daquele que age em nome de um valor que deve ser reconhecido por todos os membros de um grupo. Ela depende, portanto, das normas institucionais que regem cada domínio de prática social, atribuindo *status* e poderes a seus atores.

Por exemplo, na área jurídica, que é regida por uma lógica da lei e da sanção, os atores são legitimados pela obtenção de um diploma e o esta-

---

[76] Rosanvallon, na aula inaugural ministrada em 28 de março de 2002 no *Collège de France*, e em *La Démocratie inachevée* (2000).

tuto institucional é adquirido por meio de um sistema de recrutamento por concurso, acompanhado de um sistema de nomeação pelos pares ou superiores hierárquicos. A profissão é, portanto, protegida pelas regras da instituição. No entanto, se uma delas for infringida (o segredo profissional) ou o comportamento parecer divergir de uma norma esperada (como o que alguns chamam "violência jurídica"), imediatamente se encontra questionada a legitimidade da ação dos juízes. O mesmo acontece em certas profissões liberais, como a de médico, que, submetida a uma lógica da especialidade em relação à luta contra o sofrimento e a morte, teria questionada a legitimidade de alguns de seus atores caso esses viessem a cometer erros médicos ou sobrepusessem o interesse financeiro à sua atividade de especialista.

No domínio econômico, que é regido pela lógica do lucro, os atores são compelidos a respeitar as regras de concorrência, e no domínio empresarial, relacionado àquele, são compelidos a respeitar as leis trabalhistas. Em nome dessa lógica, não é ilegítimo demitir, procurar obter a maior parte de um mercado, ou mesmo praticar a agricultura extensiva. Mas se uma empresa empregar crianças, explorar seu pessoal, demitir de maneira abusiva, infringindo a lei, sem auxiliar na recolocação do pessoal demitido no mercado, exercer o monopólio, então poderemos atacá-la pelo aspecto da legitimidade: ela não tem o direito de agir dessa maneira. Percebe-se, então, que a ilegitimidade apenas pode ser decretada em nome de um princípio moral que se oponha à lógica do ganho; de outro modo, essa lógica torna legítima qualquer ação que gere lucro.

No domínio das mídias de informação, regido por uma dupla lógica, a de informação cidadã e a de concorrência comercial, o questionamento da legitimidade de seus atores é mais difícil de ser realizado, na medida em que a máquina midiática tem poder de recuperação de seus próprios desvios.[77] Mas a corrida desenfreada para obter e difundir um furo (a síndrome *paparazzo*), a difusão de informações falsas e não verificadas (a síndrome de Timisoara, cidade da Romênia onde, em 20 de dezembro de 1989, começou a revolução que derrubaria o ditador comunista Nicolau Ceaucescu) e

---

[77] Charaudeau (2005, 4ª parte).

a excessiva espetacularização da encenação da informação podem colocar em dúvida o sacrossanto dever de informar. Essa legitimidade é igualmente questionada quando um órgão de informação depende de um poder político (governo, partido) ou de um conglomerado econômico. Toda a notícia que provém de órgãos de informação dependentes será imediatamente suspeita de partidarismo e sua legitimidade será escornada, como ocorreu durante a Guerra do Golfo, quando a matéria foi filtrada, selecionada e organizada pelo Pentágono e difundida por uma única rede de televisão americana, a CNN. Às vezes, também, as legitimidades mudam e descobre-se *a posteriori* a ilegitimidade da situação anterior. Quando um regime político se democratiza e a imprensa obtém sua independência em relação ao poder, aparece então uma nova legitimidade. Esse foi o caso no México quando a imprensa escrita do país liberou-se em parte da tutela do governo[78] durante o movimento revolucionário dos índios de Chiapas, liderados pelo subcomandante Marcos. Mas uma vez que essa legitimidade é adquirida, coloca-se às mídias a questão deontológica dos limites da informação: pode-se, em nome dessa legitimidade que dá o direito a informar, dizer tudo e, o que é dito, dizê-lo de forma a amplificar suas dimensões?

A legitimidade é realmente o resultado de um reconhecimento, pelos outros, daquilo que dá poder a alguém de fazer ou dizer em nome de um *estatuto* (ser reconhecido em função de um cargo institucional), em nome de um *saber* (ser reconhecido como sábio), em nome de um *saber-fazer* (ser reconhecido como especialista). Não se confundirá, portanto, *legitimidade* e *credibilidade*: a primeira determina um "direito do sujeito de dizer ou de fazer", a segunda, uma "capacidade do sujeito de dizer ou de fazer". Questionar a legitimidade é questionar o próprio direito e não a pessoa; questionar a credibilidade é questionar a pessoa, uma vez que ela não apresenta provas de seu poder de dizer ou de fazer. É o que sobressai na reação de um político ao projeto franco-alemão de estabelecer uma dupla presidência da União Europeia (um presidente para o Conselho e outro para a Comissão): "Uma dupla presidência conduzirá certamente a um conflito de *legitimidade*."[79]

---

[78] Ver Emilsson e Zaslavsky (2000) e Zaslavsky (2003).
[79] *Le Monde*, 16 de janeiro de 2003.

Também não se confundirá *legitimidade* e *autoridade*. A primeira, como acabamos de ver, é um direito adquirido. A autoridade, em contrapartida, está intrinsecamente ligada ao processo de submissão do outro. Ela coloca o sujeito em uma posição que lhe permite obter dos outros um comportamento (fazer fazer) ou concepções (fazer pensar e fazer dizer) que eles não teriam sem sua intervenção. A legitimidade não coloca o sujeito que a possui em uma posição de ter de submeter o outro; não se vê como esse outro poderia reconhecer uma legitimidade para ser a vítima. Se, entretanto, a autoridade se confunde às vezes com a legitimidade, é com a finalidade de se fazer prevalecer. A autoridade vem então se somar à legitimidade. Ela decorre do fato de que um sujeito, para confirmar sua posição de legitimidade, necessita exercer uma sanção sobre aqueles que não querem se submeter, recorrendo, eventualmente, à violência para se fazer obedecer. O ato de autoridade pode tirar vantagem de uma posição de legitimidade, mas ele é um excedente que revela as modalidades de ação do sujeito. Em resumo, a legitimidade é um estado no qual é colocado o sujeito que, em virtude desse fato, adquire um direito a fazer, mas segundo o que foi determinado e reconhecido pelos membros do grupo, os quais instituíram esse direito de maneira mais ou menos institucional: a legitimidade resulta de uma *atribuição*. A autoridade é uma posição no processo de influência que dá ao sujeito o direito de submeter o outro com a aceitação deste: resulta, ao mesmo tempo, de um *comportamento* e de uma *atribuição*.[80] A legitimidade remete ao *Eu*; a autoridade, à relação *Eu-tu*.

Legitimidade e soberania política

A legitimidade da instância política depende, no domínio político, da maneira como essa legitimidade lhe é atribuída. Ela é conferida por um sujeito coletivo que ou aceita uma legitimidade imposta por uma tradição institucional ou define, ele mesmo, as condições de uma legitimidade e do exercício de uma autoridade. Nos dois casos, o sujeito coletivo supos-

---

[80] O que é patente no caso da dita "autoridade pessoal", que se funda sobre o livre-arbítrio do sujeito e pode dispensar a legitimidade.

tamente encontra-se em uma posição de livre aceitação em relação a uma eventual sanção que poderia ser-lhe aplicada, e não mais em uma posição de submissão forçada. Entretanto, no segundo caso, a posição de legitimidade já não tem caráter de onipotência, pois ainda que seja atribuída por mandantes a um delegado, ela é apenas provisória (dura somente o tempo do mandato) e permanece sob controle do sujeito coletivo, permitindo-lhe pedir àquele que ele colocou na posição e no lugar do poder que lhe preste contas. Do mesmo modo, o sujeito que se encontra assim legitimado (instância política) sabe que essa legitimidade lhe é acordada pelos mesmos indivíduos (instância cidadã) que são o alvo de seus atos de discurso. Daí surge uma difícil relação de aceitação recíproca entre essas duas instâncias, que é própria do domínio político: a instância política dispõe dos procedimentos de coerção física que lhe permitem manter a ordem, gerir as tensões que inevitavelmente surgem em qualquer grupo humano e ajudar no desenvolvimento de uma maior justiça social, mas ela dispõe de tais instrumentos apenas à medida que conservar esse poder como uma soberania reconhecida pela instância cidadã.

A soberania está relacionada à representação: quando representamos, falamos (ou agimos) em nome de uma entidade que nos supera e que nos delegou – provisoriamente – esse poder de falar em seu nome. Não somos essa entidade, somos apenas *indicados* por ela, mas, ao mesmo tempo, nos confundimos com ela ao nos fazermos portadores dos valores que constituem seu poder. Aquele que ocupa uma posição de soberania representa um outro poder que se encontraria acima dele e também o teria delegado, investido nessa posição e, ao mesmo tempo, o protegeria. O soberano é sempre portador de uma voz cuja onipotência resulta de ela não se encontrar aqui, mas em um além inacessível, e ele não agiria a não ser guiado por uma espécie de "Mão invisível", como a proposta por Adam Smith em *A riqueza das nações*, que, ao mesmo tempo, orienta e protege aquele que age em seu nome. A soberania está, portanto, sob tutela, mas ela é, ao mesmo tempo, o próprio poder tutelar. Efetivamente, é esse poder que investiu o soberano e fez dele seu depositário, obrigando-o a aderir a ele próprio, na verdade, a se fundir nele mesmo. Esse poder tutelar pode ser concebido em diversos imaginários: um imaginário religioso, e assim se justificam as monarquias de direito divino; um imaginário laico – mas talvez fosse o caso de dizer "laico-divino" –, assim se justificam as democracias, ou ao menos os regimes políticos que se fundam, como sonhava Rousseau e endossou Arendt, sobre uma "vontade comum dos homens de viverem juntos"; tanto é verdade que não há "sociabilidade" sem um lugar de "soberania" que garanta a identidade do grupo.[81]

A posição de soberania encontra-se, portanto, investida de uma potestade e provém de um terceiro todo-poderoso. Ela representa uma verdade absoluta e se encontra depositária de um ideal social. É assim que surge seu caráter sagrado, pois "não há sacralidade sem soberania".[82] Mas ela deve também garantir – ao menos na soberania laica – a possibilidade de realizar esse ideal neste mundo, pois um ideal social cuja realização não poderia ser vislumbrada perderia sua legitimidade no ato. É preciso, portanto, que essa posição de soberania se defina igualmente por meio de um outro ideal, o dos meios a serem empregados para se chegar à realização desse projeto. Mesmo sendo da ordem da utopia,[83] esse ideal deve ser concebido como acessível, em decorrência da gestão das coisas aqui e agora: os meios encontram-se sob o império da razão. Nisso o soberano pode ser julgado *responsável*. Ele é, ao mesmo tempo, o todo-poderoso e o responsável: ele é todo-poderoso – portanto, intocável – em nome de seu poder tutelar; ele é responsável – portanto, deve prestar contas – em nome da razão que estaria sozinha na origem do "bem fazer".

Três tipos de imaginário social encontram-se na origem da legitimidade política: a legitimidade por *filiação*, por *formação* ou por *mandato*.

A legitimidade por filiação

A legitimidade por filiação se funda sobre a ideia de que o sujeito deve ser "bem nascido"; de que ele obtém sua legitimidade como uma herança dita "natural" (ele é o filho legítimo de...). Ele recebe o título, o poder e a

---

[81] Derrida (2003).
[82] Derrida (1996).
[83] Ver neste livro "Os imaginários de verdade do discurso político", Alguns imaginários de verdade do conceito de política.

responsabilidade de seu ascendente como um quinhão; depois, como bem supremo: ele é um "herdeiro". A filiação pode ser de natureza *sagrada*. Os atributos e as qualidades dependem então de uma espécie de predestinação: torna-se um ser eleito por um poder do além, mesmo que essa eleição passe pelas mãos dos homens. É o caso dos monarcas de direito divino, de certas funções supremas na ordem do religioso (o papa, os descendentes do Profeta). Recebe-se integralmente uma força divina unicamente pelo fato de se ser um herdeiro, e todos os atos serão realizados sob inspiração deste. O herdeiro é, por definição, a exemplo dos poetas da Grécia arcaica, um ser "inspirado".

Mas a filiação também pode ser de ordem *social*. Os atributos e as qualidades são ligados a uma missão humana: decorrente do fato de pertencer a certo grupo social (classe, meio, casta) cujos membros tiveram importantes cargos (nacionais ou locais), pode-se escolher invocar o testemunho dos antigos e tornar-se, assim, um ser encarregado por sua própria família de levar a chama adiante. Trata-se aqui de outra espécie de herdeiro, a do "filho espiritual", que recebe como herança uma força humana e, em virtude desse fato, se engaja a viver como sujeito do dever. Assim, perpetuam-se as aristocracias, as castas e as notoriedades de toda espécie.

Há igualmente uma filiação de ordem *biológica*. Os atributos e qualidades não são mais herdados, pelo menos não religiosamente ou socialmente, mas dependem de algo misterioso que se encontraria escondido em alguma parte nos genes, mas que seria da ordem da pulsão, do desejo, da paixão, do dom, do talento, enfim, de qualquer coisa que não se saberia explicar. O ser que está munido deste atributo é, então, alguém "fora do comum": não se pode explicar seu ser pela crença ou pela razão. E, para esse ser, a posição de soberania, quando ele a ocupa, somente pode ser devida a uma "pulsão íntima", cuja origem ele próprio desconhece. Isso o coloca em uma posição ambivalente: ele é responsável em absoluto, pois não deve seu poder a ninguém, mas também é irresponsável na medida em que não sabe o que o levou onde ele está. Assim nascem os "seres notáveis": os grandes chefes, os grandes líderes, as grandes personalidades. Esses três tipos de filiação podem se sobrepor: um político, sendo originário de certo meio social, tem, ao mesmo tempo, uma dimensão pessoal fora do comum e termina por ser quase sacralizado, como foi o caso, na França, do general De Gaulle.

A legitimidade por formação

A legitimidade por formação supõe que se tenha passado por instituições de prestígio (escolas de alto nível ou universidades de renome), que o diploma tenha sido obtido entre os primeiros colocados, que se tenha exercido cargos de responsabilidade prestigiosos e que se tenha sido notado por sua capacidade e por tudo que poderia provar que reúne competência e experiência. Trata-se aqui de ser "bem formado", pois competência e experiência dariam ao sujeito um poder de agir com discernimento. O peso do Estado e a gestão da coisa pública exigem, como acontece em toda empresa, uma organização tal das posições de governança que possibilite aos princípios determinados nos altos escalões repercutir nos administrados. Mas, diferentemente da empresa, o Estado em posição de soberania está nas mãos de elites, porém, com a finalidade de prestar um serviço público e não de obter o lucro, e é ao conjunto de um povo (sujeitos, cidadãos, administrados), e não a alguns empregados (mesmo quando se trata de multinacionais), que os responsáveis pelo governo se dirigem e é a ele que devem prestar contas.

Assim, a organização das posições de governança deve estar à altura dos desafios e das massas. É por isso que é preciso proceder a uma hierarquização dos postos de decisão e a uma distribuição dos papéis e responsabilidades entre diversos agentes, de modo que estes possam dar o melhor de si em sua área de competência. É esse ideal da organização do Estado que está na origem de uma ordem burocrática mais ou menos desenvolvida e rígida conforme os Estados, e, do mesmo modo, de uma ideologia tecnocrata, uma vez que essa gestão do bem público somente pode ser concebida como ação de especialistas, de tecnocratas.

Esse imaginário de legitimidade mediante a formação profissional é acompanhado da ideia de que a governança dos povos não pode ser assegurada a não ser pelas *elites*, termo ao qual não é preciso dar conotação pejorativa. Diversos enunciados sustentam esse imaginário: "As elites devem assumir a totalidade da existência social tanto na definição de seu bem-estar quanto em sua gestão"; "As elites devem se ocupar da conduta do Estado"; "A política é uma ocupação que deve ser exercida por especialistas da coisa pública, cuja contrapartida é seu engajamento no serviço do Estado". Assim nasceram na França, no século XIX, os "altos cargos do Estado" a serviço da *res publica*. Mas é verdade que, para quem procura ocupar uma posição de soberania, o ideal é ser ao mesmo tempo bem-nascido e bem formado, com os dois atributos reforçando-se reciprocamente. Daí a preocupação dos grandes soberanos do mundo com a boa formação de seus herdeiros.[84] É verdade que isso nem sempre foi o caso das monarquias europeias, e que esse não é sempre o caso dos soberanos de certos países, mas trata-se aqui de um ideal que, além disso, transforma-se com o desaparecimento progressivo da descendência divina.

A legitimidade por mandato

A legitimidade por mandato tem origem na tomada do poder pelo povo, que se opõe à soberania de direito divino ao tomar consciência de que esta lhe é imposta. Segundo essa legitimidade, é o povo que tem o direito de governar para seu próprio bem. É ele que se constitui ao mesmo tempo como doador e beneficiário de sua própria busca de felicidade, instaurando, assim, uma legitimidade fundada no igualitarismo e no direito dos indivíduos de construírem um destino coletivo que se opõe a toda soberania autárquica.[85]

No entanto, essa legitimidade popular deve, em algum momento, transformar-se em legitimidade *representativa*, pois dificilmente é concebível que a totalidade de um povo governe. Instaura-se então um sistema de delegação de poder que faz com que os representantes originários desse sistema sejam responsáveis por seus atos perante aqueles que os elegeram: eles são "mandatados". Para Rousseau, de resto, a autoridade política só é legítima porque não provém nem da filiação biológica nem de Deus, mas

---

[84] É dessa forma que, até a metade do século XX, as grandes famílias legavam a um de seus filhos o Exército e, a um outro, a Igreja.

[85] A propósito desse assunto, não dispensaremos o mesmo tratamento a todas as revoluções. Apenas podemos falar de revolução quando essa chega a colocar em questão o sistema de soberania anterior, como foi o caso da Revolução Francesa, a ponto de a monarquia ter a cabeça decepada, ainda que em um momento seguinte aspectos do Antigo Regime tenham se perpetuado. Há casos de revolução que mudam uma situação política sem modificar o regime.

de uma vontade comum dos homens.[86] Entretanto, trata-se aqui apenas de uma soberania provisória, adquirida por procuração, que constantemente deve ser renovada por diversas razões que decorrem do fato de ela poder ser questionada por aqueles mesmos que a outorgaram.

Ambiguidades e ambivalências

Cada uma dessas formas de legitimidade varia em função da posição e dos papéis que os atores são levados a exercer segundo as situações de troca social nas quais estão engajados: situação de *candidatura* (legitimidade de ser candidato e eleitor), de *governo* (legitimidade para decidir e editar leis, segundo a instituição a que pertence), de *território* (legitimidade para exercer um poder local, nacional, supranacional), de *representatividade* (legitimidade para representar um grupo e suas ideias) etc.

No entanto, cada um desses tipos de legitimidade repousa sobre uma ambiguidade, exercida às vezes de maneira ambivalente, segundo o jogo de reconhecimento recíproco que faz com que povos e soberanos sejam dependentes uns dos outros. Por exemplo, no caso da legitimidade transmitida por herança, a participação cidadã é completamente curto-circuitada, pois a vontade popular não se pode se exprimir. Mas é preciso, para que o monarca possa governar, que exista uma anuência coletiva quanto a essa legitimidade, que o povo considere que esse monarca, a quem ele atribui uma função sagrada,[87] o represente bem:

> O que funda a legitimidade de um poder, de uma prática política ou de um engajamento, é a conformidade dessa prática ou do exercício desses poderes com as lógicas que estruturam a identidade dos atores que os exercem ou dos atores sobre os quais eles são exercidos.[88]

---

[86] *O contrato social*, escrito em 1762 (1964).

[87] Essa sacralização é ainda mais forte quando regimes políticos e crenças religiosas são confundidos, como no caso do rei do Marrocos, Hassan II, que era, ao mesmo tempo, reconhecido como o descendente do Profeta. Por outro lado, isso talvez explique por que o Marrocos não conheceu, nos anos 90, um crescimento do integralismo tão forte quanto os outros países da África do Norte.

[88] Lamizet (2002).

É por isso que não se pode equiparar esse regime político ao de uma ditadura militar. No primeiro, existe uma verdadeira legitimidade, reconhecida e aceita pelos súditos do soberano; o último não pode ser contestado, a menos que seja derrubado por uma revolução que determine uma mudança de legitimidade por meio da troca radical do sistema constitucional. No segundo, trata-se de um pequeno grupo que toma o poder pelas armas e que se impõe aos demais sem consentimento popular. Entretanto, pode ocorrer que, mesmo no caso da usurpação por golpe de Estado (usurpação é sempre antinômica de legitimidade), os senhores do poder procurem atrair as boas graças do povo construindo para si uma legitimidade de "amor filial" via uma imagem de protetor: quantos ditadores não se fazem chamar de "amado (ou bom) pai do povo"?

Outro caso de ambivalência é o das monarquias parlamentares (Inglaterra, Espanha, Bélgica, Suécia etc.), que fazem coexistir uma legitimidade de filiação, mas sem real poder de governo, com uma legitimidade representativa, que tem poder de governo. Além disso, essa ambivalência existe mesmo no interior dos regimes democráticos cuja legitimidade procede do mandato, quando o sistema de eleição é finalizado por um sistema de nomeações. Com a eleição, é um mandato coletivo que está na origem da atribuição de uma legitimidade. Com as nomeações, pode-se perguntar perante quem esses nomeados são responsáveis. Segundo a Constituição da Quinta República Francesa, promulgada em 1958 por De Gaulle, o chefe de Estado nomeia o chefe do governo, e este escolhe os ministros, dentre os quais alguns são eleitos do povo e outros, simples especialistas,[89] não eleitos. Daí o problema de saber qual legitimidade pode ser atribuída a esses "eleitos do príncipe", pois poder-se-ia pensar que eles não têm de prestar contas a não ser àquele que os nomeou.

Não se esquecerá, enfim, que no domínio político existe igualmente uma *legitimidade de fato*. Esta procede de um movimento de sustentação ou de adesão popular que independe do ato eletivo. Estamos habituados, em

---

[89] "Simples especialistas" não é uma expressão pejorativa, pois não se pode imaginar, dada a complexidade da governança, que os eleitos não se cerquem de diversos especialistas. Essa expressão enfatiza que os especialistas não têm a legitimidade que lhes poderia conferir uma eleição por sufrágio universal. Isso é objeto de polêmicas na França, cada vez que um ministro não eleito é escolhido.

nossos países democráticos, a considerar que a legitimidade é uma questão de direito constitucional, a qual rege o modo de representação do povo segundo uma sanção majoritária. Mas na medida em que a legitimidade se funda sobre um olhar de reconhecimento recíproco entre duas partes, é preciso que essas duas partes alimentem permanentemente essa relação de investidura e de controle: o que foi investido de um poder tem necessidade de assegurar que ele seja sempre reconhecido como legítimo; o que delegou poder deve verificar se a investidura encontra-se sempre justificada. É por isso que o êxito do político, seu sucesso, sua eficácia, tudo que constrói sua imagem de líder carismático e fidedigno, reforça sua legitimidade. No México, o subcomandante Marcos, líder do movimento Zapatista dos índios de Chiapas (EZLN), foi inicialmente reconhecido pelos índios como líder deles, depois, ao tornar-se digno de crédito aos seus olhos, foi legitimado de fato. Em seguida, precisou se tornar crível ao olhar da nação mexicana, de suas instituições, de seus representantes, até o parlamento mexicano aceitar receber uma delegação e reconhecer seus representantes. Ele fez com que fosse concedida a seu movimento uma legitimidade de fato. Evidentemente, essa legitimidade apresenta riscos, pois ela pode fazer com que um usurpador termine – por meio de ações eficazes, ao obter êxito em determinadas reformas e mediante discursos demagógicos – por se fazer legitimar. Assim, o discurso populista, do qual falaremos mais adiante, tem por desafio obter uma legitimidade de fato.

A legitimidade política, quer proceda de uma filiação, de uma formação, de um mandato ou quer seja instituída de fato, é sempre o resultado de um olhar social que reflete os valores em nome dos quais esta se funda. Nesse aspecto, pode-se dizer que a instância cidadã tem sempre sua parte de responsabilidade na legitimação dos governantes. Apenas ela "pode assegurar aos poderes e aos regimes políticos a adesão necessária, [e ela] aparece em definitivo como uma *questão de crenças e de representações*. Em suma, é o ponto central da oferta e da demanda por ideologias sociais e políticas em todos os avatares modernos da democracia, inclusive em suas aventuras totalitárias".[90]

---

[90] Chabrol, "Pour une psychologie des communications politiques", colóquio universitário de Ruão, 16 de janeiro de 2002, e de Caen, 22 e 23 de novembro de 2002.

Essa legitimidade política fundada sobre o olhar social poderá ser julgada fraca se a maioria que a constitui for apertada (50,05%) e também poderá ser alvo de *suspeitas* quando a maioria for anormal (80%), mas tanto em um caso quanto em outro a legitimidade está assegurada. Assim foi com as eleições presidenciais francesas de 2002: ao reagir contra o fantasma da dominação da França pela extrema direita e seus valores de exclusão (Jean-Marie Le Pen), os eleitores de opiniões políticas diferentes, opostas, legitimaram maciçamente o presidente da República vencedor (Jacques Chirac). Trata-se de uma legitimidade institucional e não de valores; pode-se argumentar que ela foi obtida por falta de escolha, mas a verdade é que se trata de uma legitimidade e que o novo presidente poderá dela tirar grande partido, pois os motivos de uma legitimação terminam por cair no esquecimento, enquanto o estado de legitimidade permanece.

As estratégias do discurso político

Temos dificuldade em aceitar que em uma democracia o povo vote em um político mais em razão de sua imagem e de algumas frases de efeito que ele ou ela profira do que em razão de seu programa político. Entretanto, o comportamento das massas depende daquilo que as reúnem sob grandes denominadores comuns: discursos simples portadores de mitos, de símbolos ou de imaginários que encontram eco em suas crenças; imagens fortes suscetíveis de provocar uma adesão pulsional. Na democracia, o poder do político advém de uma delegação e esta tem um caráter sagrado. De fato, ela é, metaforicamente falando, e de maneira inversa, um ato de *investidura*: no lugar do príncipe que arma um jovem nobre e o transforma em cavaleiro, fazendo-o seu servidor sob um código de honra, como acontecia na Idade Média, é o povo que sagra o político e o faz servidor do bem comum. Este passa, então, como diria La Boétie, para a "servidão voluntária" de um Estado, de uma Nação, de uma República, isto é, ele deve esposar a representação simbólica dessa entidade abstrata que constitui a parte fundadora da identidade coletiva de um povo. Nessas condições, o político desempenha um papel de mediação entre o "social divino" de que fala Durkheim e o povo que lhe conferiu o mandato. Não é de se admirar que ele procure construir para si a imagem de um antecessor benfeitor, capaz de unir a condição humana da realidade social a um invisível ideal social, pois ele deve retribuir ao povo esse porquê que o fez conferir-lhe um mandato: o benefício de uma "felicidade de ser".

Sobre a persuasão no discurso político

Sendo a política um domínio de prática social em que se enfrentam relações de força simbólicas para a conquista e a gestão de um poder, ela só pode ser exercida na condição mínima de ser fundada sobre uma legitimidade adquirida e atribuída. Mas isso não é suficiente, pois o sujeito político deve também se mostrar crível e persuadir o maior número de indivíduos de que ele partilha certos valores. É o que coloca a instância política na perspectiva de ter que articular opiniões a fim de estabelecer um consenso. Ela deve, portanto, fazer prova da persuasão para desempenhar esse duplo papel de representante e de fiador do bem-estar social.

As estratégias do parecer

O político encontra-se em uma dupla posição, pois, por um lado, deve convencer todos da pertinência de seu projeto político e, por outro, deve fazer o maior número de cidadãos aderirem a esses valores. Ele deve inscrever seu projeto na "longevidade de uma ordem social",[91] que depende dos valores transcendentais fundados historicamente. Ao mesmo tempo, ele deve se inscrever na volátil regulação das relações entre o povo e seus representantes. O político deve, portanto, construir para si uma dupla identidade discursiva; uma que corresponda *ao* conceito político, enquanto lugar de constituição de um pensamento sobre a vida dos homens em sociedade; outra que corresponda *à* prática política, lugar das estratégias da gestão do poder: o primeiro constitui o que anteriormente chamamos de posicionamento ideológico do sujeito do discurso; a segunda constrói a posição do sujeito no processo comunicativo. Nessas condições,

---

[91] Augé (1994, pp. 95, 97, 103).

compreende-se que o que caracteriza essa identidade discursiva seja um *Eu-nós*, uma identidade do singular-coletivo.

O político, em sua singularidade, fala para todos como portador de valores transcendentais: ele é a voz de todos na sua voz, ao mesmo tempo em que se dirige a todos como se fosse apenas o porta-voz de um *Terceiro*, enunciador de um ideal social. Ele estabelece uma espécie de pacto de aliança entre estes três tipos de voz – a voz do *Terceiro*, a voz do *Eu*, a voz do *Tu-todos* – que terminam por se fundir em um corpo social abstrato, frequentemente expresso por um *Nós* que desempenha o papel de guia ("Nós não podemos aceitar que sejam ultrajados os direitos legítimos do indivíduo").

Nesse aspecto, as instâncias dos discursos político e religioso têm qualquer coisa em comum: o representante de uma instituição de poder e o representante de uma instituição religiosa supostamente ocupam uma posição intermediária entre uma voz-terceira da ordem do sagrado (voz de um deus social ou de um deus divino) e o povo (povo da Terra ou povo de Deus).[92] Em contrapartida, veem-se no que diferem, apesar do que dizem alguns,[93] as instâncias política e publicitária. As duas são provedoras de um sonho (coletivo ou individual), mas a primeira está associada ao destinatário-cidadão e constrói o sonho (um ideal social) com ele, em uma espécie de pacto de aliança ("Nós, juntos, construiremos uma sociedade mais justa"), enquanto a segunda permanece exterior ao destinatário-consumidor ao qual ela oferece um sonho supostamente desejado por ele (singularidade do desejo): o destinatário-consumidor é o agente de uma busca pessoal (ser belo, sedutor, diferente ou estar na moda) e de forma alguma coletiva.[94]

É preciso, portanto, que o político saiba inspirar confiança, admiração, isto é, que saiba *aderir* à imagem ideal do chefe que se encontra no imaginário

---

[92] Muitos autores fizeram esse paralelo: Castoriadis, inspirando-se no "social divino" de Durkheim; Augé, descrevendo o ritual político.

[93] Não só o discurso corrente, mas também o dos especialistas em *marketing* e o de outros conselheiros em comunicação sustentam que se lance um homem na política como se lança um sabonete no mercado. O discurso político seria, pois, apenas uma variante do discurso publicitário. Entretanto, neste não há quaisquer características da identidade discursiva daquele.

[94] Trata-se das características gerais do contrato publicitário, o que não impede que seja sempre possível, dados os fins estratégicos, o desempenho dos termos do contrato e mesmo sua transgressão, como nas campanhas da marca italiana Benetton. Ver o nº da revista *Mscope*, CRDP de Versalhes, setembro de 1994, voltada ao estudo do discurso publicitário.

coletivo dos sentimentos e das emoções. Muitos pensadores o afirmaram e alguns grandes homens o colocaram em prática: a gestão das paixões é a arte da boa política. À condição de que o exercício desse parecer, levado ao extremo e mascarando um desejo de poder pessoal, não conduza aos piores desvios fascistas ou populistas. Efetivamente, quando essa gestão das paixões conduz à submissão total e cega do povo (ou de uma maioria), isto é, quando este último confunde um, intercessor, com o outro, soberano, ele não dispõe mais de nenhum julgamento livre, não exerce mais nenhum controle e segue o chefe cegamente em uma fusão (às vezes, uma fúria) coletiva e irracional. Derivados ou não, sustentamos a hipótese, seguindo filósofos da retórica política, de que a influência política é praticada tanto no terreno da paixão quanto no do pensamento.

A persuasão entre emoção e razão

A questão de saber se a persuasão está relacionada à razão ou aos sentimentos é antiga. A ideia de que não se pode contentar-se apenas em raciocinar e que é preciso "tocar" os juízes, os jurados e o auditório se impôs aos antigos desde Aristóteles.[95] Tocá-los quer dizer colocá-los em uma "disposição de espírito" tal que seu julgamento possa ser mais facilmente orientado nesta ou naquela direção. Desde então, passando por Cícero,[96] Pascal,[97] Rousseau,[98] e, chegando à Nova Retórica,[99] admite-se que não se pode descartar os sentimentos em nenhum processo linguageiro que tenda a influenciar o interlocutor, mas, ao mesmo tempo, que convém distinguir "convicção" de "persuasão". A primeira pertenceria ao puro raciocínio, fundar-se-ia sobre as faculdades intelectuais e estaria voltada para o estabelecimento da verdade. A segunda pertenceria aos sentimentos (hoje em dia, diríamos "ao afeto"), fundar-se-ia sobre os deslocamentos emocionais e estaria voltada para o auditório. O *logos*, de um lado, o *pathos*, de outro, a

---

[95] Aristóteles (1991), *Retórica*.
[96] Cícero (1966), *Do orador*.
[97] Pascal (1954), *Da arte de persuadir*.
[98] Rousseau (1966), *Emílio*.
[99] Perelman & Olbrechts-Tyteca (1970).

que é preciso acrescentar o *ethos*, que diz respeito à imagem daquele que fala e que é igualmente suscetível de tocar o auditório pela possível identificação deste à pessoa do orador.[100]

O que permanece em discussão é a questão de saber se essas categorias convicção/persuasão existem e agem independentemente umas das outras ou se elas estão ligadas por uma relação, de tal forma estreita, que seria difícil fazer a separação entre o que pertenceria a uma e o que pertenceria à outra; correlativamente, pode-se perguntar qual é a parte que cada uma assume na encenação do discurso. Alguns, ao estudar, de fato, a argumentação como processo interacional em uma perspectiva "pragma-dialética",[101] defendem a ideia de que existe uma lógica argumentativa, de que a argumentação é assim uma atividade da razão, e que nessas condições a expressão da paixão só pode ser uma fonte de deturpação dessa atividade. Assim, seria possível esquematizar uma lista de "paralogismos"[102] a serem considerados como os perigos que espreitam a pureza da atividade argumentativa. Para outros,[103] em contrapartida, convêm tentar categorizar as paixões e integrá-las ao processo argumentativo, pois estas participam da construção dos julgamentos. Na elaboração do discurso interviriam com igual importância categorias de razão e categorias de paixão. É o que, de todo modo, se passa no discurso político.

Estratégias para orientações diversas

Efetivamente, as estratégias discursivas empregadas pelo político para atrair a simpatia do público dependem de vários fatores: de sua própria identidade social, da maneira como ele percebe a opinião pública e do caminho que ele faz para chegar até ela, da posição dos outros atores políticos, quer sejam parceiros ou adversários, enfim, do que ele julgar necessário defender ou atacar: as pessoas, as ideias ou as ações.

---

[100] Ver também Mathieu-Castellani (2000), que revisita as categorias aristotélicas.
[101] Van Eemeren (1996) e Copi (1986).
[102] *Fallacie* em inglês, ver Van Eemeren e Grootendorst (1996).
[103] Meyer, Plantin, Parret, Boudon, Charaudeau, ver também o resumo que Amossy elaborou (2000, parte III, capítulo 6).

Ele pode perceber a opinião pública como sendo-lhe favorável (e, no limite, reduzida ao grupo dos militantes ou dos simpatizantes), desfavorável (nas pesquisas ou nas manifestações de rua) ou incerta (aquela que constitui a grande massa dos Zés-Ninguéns, reunidos aleatoriamente como leitores de jornais, ouvintes de rádio ou telespectadores). Seus discursos deverão ajustar-se a esses tipos de público, e o político deve ainda saber que eles podem se sobrepor uns aos outros, gerando efeitos perversos. Por exemplo, algumas declarações dos sociais-democratas alemães – portanto, de indivíduos que não pertencem à extrema direita – foram consideradas extremistas:[104] "não deveríamos ser tão timoratos em relação aos criminosos estrangeiros capturados. Para aquele que viola o direito à hospitalidade, não há outra solução a não ser ir embora e rápido" (o chefe do governo), "a capacidade de a Alemanha acolher a imigração esgotou-se" (o ministro do Interior), "os tempos de amizade com os imigrantes se aproximam do fim" (o ministro cristão-democrata do Interior).

Os outros atores, destinatários do discurso dos políticos, serão, sobretudo, seus adversários, que podem ser seus oponentes em uma campanha eleitoral, cujo programa busca-se desqualificar; seu antecessor no mesmo cargo e de quem eles procuram se distanciar, os oponentes oficiais à sua política a cujas críticas eles devem responder. Sem contar que esse trabalho de regulação das opiniões varia conforme o alvo visado: as elites ou as massas. O político procura reunir as elites em torno de um projeto de governo comum, para o qual convém estabelecer alianças com diferentes partidos e com os diferentes setores dessas elites, e isso com a ajuda de promessas ou ameaças. Em relação às massas, ele busca obter a "dominação legítima" de que fala Max Weber, com a ajuda de discursos que tentam suscitar uma paixão comum voltada para um homem ou um projeto. Quanto ao que o político julga necessário defender ou atacar, ele pode apoiar seu discurso sobre: o valor das ideias, ao defender a legitimidade de uma causa moral (a solidariedade); o valor do programa e dos meios usados para atingi-lo (pragmatismo, realismo, eficácia); o valor dos homens e das mulheres que atuam na política, sua competência, sua experiência e seu saber-fazer. Dito

---

[104] "Les Déparages verbaux de quelques politiciens", *Le Monde*, 1º de setembro de 2000.

de outra forma, o político deve fazer uso de todas as estratégias disponíveis para fazer com que o maior número de cidadãos adira a suas ideias, a seu programa, à sua política e à sua pessoa.

A instância política, repetimos, encontra-se entre o conceito e a prática de política, entre um enfoque idealizante, que cria sistemas de valores e um enfoque pragmático, que se apoia na experiência da relação com o outro para influenciá-lo. Estamos em plena "subjetivação" do conceito de política, uma subjetivação que, conforme afirmam vários pensadores da política, de Tocqueville a Foucault e Deleuze, faz entremear inextricavelmente afeto e racionalidade, histórias pessoais e coletivas, espaço público e privado, religião e política, sexo e poder. E isso, ainda mais na medida em que, considerada do ponto de vista do indivíduo-cidadão, o que funda uma opinião política é de início uma pulsão que brota do fundo da história pessoal de cada um. É apenas em seguida que emerge uma racionalização que tende a justificar essa pulsão e a lhe dar uma razão social segundo uma moral da vida em sociedade que navega entre pragmatismo e utopia.

Assim, a encenação do discurso político oscila entre a ordem da razão e a da paixão, misturando *logos*, *ethos* e *pathos* para tentar responder à questão que supostamente se coloca o cidadão: "O que me leva a aderir a este ou àquele valor?" Para o político, é uma questão da estratégia a ser adotada na construção de sua imagem (*ethos*) para fins de credibilidade e de sedução, da dramatização do ato de tomar a palavra (*pathos*) para fins de persuasão, da escolha e da apresentação dos valores para fins de fundamento do projeto político.

A construção da imagem de si

"O presidente Jacques Chirac quer restaurar, no corpo a corpo, uma imagem degradada"; "A opinião julga severamente o chefe de Estado"; "Em poucas semanas, o primeiro-ministro francês Lionel Jospin perdeu o apoio dos franceses. Ele os havia deixado no início do verão, serenos e otimistas, confiantes na volta do crescimento econômico e no governo, e os reencontrou, dois meses depois, inquietos e perturbados, desconfiados e severos"; "O nível de popularidade do chefe de Estado e do primeiro-ministro franceses conheceu uma queda de vários pontos." Os jornais, as rádios e as emissoras de televisão são ávidos por esse tipo de notícia; não se passa nem uma semana sem que, ao sabor dos acontecimentos, sejamos submetidos a informações sobre o nível de popularidade dos políticos: "As pesquisas indicam resultados catastróficos para [...]"; "As pesquisas atingiram o ponto mais alto para [...]." Se as mídias fazem permanentemente o jogo da pesquisa, é porque a opinião pública dele tem necessidade. Sem isso, como poderia circular o discurso político fora dos grandes acontecimentos e dos momentos de crise? As mídias compreenderam bem que o mundo político tem necessidade de dramaturgia, e que essa dramaturgia consiste, para uma grande parte, em uma guerra de imagens para conquistar imaginários sociais.

O ideal para o político seria conseguir se constituir como *efígie* que, se possível, remeteria a mitos universais. Alguns o conseguiram (De Gaulle, como estátua de grandeza ou mesmo de "comandante"; Mitterrand, a estátua de "esfinge"), outros não conseguiram (Giscard d'Estaing, em seu tempo, tentou a estátua de "grande economista"). Efetivamente, as condições para transformar-se em efígie não são simples. É preciso uma conjunção de fatores: um *temperamento* marcado que entre em correspondência com a fala e com o comportamento, *circunstâncias históricas* e um saber *criar o acontecimento*. A efígie não é possível a não ser na medida em que deixa traços na história, de maneira indelével. Nem a simpatia que o político pode suscitar nem mesmo seu êxito são suficientes. Excelentes homens de Estado que obtiveram sucesso em seu mandato político não conseguiram, nem por isso, ser erigidos em efígie. Há nesse fenômeno algo que lembra a tradição popular do teatro clássico (o melodrama épico), que reencontramos agora na maneira como as mídias colocam em cena as estrelas do cinema ou da música. É talvez, por outro lado, a razão pela qual essas estrelas são frequentemente instrumentalizadas pelos políticos,[105] em particular durante as campanhas eleitorais. Mas mesmo sem atingir o topo do sucesso, o político encontra-se sempre tomado por uma dramaturgia que o obriga a construir para si um personagem, certa figura que vale como imagem de si, e que faz com que a construção do *ethos* tenha características próprias.

---

[105] É ainda mais comum nos Estados Unidos.

O *ethos* como espelho da cidadania

Não existe um ato de linguagem que não passe pela construção de uma imagem de si. Quer queiramos ou não, calculemos ou neguemos, a partir do momento em que falamos, aparece (transparece) uma imagem daquilo que somos por meio daquilo que dizemos. Não se trata tanto de nosso posicionamento ideológico, do conteúdo de nosso pensamento, de nossa opinião, quanto daquilo que sobressai da relação que mantemos conosco e que oferecemos à percepção dos outros. O sujeito que fala não escapa à questão do *ethos*, *a fortiori* o sujeito político.

A imagem de si no domínio político não é facilmente apreendida, pelo menos, não se a considerarmos do ponto de vista de sua eficácia. De fato, constata-se que a mesma estratégia de construção de imagem de si pode conhecer algum sucesso em certas circunstâncias, em certa época, com certo público, e não ter nenhum impacto em outras circunstâncias, com outro público. O mesmo se passa com o carisma de um indivíduo, que não atua em qualquer um nem em qualquer situação. A eficácia dessas imagens quase nunca é previsível. Além disso, constata-se, ao observar os grandes personagens políticos, que o processo de construção de uma *figura* se faz tanto no surgimento dos grandes acontecimentos (guerras, crises nacionais ou internacionais) quanto no curso de uma sedimentação progressiva de certos traços de personalidade que emergem e se repetem em vários pequenos acontecimentos. O primeiro processo constrói imagens simbólicas fortes, ligadas a uma temporalidade breve: a *potência* com Napoleão, a *resistência* e a *salvação* com De Gaulle, a *consciência moral* com Mitterrand na abolição da pena de morte na França. O segundo processo constrói imagens que implicam elas mesmas uma temporalidade longa e que se ligam mais aos indivíduos: a imagem de *sedutor* atribuída a Chaban-Delmas,[*] a de *coragem* atribuída a George Pompidou; a de *frieza* atribuída a Giscard d'Estaing.[106]

---

[*] N.T.: Jacques Chaban-Delmas (Paris, 1915) participou da resistência e tornou-se general em 1944. Entre 1958 e 1988, foi diversas vezes presidente da Assembleia Nacional e, entre 1969 e 1972, foi primeiro-ministro da França.

[106] Imagem certamente negativa (ainda que a frieza seja útil na política), contra a qual Valéry Giscard d'Estaing não deixou de lutar, tentando construir uma imagem pessoal mais informal, "próxima do cidadão": aparições, na televisão, com pulôver de gola alta, em atividades familiares e esportivas (praticando esqui), se convidando para ir aos lares dos franceses do "povo" para preparar ovos mexidos.

Mas essas imagens, apesar de seu caráter geral, até mesmo universal, não são intercambiáveis, pois correspondem, cada qual, a um momento da história de um país, de uma personalidade e de um povo.

É que a imagem dos governantes supostamente corresponde às expectativas dos governados. Entre estes, existiria uma demanda implícita; entre aqueles, um desejo de aderir a essa demanda ou de fazê-la surgir, uma vez que é implícita. É preciso que se produza o reencontro entre o olhar que a instância cidadã lança sobre a instância política e o que a instância política lança sobre a instância cidadã. Mas para que este encontro se realize, é preciso algo em comum, existente nos valores que, ao se configurarem de determinada maneira, adquirem uma força simbólica e fazem a fusão das duas instâncias. Isso se realiza em um jogo de ajuste de olhares, um jogo de reflexos entre as duas instâncias e uma instância-terceira que desempenha o papel de figura ideal de referência.

No domínio político, a construção das imagens só tem razão de ser se for voltada para o público, pois elas devem funcionar como suporte de identificação, via valores comuns desejados.[107] O *ethos* político deve, portanto, mergulhar nos imaginários populares mais amplamente partilhados, uma vez que deve atingir o maior número, em nome de uma espécie de contrato de reconhecimento implícito. O *ethos* é como um espelho no qual se refletem os desejos uns dos outros.

Imagens contraditórias e frágeis

O *ethos* político nos remete a imagens difíceis de apreender, uma vez que elas tanto se contradizem entre si quanto derivam para efeitos não desejados. Existe, por exemplo, contradição entre o valor positivo (algumas vezes não confesso) acordado à imagem de "poder" do político que provém de uma situação econômica confortável (se fosse pobre, isso faria com que perdesse sua credibilidade) e a negativa acordada à imagem do "bem-nascido", incapaz de partilhar os sofrimentos dos pobres. Contradição entre a imagem

---
[107] A escolha do termo "desejado" é justificada porque o poder de atração das imagens apenas pode ser explicado pela força do *desejo*.

positiva de "inteligência", até mesmo de "astúcia", necessária a todo político, e a imagem negativa de "hipocrisia" que pode acompanhá-lo. Contradição ainda entre a imagem positiva de um "pai protetor", que se encarrega do futuro de seus concidadãos e, em contrapartida, a imagem negativa de "paternalismo" infantilizado. Pode haver também contradição entre duas imagens positivas opostas, como pode ser a de um *ethos* de "controle de si", na verdade de "moderação", necessário à construção da simbologia do chefe (esse *ethos* pode, ainda, ser percebido negativamente como denotando um espírito "frio e calculista", que se refugia nas razões de Estado), e um *ethos* de "paixão" que faz aparecer uma humanidade sob a máscara de político, igualmente necessária à construção do chefe humano. A via é estreita para o político, que não sabendo quais são, em dado momento, os imaginários mais sensíveis, deve saber conjugar os contrários: mostrar-se, ao mesmo tempo, diplomata e engajado, protetor e dinâmico, distante (a grandeza o obriga) e próximo (a cidadania o compele), astuto, mas honesto, rico, mas não corrompido etc., uma vez que uma mesma atitude pode ser construída como imagem positiva por seus partidários e negativa por seus adversários. Um chefe de Estado, ao adotar uma atitude silenciosa diante de uma situação de crise, será taxado, por alguns, de homem "ponderado", que escuta antes de agir e, por outros, de homem "autoritário", que prepara seu golpe em silêncio, ou ainda de homem "impotente", que mostra sua incapacidade de reagir.[108]

No entanto, para quem tem um senso elevado da política, o maior risco presente nesse jogo de espelhos é o da deriva populista. Efetivamente, não se pode negar que as massas podem ser seduzidas por imagens que não estão diretamente ligadas ao político: imagem exacerbada de "virilidade", que se manifesta pela figura daquele que "não tem papas na língua", que sabe "fechar o bico" de seus adversários, que sabe mostrar que não tem medo de nada, de nenhuma situação, de nenhum adversário;[109] figura de sedutor que não esconde suas aventuras sexuais, pois isso seria uma prova de vigor. É

---

[108] Ver o caso do presidente da República mexicana, Vicente Fox, no início de seu mandato, quando enfrentou a situação de crise criada pelos zapatistas de Chiapas: alguns reprovaram sua falta de firmeza; outros, sua timidez nas negociações.

[109] Como Le Pen.

verdade, entretanto, que o valor dessas imagens depende das culturas, isto é, dos imaginários sociais que circulam em dado momento na história dos grupos.[110] Infelizmente, esse *ethos* de "força", de "potência", de "virilidade", do qual se revestem alguns soberanos, imperadores e ditadores (César, Calígula, Franco, Pinochet, Milosevic etc.), com frequência permitiu que se exercessem impunemente atos cruéis e injustiças, mas, apesar dessas exações, constata-se que os povos veneram – ou temem – essas imagens de poder.[111]

Qualquer que seja a construção dessas imagens e de seus efeitos sobre os povos, um fato se revelou para a história: elas são frágeis. Adoradas um dia, podem ser queimadas no dia seguinte.[112] Tony Blair, primeiro-ministro da Grã-Bretanha, após ter gozado no início de seu mandato de uma imagem muito positiva e muito midiatizada ("o ás da entrevista, o campeão das celebrações políticas televisionadas, o senhor incontestável da pregação para as massas e dos voos retóricos, enfim, a quintessência personificada do político moderno [...]",[113] a ponto de as mídias falarem da "magia Blair"), foi denunciado três anos mais tarde como "um obcecado pela imagem, o mascate hipócrita totalmente absorvido por seu ego [...], pronto a recorrer a uma série de 'factoides' políticos para se manter no poder".[114] O pêndulo, entretanto, pode voltar à sua posição inicial, que não é jamais exatamente a mesma.

A questão da dramatização do discurso

É à medida que as emoções correspondem a representações sociais, constituídas por uma mistura de julgamentos, de opiniões e de apreciações, que elas podem desencadear sensações ou comportamentos, que elas podem ser utilizadas para tentar seduzir, ameaçar, aterrorizar, enfim, atrair

---

[110] Na França, por exemplo, esse gênero de "escândalo" é valorizado (Giscard d'Estaing, Mitterrand), mas sem nada de mais. Em alguns países africanos, ele é supervalorizado, como se o poder exercido na vida privada estivesse ligado ao da vida pública (ver Bayart, 1996, p. 159). Nos países anglo-protestantes, ao contrário, ele é desvalorizado (ver as aventuras extraconjugais da família real britânica e o caso Clinton-Lewinsky).

[111] Bayart (1996, p. 172).

[112] Esse "dia" e esse "dia seguinte" serão variáveis em duração segundo as circunstâncias políticas.

[113] Citado no *Le Monde*, 21 de julho de 2000.

[114] *Ibid*. Mas isso foi antes da guerra dos Estados Unidos contra os talibãs e contra o Iraque.

um interlocutor ou um auditório. Isso faz parte do processo de persuasão, mas, dessa vez, com recurso a universos de discurso impregnados de afeto. Entretanto, para que o interlocutor seja tocado, é preciso haver certas condições comunicacionais, pois o recurso a um discurso de afeto não produz obrigatoriamente emoção no interlocutor. Posso falar do acidente que me aconteceu e cuja lembrança me é dolorosa, mas nada garante que minha narrativa produzirá o mesmo efeito de dor em meu interlocutor, se este não encontrar algum eco em sua própria experiência. Pode acontecer também de ela não tocar um interlocutor, mas tocar outro. Ao contrário, pode ocorrer de uma mesma narrativa de acidente, contada de maneira humorística, produzir um efeito de angústia sobre o interlocutor em razão do que isso evoca em sua memória.

Um discurso pode produzir um efeito emocional em um auditório conforme a maneira como se combinarem três fatores: (i) a natureza do universo de crença ao qual o discurso remete (vida/morte, acidente, catástrofe, massacre, amor, paixão etc.); (ii) a encenação discursiva que pode, ela própria, parecer dramática, trágica, humorística ou neutra; (iii) o posicionamento do interlocutor (ou do público) em relação aos universos de crença convocados e o estado de espírito no qual ele se encontra. Desse modo, o sujeito que fala deve saber escolher universos de crença específicos, tematizá-los de determinada maneira e proceder à determinada encenação, tudo em função do modo como ele imagina seu interlocutor ou seu público e em função do efeito que espera produzir nele. O discurso político dirige-se a um auditório que é tomado tanto como ser universal quanto como ser particular, ou ainda como os dois, simultaneamente.

O triângulo da dramaturgia política

O universo dos afetos é, ele próprio, regulado em razão da racionalização que é feita *a posteriori* e que o converte em universo socializado: "o *logos* está presente em qualquer experiência de emoção."[115] Há, portanto,

---

[115] Eggs (2000).

"sentimentos de afeto" que circulam nesse universo; e como esses são tomados na dimensão emocional dos indivíduos, aparecem em uma encenação dramatizada, segundo um cenário suscetível de tocar o público de maneira positiva ou negativa. O discurso político – mas ele não é o único – realiza a encenação seguindo o cenário clássico dos contos populares e das narrativas de aventura: uma situação inicial que descreve o mal, a determinação de sua causa, a reparação desse mal pela intervenção do herói natural ou sobrenatural.

O discurso político, que procura obter a adesão do público a um projeto ou a uma ação, ou a dissuadi-lo de seguir o projeto adverso, insiste mais particularmente na *desordem social* da qual o cidadão é vítima, na *origem do mal* que se encarna em um adversário ou um inimigo, e na *solução salvadora* encarnada pelo político que sustenta o discurso. A desordem social é apresentada como um estado de fato ou como um estado potencial: no primeiro caso, trata-se de persuadir o público de que o mal e as vítimas existem e que não há lugar para a especulação; no segundo, em contrapartida, trata-se de criar um estado de expectativa que obriga a vislumbrar a possibilidade da existência de um mal e o desencadear de um temor gerador de angústia. A fonte do mal pode ser apresentada de maneira precisa, quando ela é designada pelo nome de um indivíduo ("Saddam Hussein, esse sequaz de Satã") ou de um grupo ("o RPR,* esse partido mafioso, que pratica a exclusão"[116]), ou de maneira fluida, quando ela é designada de maneira global, como em sua essência ("a imigração, esse mal que dissemina o terror"). A solução salvadora consiste em propor medidas que deveriam reparar o mal existente. De repente, o defensor dessas medidas aparece crível, persuasivo e tenderá a construir para si uma imagem mais ou menos forte de salvador da pátria, dado que o objetivo é fazer o público encontrar o libertador de seus males e voltar-se totalmente para ele. Isso mostra a que ponto a construção da imagem de si (o *ethos*) é importante no discurso político.

---

* N.T.: *Rassemblement pour la République*, partido fundado por Jacques Chirac a partir da UDR (Union des Démocrates pour la République) e que se apresenta como herdeiro do gaullismo.
[116] Le Pen.

A desqualificação do adversário

É na estigmatização da origem do mal que é preciso inscrever também as estratégias de desqualificação do adversário, sendo este um dos polos constitutivos do discurso político.[117]

As estratégias de desqualificação são utilizadas com a ajuda de diferentes procedimentos discursivos, como se vê nessa declaração feita na televisão por um presidente da República francês que convida os franceses a votar "sim" no primeiro referendo sobre a Europa: "Alguns incitam vocês a votar 'não', prisioneiros que são de sua doutrina, de sua vontade obstinada de estabelecer na França um sistema totalitário. Inútil insistir."[118] São desqualificadas aqui, ao mesmo tempo, as *ideias* do adversário ("prisioneiros de sua doutrina"), as *consequências negativas* para o povo ("estabelecer um sistema totalitário"), a *instância adversária* por uma imagem negativa ("vontade obstinada"). Trata-se, nessa declaração, de rejeitar as ideias e a ação do adversário, lembrando a ameaça que ele representa. Mas há igualmente outros procedimentos: manipular a *ironia*: "Existem outros que não hesitam em aconselhar a abstenção. Será que eles não teriam opinião sobre a Europa?";[119] revelar as *contradições* do adversário: "Ou será que eles têm medo de reconhecer que um governo do qual eles não fazem parte consegue realizar o que sempre desejaram fazer?";[120] projetar sombras da *manipulação* da parte do adversário: "A honestidade desejaria que eles recomendassem unicamente o voto em branco"[121] (portanto, eles não são honestos e os enganam); ou ir à denúncia das consequências nefastas para o cidadão: "Tão hábil seja a apresentação, pressionar pela abstenção é uma má ação, é convidá-los a não cumprir seu dever de cidadão, é impedi-los de exercer seu dever de homem livre, de decidir sobre seu destino."[122]

---

[117] Ver neste livro "As restrições do discurso político: dispositivos, identidade, legitimidade".
[118] Declaração feita na televisão pelo então presidente Georges Pompidou, em 12 de abril de 1972, reproduzida no *Le Monde*, 13 de abril de 1972.
[119] *Ibid.*
[120] *Ibid.*
[121] *Ibid.*
[122] *Ibid.*

O sujeito político que combate um adversário deve rejeitar os valores opostos aos preconizados por este, mostrando por uma boa argumentação a fraqueza e o perigo dessas ideias. Mas uma argumentação muito pesada, complexa ou sutil corre o risco de não ser compreendida pela massa dos cidadãos. É por isso que, frequentemente, em política, a argumentação se reduz a esse procedimento de ataques *ad hominem*, que questiona a probidade do adversário, suas contradições, sua incapacidade de manter promessas, suas alianças nefastas e sua dependência diante da ideologia de seu partido, que lhe retira toda liberdade de fala e de ação. No entanto, como o ataque verbal do adversário, feito em um espaço aberto, é recebido por um público (fisicamente presente ou não), esse ataque pode produzir em seu autor efeitos de rebote que serão tanto favoráveis quanto desfavoráveis à sua imagem. A mesma imagem combativa poderá ser apreciada positivamente por aqueles que têm necessidade de identificar-se com um *ethos* de "poder" ("ele sabe lutar"), mas será rejeitada ("é um personagem grosseiro") por aqueles que preferem um *ethos* de "inteligência" ("aqui está um debatedor sutil e elegante").

Um discurso subjetivo que mistura paixão e razão

Vê-se que a persuasão usada pelo discurso político relaciona-se com a paixão, com a razão e com a imagem. Com a paixão, pois o campo político é por excelência o lugar em que as relações de poder e de submissão são governadas por princípios passionais. Espinosa via nas paixões "as causas e os fundamentos" da sociedade política, de suas instituições e de seu desregramento,[123] e Voltaire decretava em sua época que "as paixões são as rodas que fazem avançar todas as máquinas"[124] (ele pensava na máquina humana), pois, dizia ele, "a vontade de comandar, que é uma das ramificações do orgulho, é tão visível em um professorzinho medíocre e em um *bailli* * quanto em um papa e em um imperador, e excita ainda mais fortemente

---

[123] Ver Matheron (1992).
[124] *Tratado de metafísica* (1961).
* N.T.: Criados por Philippe Auguste, no século XII, os *baillis* eram magistrados do rei, responsáveis por funções administrativas e judiciárias junto a uma circunscrição (*bailliage*). Inicialmente encarregados de missões temporárias, por volta de 1260 passaram a ser sedentários. A partir do século XIV, tornaram-se funcionários sem importância.

a indústria humana a levar os homens a obedecerem uns aos outros".[125] A persuasão relaciona-se com a paixão, mas também com a razão, pois os que procuram comandar devem se tornar legítimos e fidedignos, e os que aceitam submeter-se por delegação interposta procuram controlar o poder outorgado e mesmo reivindicar o direito de questionar sua aquisição. Daí "uma 'coação' polêmica de luta entre tomar o lugar do Outro ou submeter-se ao Outro".[126] O discurso político relaciona-se com a paixão e com a razão, mas também com a imagem, pois, em última análise, não há adesão a ideias que não passe pelos homens.

Assim, faz-se apelo a procedimentos de discursivização que são orientados ora para o auditório, na esperança de despertar-lhe interesse pelas ideias e paixão por defendê-las, ora para a construção da imagem de um líder capaz de conduzir seu rebanho até a terra prometida. Pode-se conseguir tocar o auditório implicando-o diretamente ou por meio de uma adesão à pessoa do orador, cuja imagem encenada serve de suporte a um processo de identificação. Com frequência, no fluxo do discurso político, tudo se mistura, e é bem difícil fazer a distinção entre os diferentes componentes desse mecanismo de persuasão. Para retomar a fórmula da "fratura social", lançada por Jacques Chirac em 1995, vê-se que esta faz apelo a valores éticos de igualdade e de solidariedade, na esperança de tocar a parte mais desfavorecida da população (efeito de *pathos*), sempre construindo uma imagem de líder consciente da miséria humana, decidido a eliminá-la em um elã de generosidade (efeito de *ethos*) – o que confere, então, ao autor desse *slogan* certa legitimidade –, o todo fundado em uma fantasia de mundo melhor. O político coloca sua própria pessoa para alimentar o desejo de identificação do cidadão, que assim participa por procuração da realização de um projeto político.

O discurso político tende mais a incitar a opinião do que a argumentar. Trata-se menos de estabelecer uma verdade racional do que de procurar transformar (ou reforçar) opiniões impregnadas de emoção, mediante a construção identitária dos atores do mundo político. É o que faz Augé

---

[125] *Ibid.*
[126] Maffesoli (1992).

afirmar: "Quer seja a linguagem do consenso ou a linguagem do terror, a linguagem política é uma linguagem de identidade."[127]

A questão da escolha dos valores

Poder-se-ia pensar que a escolha dos valores não apresenta maiores problemas para o político. Bastaria que ele escolhesse os que correspondem às suas próprias convicções e às de seu grupo de eleitores. Entretanto, as coisas não são tão simples, pois essas escolhas vão de encontro a certo número de obstáculos.

A opinião contra os valores

Inicialmente, o obstáculo da pluralidade dos valores. Sabe-se que o político que quer chegar ao poder ou nele manter-se necessita de um consenso majoritário junto à opinião pública. Ora, é raro que esse consenso, salvo em alguns casos particulares,[128] seja homogêneo. A opinião majoritária que o constitui é na maior parte do tempo o resultado de um compromisso entre opiniões diversas em torno de valores circunstancialmente dominantes. Viu-se, mais de uma vez, políticos serem eleitos graças a votos de partidos adversários. Isso quer dizer que nem todos os valores que se encontram inclusos nesse consenso necessariamente coincidem com os do político, e que este deve, além de suas próprias convicções, agregar outros valores, os que melhor lhe parecem corresponder a uma grande parte da opinião pública. No entanto, ele não deve, por isso, abandonar ou destruir seus próprios valores, na falta dos quais ele se isolaria de seus eleitores. Isso aconteceu nas eleições presidenciais de 2002 na França, na campanha do socialista Lionel Jospin. O fato de a campanha focar-se mais nos valores do centro do que nos da esquerda fez Jospin perder grande parte dos votos de seus eleitores.

---

[127] *Por uma antropologia dos mundos contemporâneos, op. cit.*

[128] É o caso de uma grave crise social que faz com que o povo se reagrupe em torno de um grande líder ou de um princípio de liberdade que apague provisoriamente qualquer outra opinião.

Isso obriga o político a adequar-se aos valores da maioria – ao menos, aos que ele imagina que sejam – sem se contradizer por causa disso.

Outro obstáculo reside no fato de as opiniões poderem mudar ao longo da história de um país, juntamente com os valores a ela relacionados. Estes podem ser redefinidos e, consequentemente, partilhados de modo diferente entre os grupos de opinião. Assim é com os valores que pertencem aos imaginários de *Tradição* e de *Modernidade*.[129] O recurso à história e ao passado de um povo será reverenciado quando se tratar de defender princípios de soberania, cuja identidade se veja ameaçada pela promoção de valores relativos à globalização ou a uma excessiva autonomia regional realizada em nome da Modernidade, tanto em um posicionamento de esquerda quanto em um de direita.[130] Mas este apelo à tradição e ao passado será julgado reacionário quando servir para justificar práticas de exclusão ou de purificação étnica ou, no meio conservador, quando servir para preservar práticas feudais. Houve um tempo em que a soberania nacional era valor partilhado por grande número de povos europeus, mas agora ela já não tem mais o mesmo alcance; ela se vê substituída por valores mais regionalistas (as autonomias ou movimentos de independência no interior dos Estados-Nações[131]). Em um passado não distante, opor-se-iam, de maneira radical, valores de progresso social e econômico, os primeiros pregando a igualdade social (defendidos mais por partidos de esquerda) e os últimos pregando o lucro como fonte de enriquecimento das sociedades (defendidos mais pelos partidos de direita). Ora, agora os adeptos dos primeiros aceitaram a necessidade de integrar os valores que participam da economia de mercado, condição da produção de riqueza, sem a qual não haveria nada a repartir, e os adeptos dos últimos conscientizaram-se da necessidade de integrar valores que participam de um princípio de equidade,[132] condição para obter a paz social. Quanto ao princípio de liberdade, ele será defendido ou combatido, sucessivamente

---

[129] Ver neste livro "Os imaginários de verdade do discurso político", Alguns imaginários de verdade do conceito de política.

[130] O socialista Jean-Pierre Chevènement de um lado; Charles Pasqua (gaullista) e Philippe De Villiers (de direita), do outro.

[131] Valores, por vezes, defendidos ou reivindicados de maneira violenta, como na Córsega, na França, e no País Basco, na Espanha.

[132] Donde advém a expressão "fratura social", lançada por Chirac em 1995.

ou simultaneamente, por uns e por outros, segundo se aplique ao domínio do direito de dispor de seu corpo e dar ou suprimir a vida (pílula, aborto, eutanásia);[133] ao domínio da economia (livre mercado); ao do trabalho (regras flexíveis para contratação e demissão de trabalhadores) ou ao da cultura (liberdade de criação contra hegemonia mercantil) etc.

É, portanto, cada vez mais difícil descrever os valores fazendo-os depender de opiniões, grupos ou partidos de direita ou de esquerda de um modo rígido, mesmo se certas oposições permanecem. Convém observar, analisar e descrever esses valores apenas caso a caso.[134]

A questão da apresentação dos valores

A boa escolha dos valores não é suficiente. A instância política – ou a instância cidadã em seus movimentos de reivindicação ou de revolta – deve saber apresentá-los; pode-se mesmo dizer que é na maneira de apresentar os valores que estes adquirem sentido no espaço político. Para isso, é preciso que a apresentação satisfaça a certas condições de *simplicidade* e de *argumentação*.

Condições de simplicidade

Dirigir-se às massas, isto é, a um conjunto de indivíduos heterogêneos e díspares do ponto de vista de seu nível de instrução, de sua possibilidade de informar-se, de sua capacidade de raciocinar e de sua experiência de vida coletiva, implica a colocação em evidência dos valores que podem ser partilhados e, sobretudo, compreendidos pela maioria, sem os quais se estaria isolado do público: "Seu programa é bom, mas é muito inteligente, muito longo. Foi feito para 3% ou 4% dos franceses. Seria preciso que alguém o resumisse em uma folha", diz um membro do partido socialista à equipe encarregada da campanha eleitoral de Lionel Jospin.[135] O político

---

[133] Lembremos o que Le Pen disse a esse respeito: "A afirmação de que seu corpo lhe pertence é completamente derrisória. Ele pertence à vida e, desse modo, pertence à nação".

[134] "Caso a caso", ou seja, segundo parâmetros de épocas históricas, de contexto cultural e de situações políticas.

[135] George Frêche, ver *Le Monde*, 5 de junho de 2002.

deve, portanto, procurar qual pode ser o maior denominador comum das ideias do grupo ao qual ele se dirige, sempre se interrogando sobre a maneira de apresentá-las.

Simplificar não é fácil e comporta um risco. O mundo é complexo, o universo do pensamento é complexo, o processo de construção das opiniões é complexo; simplificar é, portanto, tentar reduzir essa complexidade à sua expressão mais simples. E aqui surge o risco, pois simplificar pode levar a uma falsa verdade; a uma verdade não provada ou mesmo a uma contraverdade: "O tratado de Maastricht dá direito de voto aos estrangeiros e, desse modo, a todos os que conseguirem atravessar, legal ou ilegalmente, nossas fronteiras", diz Jean-Marie Le Pen.[136] A condição de simplicidade acarreta sempre a perda de um pouco de verdade. Ela faz uso de um duplo procedimento: singularização e essencialização.

A *singularização* consiste em evitar a multiplicação das ideias, pois essa multiplicação pode confundir os espíritos não habituados à especulação intelectual. Exprimir uma ideia de cada vez garantiria[137] a clareza e permitiria que a atenção do auditório fosse totalmente focalizada e concentrada nessa ideia isolada e única. Sem isso, o auditório não saberia mais para qual santo rezar, pois, paradoxo: "quem tem muitas ideias não tem nenhuma". É em nome desse adágio que outro comentarista da campanha eleitoral de Lionel Jospin disse, a propósito do programa eleitoral da esquerda, "nesse projeto há tantas proposições que não há mais ideias".[138]

A *essencialização* consiste em fazer com que uma ideia seja inteiramente contida, reunida e condensada em uma noção que existiria em si, de maneira natural, como uma essência, independentemente de outra coisa que não ela mesma. Para tanto, ela é apresentada sob forma nominalizada. Por exemplo, para Jean-Marie Le Pen, empregar o termo "imigração" é condensar, nesse único nome, a ideia de que os imigrantes invadem o território francês e representam uma ameaça: "A imigração é a ruína de nosso país", "A imigração é a causa do desemprego". De tanto empregar essa forma nominalizada

---

[136] "Discours du serment de Reims", *Présent*, 11, 12 e 14 de setembro de 1992.

[137] Emprega-se aqui, e na sequência, o futuro do pretérito, porque essa exigência de clareza faz parte, ela própria, de um imaginário, o imaginário da simplicidade.

[138] *Le Monde*, 5 de junho de 2002.

nesses contextos, ela se torna portadora de algo que existe em si, de maneira absoluta, impondo-se inevitavelmente. O indivíduo não teria mais que se interrogar sobre a complexidade desse fenômeno.

O duplo procedimento de singularização e de essencialização dá lugar à existência de *fórmulas* cujo sucesso e impacto são variáveis. Quanto mais uma fórmula é concisa e, ao mesmo tempo, carregada semanticamente – apresentando, assim, de maneira global, uma ou mais ideias, essencializando-as e tornando-as fluidas –, mais ela terá poder de atração. Essa é, ao menos, a hipótese psicossociológica que diz que quanto mais uma ideia é indeterminada, mais somos atraídos por ela.[139] Esse tipo de fórmula é destinado a produzir um efeito de evidência.[140]

O discurso político muniu-se de procedimentos desse gênero na esperança de causar impacto no público. Empregam-se *palavras* que, desligadas de seu contexto original, passam a ser empregadas de maneira absoluta, sem que se saiba quem as utilizou inicialmente, a quais atores estão relacionadas, nem a propósito do que foram empregadas: "imigração", "solidariedade", "precariedade", "raça", "segurança" (e seu contrário, "insegurança"), "globalização" (e seu contrário, "antiglobalização"), assim como todos os termos terminados em *–ismo*. Empregam-se *sintagmas cristalizados*, compostos de um nome e de um adjetivo: "força tranquila",* "Argélia francesa",** "purificação étnica", "ajuda humanitária", ou formados por dois nomes em relação de dependência: "geração Mitterrand"; "desigualdade de raças", "soberania dos povos". Empregam-se *frases elípticas*, cuja concretude produz efeito de absoluto: "Isso nunca mais!", "Socorro, a direita voltou", "A França para os franceses!" Empregam-se *frases definicionais* que, como as máximas, adágios ou provérbios, apresentam-se com valor de verdade geral, umas com ar de ve-

---

[139] Quanto mais uma ideia é precisa, mais ela exclui o indivíduo que a recebe; quanto mais é definida de maneira fluida, mais permite um campo aberto àquele que a recebe para que este possa nele se projetar. Hipótese lançada por Baudrillard em *Da sedução* (Campinas, Papirus, p. 1992).

[140] Há inúmeros estudos sobre as "fórmulas" em política, cf. Bonnafous, Faye, Fiala, Krieg.

* N.T.: *Slogan* utilizado pela primeira vez pelo *Front Populaire*, coalizão formada pelo Partido Socialista (SFIO), Partido Comunista e Partido Radical (de centro-esquerda) que ganhou as eleições de 1934 na França e implementou uma política de esquerda.

** N.T.: Em 13 de maio de 1958, durante a guerra de independência da Argélia, uma multidão formada por argelinos franceses reuniu-se em Argel para defender a permanência da Argélia na União Francesa e para protestar contra o movimento de independência. A palavra de ordem na ocasião era "Argélia Francesa".

redicto ("O comandante não abandona seus soldados no campo da batalha", "A esbórnia acabou", pronunciada por De Gaulle a propósito dos eventos de maio de 68 na França); outras, focalizando a causa ("A insegurança é a maior praga de nossa sociedade", "A imigração é o desemprego"); outras, ainda, jogando com paradoxos ("somos todos judeus alemães", de Daniel Cohn-Bendit em maio de 68) ou com a falsa alternativa ("De Gaulle ou o caos"); outras, enfim, tautológicas, cuja aparente redundância é destinada a produzir efeitos de definição indiscutível ("A França é a França e será sempre a França", "A França nunca é tão França quanto quando ela é ela mesma", "Na guerra, como na guerra", "O inimigo é o inimigo", "Um judeu é um judeu"). Empregam-se *frases exclamativas*, implicitamente descritivas ou narrativas, que sugerem uma condenação ("OAS,* ss!"), uma ação a realizar ("OAS vencerá!", "Giscard na barra do tribunal!", "O fascismo não passará!", "A imaginação no poder!", "Faça amor, não faça guerra!"), ao menos que, em um ato performativo, o fazer se realize no próprio dizer: "Eu, presidente da República, dissolvo o Congresso Nacional."

Todos esses procedimentos concorrem para a produção de um efeito de *slogan* como o encontrado no discurso publicitário, com a diferença de que um *slogan*, como "L'Oréal, a eterna juventude", não engana ninguém do ponto de vista de sua força de verdade: reconhecemos nele apenas uma força de sonho e de sedução. Em contrapartida, "imigração, a praga de nosso século" é um *slogan* capaz de adquirir uma força de verdade para quem quer crer em sua essencialização. É verdade, porém, que, tanto em um caso quanto em outro, o *slogan* visa a produzir junto àqueles que o recebem um efeito de adesão passional mascarada por uma ilusão racional, pois o sentido veiculado está impregnado de uma razão emocional que excede largamente o que é dito explicitamente.

---

* N.T.: OAS: *Organisation de l'Armée Secrète* (Organização do Exército Secreto). Tratava-se de um grupo armado constituído por franceses argelianos que lutavam contra a independência da Argélia. O nome é uma provocação, uma vez que faz alusão à *Armée Secrète,* grupo armado que fazia parte da resistência francesa à ocupação alemã durante a Segunda Guerra.

Condições de argumentação

As *condições de argumentação* podem ser consideradas, como dito anteriormente, em sua perspectiva persuasiva, isto é, não se trata tanto de desenvolver um raciocínio lógico com abordagem explicativa ou demonstrativa, que tende a elucidar ou a fazer existir uma verdade, mas de mostrar a força da razão. O desafio aqui não é o da verdade, mas o da veracidade: não o que é verdade, mas o que eu creio ser verdadeiro e que você deve crer verdadeiro. Também as condições de argumentação que acompanham a encenação dos valores são, por sua vez, simplificadas ao extremo. Trata-se, para o político que argumenta, de propor um raciocínio causal simples, apoiando-se em crenças fortes supostamente partilhadas por todos, e de reforçá-las, apresentando argumentos destinados a produzir um efeito de prova.[141]

Um raciocínio causal simples
No discurso político encontram-se essencialmente dois tipos de raciocínio causal. Um é chamado *principista* porque apresenta a finalidade como um princípio de ação: "Porque querem uma França forte, vocês votarão por um projeto liberal";[142] isso não é expor um ato ("votar") com a finalidade de obter qualquer coisa ("Uma França forte"), mas firmar inicialmente um princípio ("uma França forte") que deve acarretar obrigatoriamente (obrigação moral) um ato ("votar"). O modo de raciocínio visa a fazer os indivíduos aderirem a uma ideia simples que deveria constituir o princípio de sua adesão ao projeto político que lhes é proposto; é por isso que esse tipo de raciocínio é igualmente chamado de *ético*. Outro tipo é chamado *raciocínio pragmático* porque apresenta uma premissa que implica uma consequência mais ou menos certa ou que visa a um objetivo: "Se baixarmos os impostos, aumentaremos o poder de compra", "Domingo vote para salvar a República".[143] Esse tipo visa a fazer os indivíduos crerem

---

[141] No esquema de Toulmin (1994), essas crenças supostamente partilhadas correspondem à "lei de passagem", que serve de "garantia" ou de "reserva".

[142] A formulação é sempre do tipo "É porque p que q".

[143] A formulação aqui é do tipo "Se p, então q".

que não há outra consequência além da enunciada, ou que não há outro fim a perseguir que o anunciado. Opera-se, portanto, um deslize lógico, de uma causalidade possível para uma casualidade fatal. O discurso político de raciocínio ético visa a colocar o indivíduo diante de uma escolha moral ("em nome do que é preciso agir"), enquanto o raciocínio pragmático visa a colocá-lo diante de uma responsabilidade ("quais meios utilizar para chegar a seus fins").

A força dos argumentos

Os argumentos de prova são de diversas espécies. Evocaremos apenas os mais recorrentes, uma vez que alguns não podem ser empregados no quadro do discurso político.[144] Os argumentos pela *força das crenças partilhadas*: "Não se pode não querer salvar a República" (a República tem valor universal), "A intervenção humanitária justifica-se pelas exações empreendidas pelo governo sérvio visando à purificação étnica" (não se pode deixar que aumentem as vítimas de genocídio). Os argumentos pelo *peso das circunstâncias* e de sua contrapartida:[145] "Não podemos esconder que o mundo moderno está engajado em um processo de globalização econômica. A questão é controlá-la." Os argumentos pela *vontade de agir* do sujeito que argumenta: "Eu os compreendi e me engajo em mudar os dados da política", "Eu colocarei toda minha energia e toda minha vontade na realização dessa nova política", "Diante do povo francês, comprometo-me a, quando a FN [*Front National*] estiver no poder, fazer todos esses malfeitores, todos esses bandidos, não apenas prestarem contas de seus atos, mas também pagarem por eles!".[146] Os argumentos pelo *risco* de não fazer a escolha certa, o que pode assumir a forma de uma ameaça: "Se deixarmos passar a oportunidade de uma Europa unida, isso representará não somente seu enfraquecimento

---

[144] Faremos menção à obra de Plantin (1996), que repertoria os tipos de argumentos: o "caso a caso" (55) não pode ser empregado no discurso político porque infringe a regra da simplicidade por nós mencionada; o "ponto de vista relativo", porque supõe aceitar a possível veracidade de um ponto de vista outro, diferente do defendido, o que é praticamente proscrito no discurso político; a "contrapartida", que supõe que se faça uma concessão em troca de outra (o que se faz continuamente nas negociações, mas não é dito explicitamente) (50) etc.

[145] De fato, o discurso político não pode ser fatalista; é preciso, pois, que à evocação de coerções negativas responda um meio ou uma intenção de contrariá-las.

[146] Le Pen.

diante do poder dos Estados Unidos, mas também o de nosso país",[147] ou de um dilema: "A esquerda ou a insegurança", "A direita ou a exclusão", "De Gaulle ou o caos". Os argumentos relativos à *autoridade de si*, que se funda em sua legitimidade ou credibilidade: "Uma vez eleito representante do povo, pedirei a prestação de contas do presidente da República", "Vocês me conhecem, e todos que me conhecem sabem que jamais procurei me enriquecer", ou à autoridade de um outro: "Além do mais, nessa empreitada, tenho o total apoio do presidente da República." Os argumentos pela *desqualificação* do adversário, mediante o ataque direto ou indireto a ele: "Vossa Excelência não tem nenhuma moral", "Há aqueles que recomendam a abstenção. Será que eles têm alguma ideia do que seja a Europa?", ou pela demonstração de que caíram em contradição: "Há pouco, Vossa Excelência era contra a Europa de Maastricht e, agora, Vossa Excelência celebra os benefícios"; "Há pouco, Vossa Excelência era contra a redução do mandato do presidente da República; agora, Vossa Excelência defende esse projeto."

Há, enfim, os argumentos por *analogia*, numerosos no discurso político, cujo efeito comparativo pode produzir um impacto forte: analogia com os fatos que aconteceram (como se se tratasse de uma jurisprudência): "Lembrem-se das greves de 1995, que paralisaram a França e que foram resultado de uma política autoritária", "Cada vez que uma medida política é tomada em qualquer setor profissional ou social, sem que os interessados sejam consultados, há fortes movimentos reivindicatórios e duras greves"; analogia com acontecimentos do passado e que desempenham um papel de referência absoluta: "Não se pode admitir que existam campos de concentração na Bósnia" (alusão aos campos nazistas), "Os Estados Unidos não conhecerão um novo Vietnã", ou com outros grandes homens da história: "De Gaulle deve estar se revirando no túmulo" (Mendès-France, político francês que presidiu o Conselho de Ministros em 1954 e ficou famoso por defender a independência da Indochina). Sem contar as numerosas comparações e metáforas destinadas a sacudir o ouvinte: "Será que continuaremos

---

[147] É também o argumento do "mindinho na engrenagem" (Plantin, *ibid.*, p.45) e do "pé na porta" (Beauvois, 1987, capítulo 4).

a *patinar*, como fizemos durante o ano passado, na *estrada* do declínio e da decadência, ou será que iremos reagir para *arrancar* a França de sua má sorte [...]?"[148]

O político pode igualmente recorrer ao *humor*, mas a enunciação humorística é difícil de ser controlada em um contexto político, uma vez que os cidadãos esperam, *a priori*, que este mantenha um discurso sério. O excesso de humor, de réplicas de ironia ou de derrisão trazem o risco de fazer o orador passar por frívolo ou cínico, o que não é aceitável nesse caso. Entretanto, quando consegue acertar na mosca, a enunciação humorística diverte-se à custa do adversário, obtém a cumplicidade do auditório, constrói em favor de si um *ethos* de "inteligência", e pode ser fatal para o oponente. Aqui está a armadilha da conivência intelectual com a qual joga perfeitamente Jean-Marie Le Pen, que reivindica, ainda, em nome de uma tradição de insolência francesa, o direito de jogar com as palavras, com o trocadilho, com a ironia agressiva para sublinhar o ridículo de seus adversários políticos.[149] Essa armadilha é tão mais subversiva na medida em que pode fascinar mesmo os que não partilham as opiniões daqueles que a utilizam.

Todos esses procedimentos concorrem para dar ao discurso político uma aura de racionalidade, produzindo um efeito dramatizante.

A PERSUASÃO POLÍTICA ENTRE A PERVERSIDADE E O MENTIR VERDADEIRO

Há mentiras e mentiras. O pensamento filosófico o afirma há muito. Seria uma atitude ingênua pensar que a mentira é ou não é o que se opõe a uma verdade única. A questão da mentira, aí compreendida a mentira política, deveria ser, sozinha, objeto de um livro. Gostaríamos apenas de sugerir como essa questão se coloca no campo do discurso político.

---

[148] Declarações de Jean-Marie Le Pen durante as eleições presidenciais de 1988.
[149] Ver o estudo que Bonnafous consagra ao discurso de Le Pen (2001).

A mentira na cena pública

A mentira é, de maneira geral, um ato de linguagem que obedece a três condições: (i) o sujeito falante diz, enquanto enunciador (identidade discursiva), o contrário daquilo que sabe ou julga como indivíduo pensante (identidade social); (ii) ele deve saber que aquilo que diz é contrário ao que pensa (não há, nessa perspectiva, mentira que não seja voluntária[150]); (iii) ele deve dar a seu interlocutor signos que o façam crer que aquilo que ele enuncia é idêntico ao que ele pensa.[151]

A mentira inscreve-se, portanto, em uma relação entre locutor e interlocutor: o primeiro deve considerar o saber do segundo (ou representar para si o universo de pensamento deste) para proteger seu próprio saber. Não há mentira em si, na mesma medida em que não há mentiroso em si. Em uma relação não há mentira senão em função da aposta que recobre essa relação e do olhar daquele que pode detectar a mentira.

Além do mais, é preciso considerar que a significação e o alcance da mentira variam conforme o interlocutor seja singular ou plural ou o locutor fale em particular ou em público. Quando este fala em uma cena pública, tomando por alvo um auditório, e estando investido de determinado cargo, a mentira tem efeito de voltar-se contra ele, imputando-lhe certa responsabilidade. Lembremos, desse modo, que há diversas formas de mentira: pode-se mentir pelo silêncio, pela omissão, pela dissimulação, pela fabulação ou pelo blefe, como no jogo. Não nos interrogaremos sobre os motivos psicológicos da mentira, mas somente sobre os efeitos sociais em uma situação particular, a do discurso político.

Todo político sabe que lhe é impossível dizer tudo a todo momento e dizer todas as coisas exatamente como ele as pensa ou as percebe, pois não é preciso que suas palavras entravem sua ação. A ação política desenvolve-se no tempo e no momento em que o político pronuncia suas promessas ou seus compromissos; ele não sabe de quais meios disporá nem quais serão os obstáculos que se oporão à sua ação. Não é necessário, portanto, que suas

---

[150] Senão, seria preciso lidar com outra problemática da mentira, a de "denegação inconsciente".
[151] É o que, por exemplo, distingue a "mentira da ironia": nesta, o locutor dá a seu interlocutor signos que lhe permitem compreender que por trás daquilo que ele diz há um julgamento contrário.

declarações obliterem o futuro. É preciso jogar com estratégias discursivas que não sejam muito explícitas e que pareçam vagas, mas não vagas a ponto de fazer com que ele perca sua credibilidade. Sabemos que o político não pode falhar nesse ponto: em todas as circunstâncias, tem de permanecer fidedigno. Poder-se-ia mesmo dizer com algum cinismo que o político não tem de dizer a verdade, mas *parecer dizer a verdade*, como pregava tanto Maquiavel – para quem o Príncipe deve ser um grande "simulador e dissimulador"[152] – quanto Tocqueville, para quem certas questões devem ser subtraídas do conhecimento do povo que "sente mais do que raciocina".[153] O discurso político se interpõe entre a instância política e a instância cidadã, criando entre ambas um jogo de espelhos. Isso não obriga a colocar todas as fases desse jogo em um mesmo plano no olhar de uma ética política.

Alguns casos de mentira política

O político pode encontrar-se em campanha eleitoral ou dirigir-se a eleitores a quem propõe um projeto, sem saber se poderá realizá-lo; pode igualmente estar eleito e dirigir-se a seus concidadãos para anunciar as medidas que pretende tomar para resolver uma crise, porém, sem saber se poderá honrar seus compromissos. Tanto em um caso quanto em outro, será levado a empregar diversas estratégias para evitar enfraquecer-se.

Estratégia da imprecisão consiste em fazer declarações suficientemente gerais, sutis e, às vezes, ambíguas, para que seja difícil surpreendê-lo em erro ou recriminá-lo por ter mentido conscientemente. Por exemplo, um dirigente político da direita, cujas opiniões liberais são conhecidas, declara: "não se tocará na previdência social, mas as despesas serão controladas"; ou o dirigente da esquerda, que declara a respeito da aposentadoria: "não se tocará nas aposentadorias, mas será preciso complementá-las por um sistema de capitalização." Quem pode dizer que a decisão não foi inteiramente tomada para mudar o sistema da previdência social ou das aposentadorias? Ainda mais porque a coisa já se revelou assim em outras circunstâncias: declara-

---

[152] Maquiavel (1469-1527).
[153] Alexis de Tocqueville (1981).

ções de um governo que se engaja em não privatizar determinada empresa pública, mas somente a realizar uma abertura do capital, na verdade, uma porta aberta para a privatização completa.

Estratégia do silêncio, da ausência de declarações: entregam-se armas a um país estrangeiro, colocam-se grampos em um ministério, faz-se o barco de uma associação ecológica ir a pique, mas nada é dito nem anunciado. A ação é mantida em segredo. Trabalha-se aqui com uma estratégia que avalia que anunciar o que é efetivamente realizado provocaria reações violentas e impediria a implantação do que é julgado necessário para o bem da comunidade. É esse mesmo tipo de estratégia que, por vezes, é empregado nos meios militares, cada vez que se trata de não deixar os cidadãos perderem a esperança, tal como o célebre "Não desesperar Billancourt",[154] durante a greve dos trabalhadores da fábrica da Renault na periferia de Paris, em maio de 68. Isso não impede a existência de mentiras, que os cidadãos sejam enganados em função da discrepância entre os compromissos firmados e os atos realizados, mas, dirão alguns, mentira necessária, pois não é destinada a proteger pessoas em suas condutas delituosas, mas teria por finalidade servir ao bem comum.

Estratégia da razão suprema. Isso acontece cada vez que o político recorre ao que se convencionou chamar "razão de Estado". A mentira pública é então justificada por se tratar de salvar o que constitui a identidade de um povo, indo de encontro à opinião pública ou mesmo à vontade dos próprios cidadãos. Platão já defendia essa razão "para o bem da República"[155] e alguns políticos recorreram a ela – ainda que de maneira implícita – em momentos de forte crise social. Na França, por exemplo, foi em nome dessa razão que De Gaulle deixou que acreditassem, por suas declarações, que fora o conjunto do povo francês que havia resistido à ocupação na Segunda Guerra e que coletivamente havia salvado o país da invasão alemã. É também o que motivou seu "Eu os compreendi" pronunciado em Argel, em 4 de junho de 1958, em uma manifestação promovida por franceses contrários à independência da Argélia. Em tais casos, pode-se perguntar se

---

[154] Frase atribuída a Sartre em 1968, que alega jamais tê-la pronunciado.
[155] Platão, *A República*.

se trata de uma verdadeira mentira. Tem-se o sentimento de que estamos lidando com um discurso que não pertence nem ao verdadeiro, nem ao falso, nem à vontade de enganar o outro, mas, ao contrário, a uma vontade de torná-lo cúmplice de um imaginário que todos têm interesse em sonhar. É frequentemente em nome de uma razão superior que se deve calar o que se sabe ou o que se pensa, é em nome de interesses comuns que se deve saber guardar um segredo.

Estratégia de denegação, quando o político, surpreendido em negócios que são objeto de uma ação da justiça, nega sua implicação ou a de um de seus colaboradores. Na hipótese de ele ter alguma responsabilidade nesses negócios, negar equivale a mentir, produzindo o que se chama falso testemunho. Mas a estratégia de denegação vem frequentemente completar a de *tergiversação*: primeiro, a tergiversação, depois, para reforçá-la, o recurso à denegação. Essa estratégia joga com a impossibilidade de que sejam obtidas provas de implicação de pessoas em casos de corrupção.

Essas atitudes são particularmente condenáveis, pois afetam a relação de confiança que se estabelece entre os cidadãos e seus representantes, sobretudo quando se recorre à mentira de Estado, não para servir à causa do povo, mas para uma causa pessoal ou de um grupo particular. Isso aconteceu com George W. Bush e a mentira sobre as armas de destruição em massa – usada para justificar a Guerra do Iraque e, por tabela, sua posição de poder – e com o primeiro-ministro da Espanha José María Aznar, por ocasião do atentado de Madri, em 11 de março de 2004, quando ele acusou o ETA e maquiou a pista que levava a Al-Qaeda, a fim de favorecer seu partido, o Partido Popular, nas eleições. A fraude visando ao poder pessoal não se justifica, pois despedaça o que funda a democracia.

Outros casos podem ser discutidos e muitos pensadores da ciência política o fizeram.[156] Efetivamente, encontramo-nos aqui na fronteira entre as duas forças que animam a vida política: o ideal dos fins e o uso dos meios para atingi-los. Perversidade do discurso político, que deve sustentar permanentemente a coexistência de uma *desejabilidade social e coletiva,* sem a qual não pode haver busca de um bem soberano, e de um *pragmatismo*

---

[156] Platão, Gracián, Maquiavel, Arendt, Habermas.

necessário à gestão do poder, sem o qual não pode haver avanço em direção a este ideal. Encontramos aqui a contradição entre os dois poderes de que fala Habermas: "comunicativo" e "administrativo".

Perversidade ou mentir verdadeiro (Aragon)? Efetivamente, entram aqui em colisão uma verdade das aparências, encenada pelo discurso, e uma verdade das ações, empregada pelas decisões. No discurso político, as duas misturam-se em uma "vero-semelhança" sem a qual não haveria ação possível no espaço público. Está aqui, talvez, um dos fundamentos da palavra política.

Imagens dos atores políticos

"[...] há, pois, grande proveito para a persuasão, não apenas nas deliberações, mas também nos tribunais, mostrar-se a si mesma sob determinado aspecto e fazer supor aos ouvintes que temos para com eles determinada disposição e, além disso, que eles próprios encontrem-se nesta ou naquela disposição para com o orador."
Aristóteles, *Da retórica*, Livro II, 1377b, Gallimard, 1991.

O *ethos*, uma estratégia do discurso político

O *ETHOS* COMO IMAGEM DE SI

A questão do *ethos* vem de longa data, da Antiguidade. Aristóteles propôs dividir os meios discursivos que influenciam o auditório em três categorias: o *logos*, de um lado, que pertence ao domínio da razão e torna possível convencer; o *ethos* e o *pathos*, de outro, que pertencem ao domínio da emoção e tornam possível emocionar. Tanto o *ethos* quanto o *pathos* participam, portanto, dessas "demonstrações psicológicas" que não correspondem, como lembra Barthes, ao estado psicológico real do orador ou ao do auditório, mas "ao que o público crê que os outros têm em mente".[157] Esse ponto é importante e voltaremos a ele. Entretanto, se o *pathos* é voltado para o auditório, o *ethos* é voltado para o orador. Enquanto *tekhnê*, ele é o que permite ao orador parecer "digno de fé", mostrar-se fidedigno, ao fazer prova de ponderação (a *phronésis*), de simplicidade sincera (a *arêtê*), de amabilidade (a *eunóia*).[158] Essas categorias da retórica, abandonadas por um tempo e ocultadas a partir do século XVIII por uma crítica literária que

---

[157] Barthes (1970, p. 211).
[158] Aristóteles (1991).

a substituiu pela estilística, reapareceram recentemente, sobretudo com o desenvolvimento dos estudos relativos à argumentação.[159] Entre essas categorias, a noção de *ethos* foi retomada e redefinida por certos pesquisadores da análise do discurso.[160] Nós a retomaremos por nossa conta, inscrevendo-nos nessa filiação, mas tentando esclarecer dois pontos de sua definição que são objeto de debates: (i) enquanto construção da imagem de si, o *ethos* liga-se à pessoa real que fala (o locutor) ou à pessoa como ser que fala (o enunciador)? (ii) A questão da imagem de si concerne apenas ao indivíduo ou pode dizer respeito a um grupo de indivíduos?

O *ethos*, construído ou pré-construído?

Em relação ao primeiro ponto, encontram-se duas posições que existem desde a Antiguidade.[161] De um lado, na filiação de Isócrates, Cícero e dos retóricos da Idade Clássica, há aqueles para quem o *ethos* é um "dado preexistente ao discurso",[162] pois, para eles, parece mais virtuoso, sincero e amável quando se é, de fato, virtuoso, sincero e amável.[163] Por outro lado, na filiação de Aristóteles, para quem "o orador deve mostrar [seus traços de personalidade] ao auditório (pouco importando sua sinceridade) para causar boa impressão",[164] há os adeptos de uma concepção discursiva que inscrevem o *ethos* no ato de enunciação, isto é, no próprio dizer do sujeito que fala. Essa última posição é defendida pelos analistas do discurso, que situam o *ethos* na aparência do ato de linguagem, naquilo que o sujeito falante dá a ver e a entender: "É enquanto fonte de enunciação que ele [o locutor] se vê transvestido de certos caracteres que, por tabela, tornam sua enunciação aceitável ou refutável" (Ducrot);[165] "O *ethos* está [...] ligado

---

[159] Perelman, Toulmin, Ducrot, Plantin, Eggs etc. Ver também a Sociedade Internacional para o Estudo da Argumentação, dirigida, entre outros, por Franz H. van Eemeren e Rob Grootendorst.
[160] Ducrot (1984), Maingueneau (1998, 2000, 2002) e também outros: Plantin, Amossy, Adam, Kerbrat-Orecchioni.
[161] Posições que estão muito bem resumidas na obra que Amossy consagrou à argumentação (2000).
[162] *Op. cit.*, p. 63.
[163] *Op. cit.*, p. 62.
[164] Barthes (1970, p. 212).
[165] Ducrot (1984, p. 201).

ao exercício da palavra, ao papel a que corresponde seu discurso, e não ao indivíduo 'real', apreendido independentemente de sua atividade oratória" (Maingueneau).[166] Desse antagonismo entre os partidários de um *ethos* prévio, que poderia ser chamado pré-discursivo, e os de um *ethos* discursivo, surge a questão do sujeito linguageiro: ele é somente um ser feito de discurso, somente um ser social empírico, ou ambos? E, nesse caso, um teria precedência sobre o outro? Nossa posição é a de que para tratar do *ethos* é preciso considerar esses dois aspectos. De fato, o *ethos*, enquanto imagem que se liga àquele que fala, não é uma propriedade exclusiva dele; ele é antes de tudo a imagem de que se transveste o interlocutor a partir daquilo que diz. O *ethos* relaciona-se ao cruzamento de olhares: olhar do outro sobre aquele que fala, olhar daquele que fala sobre a maneira como ele pensa que o outro o vê. Ora, para construir a imagem do sujeito que fala, esse outro se apoia ao mesmo tempo nos dados preexistentes ao discurso – o que ele sabe *a priori* do locutor – e nos dados trazidos pelo próprio ato de linguagem.

Para sustentar essa posição, é preciso voltar à questão da identidade do sujeito falante desdobrada em duas componentes. Em sua primeira componente, o sujeito mostra-se com sua identidade social de locutor; é ela que lhe dá direito à palavra e que funda sua legitimidade de ser comunicante em função do estatuto e do papel que lhe são atribuídos pela situação de comunicação. Em sua segunda componente, o sujeito constrói para si uma figura daquele que enuncia, uma identidade discursiva de enunciador que se atém aos papéis que ele se atribui em seu ato de enunciação, resultado das coerções da situação de comunicação que se impõe a ele e das estratégias que ele escolhe seguir. O sujeito aparece, portanto, ao olhar do outro, com uma identidade psicológica e social que lhe é atribuída, e, ao mesmo tempo, mostra-se mediante a identidade discursiva que ele constrói para si. O sentido veiculado por nossas palavras depende ao mesmo tempo daquilo que somos e daquilo que dizemos. O *ethos* é o resultado dessa dupla identidade, mas ele termina por se fundir em uma única. De fato, quem pode crer que

---

[166] Maingueneau (1993, p. 138).

quando os indivíduos falam, não se toma o que eles dizem pelo que eles são? Como aceitar que a imagem que o sujeito falante faz dele próprio não corresponderia ao que ele é como indivíduo? Aqui está um dos menores paradoxos da comunicação humana: sabemos que todo sujeito que fala pode jogar com máscaras, ocultando o que ele é pelo que diz, e, ao mesmo tempo, o interpretamos como se o que ele dissesse devesse necessariamente coincidir com o que ele é. Há uma espécie de desejo de essencialização, tanto da parte do locutor quanto da do interlocutor, nessa busca de sentido do discurso. Barthes define o *ethos*, afirmando que o orador que enuncia diz: "Sou isto, não sou aquilo".[167] Porém, não explica que essa intenção (subentendida) do orador que procura significar o que ele quer ser para o outro[168] é um: "Eu sou o que desejo ser, sendo efetivamente o que digo que sou." Identidades discursiva e social fusionam-se no *ethos*. Isso não quer dizer que o sujeito que fala ignoraria que ele pode jogar com sua identidade social e com sua identidade discursiva e que ele se privaria de fazê-lo; nem que o interlocutor (ou o leitor) seria sempre pego pela armadilha da identidade discursiva, não vendo a identidade social que se encontra escondida atrás dela; nem que, ao contrário, o interlocutor interpretaria o discurso recebido apenas em função da identidade social que conheceu sendo sensível ao que é dito. A isso é preciso acrescentar que o *ethos* não é totalmente voluntário (grande parte dele não é consciente), tampouco necessariamente coincidente com o que o destinatário percebe, reconstruído ou construído; o destinatário pode muito bem construir um *ethos* do locutor que este não desejou, como frequentemente acontece na comunicação política. O *ethos* encontra-se no centro desse paradoxo que sustenta a filosofia contemporânea, que, mesmo sabendo que o sujeito não é *um* (Nietzsche), que ele é dividido (Lacan), quer fazer como se fosse ele fosse de fato *um todo*. Trata-se de uma concepção idealizada da existência do sujeito, que pode ser aplicada ao sujeito do discurso e que (é a nossa hipótese) guia a comunicação social na qual se constrói o *ethos*.

---

[167] Barthes (1970, p. 212).
[168] *Ibid.*

Ethos e imaginário social

Por outro lado, é preciso lembrar que a questão da identidade do sujeito passa por representações sociais: o sujeito falante não tem outra realidade além da permitida pelas representações que circulam em dado grupo social e que são configuradas como "imaginários sociodiscursivos".[169] Quando Maingueneau retoma a noção de "tom" – proposta por Barthes a partir da noção de "ares" de Aristóteles[170] – e propõe "uma concepção mais 'encarnada' do *ethos*", como atributo do que ele chama "fiador" de um "caráter" e de uma "corporalidade"[171] subjetiva, é ainda de representação social que se trata, uma vez que a visão que uma sociedade tem do corpo depende dos imaginários coletivos que ela constrói para si. Diremos que o *ethos* apoia-se em um duplo imaginário corporal e moral ou que é um imaginário que, aqui, se "corporifica".

Assim, encontra-se resolvido o segundo ponto levantado anteriormente, concernente ao *ethos* coletivo. Na medida em que o *ethos* está relacionado à percepção das representações sociais que tendem a essencializar essa visão, ele pode dizer respeito tanto a indivíduos quanto a grupos. Em último caso, os grupos julgam os outros grupos com base em um traço de sua identidade. Em decorrência de sua filiação, os indivíduos do grupo partilham com os outros membros desse mesmo grupo caracteres similares, que, quando vistos de fora, causam a impressão de que esse grupo representa uma entidade homogênea. Uma vez mais, ele é reduzido à sua essência por um olhar exterior, fato que engendra estereótipos[172] como os que dizem que "os franceses são *chauvinistas*, os ingleses, *fleumáticos*, os italianos, *falastrões*, os alemães, *austeros* etc." O *ethos* coletivo corresponde a uma visão global, mas à diferença do *ethos* singular, ele é construído apenas pela atribuição apriorística de uma identidade que emana de uma opinião coletiva em relação a um outro grupo.

---

[169] Ver neste livro "Os imaginários de verdade do discurso político", Da ideologia aos imaginários sociodiscursivos.

[170] Barthes, *op. cit.*

[171] Maingueneau (2002).

[172] Formas fragmentadas e, ao mesmo tempo, solidificadas, de imaginários sociais.

O *ethos* é bem o resultado de uma encenação sociolinguageira que depende dos julgamentos cruzados que os indivíduos de um grupo social fazem uns dos outros ao agirem e falarem. "As ideias são construídas por maneiras de dizer que passam por maneiras de ser",[173] afirma Maingueneau. É preciso acrescentar a recíproca, que diz que as maneiras de ser comandam as maneiras de dizer, portanto, as ideias.

Não se pode dizer que existam marcas específicas do *ethos*. Tanto pelos diversos tipos de comportamento do sujeito (o tom da voz, os gestos[174] e as maneiras de falar) quanto pelo conteúdo de suas propostas, ele mais transparece do que aparece. Não se pode separar o *ethos* das ideias, pois a maneira de apresentá-las tem o poder de construir imagens. Desse ponto de vista, Jean-Marie Le Pen constrói seu *ethos* tanto por seu corpo maciço, seu comportamento físico, sua voz de orador tonitruante, suas aparições espetaculares, suas propostas que interpelam, invectivam, injuriam o adversário, quanto por suas ideias cujo conteúdo é conforme à imagem de poder que ele quer se dar. Às vezes, os atores políticos, para explicar a derrota eleitoral de seu líder, dizem: "Suas ideias são boas, mas o personagem não tem carisma suficiente".[175] Separar as ideias do *ethos* é sempre um álibi que impede de ver que, em política, aquelas não valem senão pelo sujeito que as divulga, as exprime e as aplica. É preciso que este seja, ao mesmo tempo, crível e suporte da identificação à sua pessoa. Crível porque não há político sem que se possa crer em seu poder de fazer; suporte de identificação porque para aderir às suas ideias é preciso aderir à sua pessoa. Daí o desenvolvimento das figuras identitárias do discurso político, que se reagrupam em duas grandes categorias de *ethos*: o *ethos* de *credibilidade* e o *ethos* de *identificação*. Os primeiros são fundados em um discurso da razão: "Para ser crível é preciso [...]"; os segundos, em um discurso do afeto: "Aí está o chefe!"

---

[173] Conferência proferida no GRAM (*Groupe de Recherche sur l'Analyse des Médias*), em 23 de novembro de 2001. Ver também os diferentes tipos de *ethos* definidos por Maingueneau (2002), que os classifica em: "*ethos* efetivo", "*ethos* pré-discursivo" e "*ethos* discursivo", "*ethos* dito" e "*ethos* mostrado".

[174] Ver o trabalho de Calbris (2003) sobre a gestualidade de Lionel Jospin.

[175] Esta foi uma das críticas enunciadas depois da derrota de Lionel Jospin em abril de 2002.

Os ETHÉ DE CREDIBILIDADE

A exemplo da legitimidade, a credibilidade não é uma qualidade ligada à identidade social do sujeito. Ela é, ao contrário, o resultado da construção de uma identidade discursiva pelo sujeito falante, realizada de tal modo que os outros sejam conduzidos a julgá-lo *digno de crédito*. O sujeito que fala – no caso, o político – deve, portanto, tentar responder à seguinte pergunta: como fazer para ser aceito? Para isso, ele próprio deve fabricar uma imagem que corresponda a essa qualidade.

De maneira geral, um indivíduo pode ser julgado digno de crédito se houver condições de verificar que aquilo que ele diz corresponde sempre ao que ele pensa (condição de sinceridade ou de transparência), que ele tem os meios de pôr em prática o que anuncia ou promete (condição de *performance*), e que o que ele anuncia e aplica é seguido de efeito (condição de eficácia). No caso oposto, revelar-se mentiroso, incapaz de honrar suas promessas ou de realizar os objetivos perseguidos, só pode desacreditar o sujeito. Essas condições variam em importância de acordo com o que está em jogo em cada situação de comunicação. Por exemplo, no discurso publicitário, o sujeito anunciante praticamente não tem necessidade de mostrar-se crível, pois o desafio dessa situação de comunicação é desencadear no consumidor potencial um *desejo de crer*; e não é preciso que a promessa se realize, basta que ela faça sonhar. No discurso das mídias de informação, em contrapartida, o sujeito informante tem necessidade de credibilidade, pois o desafio dessa situação é transmitir uma informação clara, não truncada e, sobretudo, aceita como tal por um público que espera que o acontecimento reportado seja autêntico e que a explicação dada seja honesta (condição de transparência). Poder-se-ia pensar que no discurso científico a questão da credibilidade não se coloca, uma vez que o sujeito pesquisador, supostamente, expõe uma verdade e, numa tal aposta, sua credibilidade é como que pressuposta. Entretanto, certos pesquisadores são julgados mais ou menos críveis por seus pares segundo os resultados de suas pesquisas e a natureza de seus escritos (condição de eficácia). Dito de outra forma, a credibilidade repousa sobre um *poder fazer*, e mostrar-se crível é mostrar ou apresentar a prova de que se tem esse poder.

No discurso político, a credibilidade é fundamental, uma vez que o desafio consiste em tentar persuadir determinado público de que se tem certo poder. Entretanto, essa credibilidade é particularmente complexa, pois deve satisfazer ao mesmo tempo três das condições que acabamos de evocar: condição de *sinceridade*, que, como no discurso de informação, obriga a dizer a verdade; condição de *performance*, que – como acontece com todo discurso que anuncia decisões e é feito de promessas – obriga a aplicar o que se promete; condição de *eficácia*, que obriga a provar que o sujeito tem os meios de fazer o que promete e que os resultados serão positivos. Assim, para responder a essas condições, o político procura construir para si o *ethos* de *sério*, de *virtuoso* e de *competente*.

O *ethos* de "sério"

O *ethos* de "sério" depende, evidentemente, das representações que cada grupo social faz de quem é sério e de quem não é. Esse *ethos* é construído com a ajuda de diversos índices. Índices corporais e mímicos: certa rigidez na postura do corpo, uma expressão raramente sorridente na face. Índices comportamentais que revelam capacidade de autocontrole diante das críticas, sangue-frio diante da adversidade, não se entregar a acessos de cólera nem mostrar que esta é contida (na verdade, calculada) com objetivos táticos; índices que demonstram grande energia e capacidade de trabalho, onipresença em todas as linhas de frente da vida política e social, particularmente junto àqueles que sofrem. Todos esses fatores podem ser divulgados pelas mídias. Não se encontrar em atividades frívolas (não importa em qual programa de televisão), não ter um ar de quem brinca constantemente a torto e a direito, nem um tom insolente nas entrevistas, nos encontros de corredor, nos apartes extrainstitucionais. Em sua vida privada, não deixar que existam suspeitas de infidelidade conjugal ou de indiferença em relação à sua família.[176] Índices verbais: um tom firme e comedido, sem muitos efeitos oratórios, sem "frases de efeito" que frequentemente desacreditam o sujeito, ainda que suscitem

---
[176] Ainda que a importância da vida privada varie, conforme vimos, de acordo com as culturas.

admiração; uma escolha de palavras e de construções simples, apropriadas; uma elocução continuamente serena.

Esse *ethos* se constrói igualmente com a ajuda de declarações a respeito de si mesmo, sobre as ideias que guiam o político. Lionel Jospin, ao ser entrevistado por um jornalista em um período de turbulência política,[177] diz dele mesmo que leva "uma vida bastante tranquila, uma vida pessoal feliz", que tem "a impressão de cumprir com honradez [seu] dever de trabalhar pelo país, de pensar apenas nisso, acima de tudo que inspira [sua] vida de homem".[178] Raymond Barre, auxiliado pelo fato de ser, ao mesmo tempo, professor universitário de economia, tem cultivado ao longo de sua carreira política essa imagem de sério, a ponto de torná-la explícita nos *slogans* da campanha presidencial francesa de 1988: "Barre presidente. O sério. O Sólido. O verdadeiro." "Barre confiança."[179]

Há, entretanto, um limite para que essa imagem de sério não seja percebida de maneira negativa. O limite é o da *austeridade*. De fato, não é preciso que o indivíduo sério passe por excessivamente austero, pois desse modo ele correria o risco de perder seu capital de simpatia junto aos cidadãos (e, particularmente, junto aos eleitores). Não é preciso tampouco que a seriedade – que não deve ir de encontro à atenção a ser dada aos outros – seja interpretada como uma marca de distância, que lhe daria a imagem – contraprodutiva para o político – de pessoa altiva, fria ou pretensiosa,[180] que não se preocupa com seus administrados, que não tem compaixão pelos sofrimentos dos que nada têm e que não vê as dificuldades que experimentam os cidadãos em suas vidas cotidianas.

Convém que as propostas apresentadas nas diversas declarações do político não contenham promessas ou compromissos que venham a ser considerados de difícil realização. Em reação ao compromisso assumido pelo candidato

---

[177] A abertura dos trabalhos no Congresso, em outubro de 2000, foi tumultuada pelo surgimento de diferentes escândalos: a Córsega, a fita de Jean-Claude Méry sobre financiamentos ilícitos do RPR (*Rassemblement pour la République*, partido de Jacques Chirac), a suposta implicação do ministro da economia, Dominique Strauss-Kahn em um escândalo fiscal etc.

[178] *Le Monde*, outubro de 2000.

[179] Vion (1988, p. 159).

[180] Foi o caso de Giscard d'Estaing, que apenas tardiamente tomou consciência desse fato e lamentou que os franceses não o tivessem amado.

Jacques Chirac na eleição presidencial de 2002, de baixar em um terço os impostos, alguns concorrentes declararam: "[aqueles que prometem uma baixa de impostos em um terço] ou são irresponsáveis, ou são impostores, ou então são fantoches, mas não são pessoas sérias";[181] ou ainda: "O anúncio feito por Jacques Chirac de baixar o imposto de renda em um terço obriga a questionar a seriedade de seu programa e de sua candidatura."[182]

De maneira oposta, as promessas firmadas que exprimem a justa medida, a consciência dos limites, a recusa da demagogia, a necessidade de ajustar os projetos aos meios existentes – ainda que tenham um efeito um pouco deceptivo ao olhar de uma aspiração social – serão capazes de garantir o espírito de seriedade que convém ao político e de construir a imagem daquele que, reivindicando para si certo pragmatismo, preocupa-se com o bem público de maneira realista, em comparação com as duas outras atitudes que seriam a do imobilismo ou a do sonho irrealizável:

> O pragmatismo que evoco não é, em minha mente, uma filosofia em si, uma abordagem do mundo, mas uma maneira de ser que se aplica ao exercício das responsabilidades. Para mim, o pragmatismo é a transcrição de um pensamento ou de projetos em atos que se inspiram em ideias gerais e, mesmo, algumas vezes, utópicas. É a passagem ao real. É governar.[183]

O *ethos* de "virtude"

O *ethos* de "virtude" é igualmente necessário ao político, pois se supõe que ele, como representante do povo, é quem dá o exemplo. Esse *ethos* exige que o político demonstre sinceridade e fidelidade, a que se deve acrescentar uma imagem de honestidade pessoal.

Esse gênero de imagens se constrói através do tempo. Por exemplo, para julgar a fidelidade do político, particularmente a relacionada a seus compromissos, é preciso constatar que ele sempre seguiu a mesma linha

---

[181] Noël Mamère, *Le Monde*, 2 de março de 2002.
[182] Christiane Taubira, *Le Monde*, 2 de março de 2002.
[183] Lionel Jospin em entrevista ao *Le Monde*, 2 de março de 2002.

de pensamento e de ação. Jean-Pierre Chevènement, ao demitir-se pela primeira vez de seu posto de ministro da Defesa da França, durante a Guerra do Golfo ("Quando se é ministro, ou se tem convicção ou pede-se demissão"), depois, na segunda vez, quando ministro do Interior, por ocasião dos acordos de Matignon sobre a situação da Córsega, afirmou que não se pode continuar a fazer parte de um governo que aplica medidas contrárias às suas próprias ideias, mostrando assim que age em nome dos valores que estão na base de seu projeto político, que estes não são nem discutíveis nem negociáveis, que são sempre eles que inspiram sua ação. É deixar perceber certa força de convicção.

Às vezes, esses atos são especificados em entrevistas ou em debates: "Eu não sou como os outros. Não renego meus compromissos." Ou em uma declaração de candidatura às eleições: "É extremamente importante para um presidente da República que ele proponha um projeto, que ele assuma compromissos e que, em seguida, ele os respeite. É o que chamo efetivamente presidir em outro nível."[184] Às vezes, são os colaboradores de um político que o descrevem com essa qualidade: "[...] Seus atos concretos testemunham: ele não é daqueles que rasgam seu programa eleitoral como se fosse um pedaço de papel [...]. A verdadeira moral em política é ser compatível com seus atos."[185]

A essas imagens virtuosas de fidelidade e de coragem do sujeito político devem-se acrescentar as de *honestidade pessoal*. Essa imagem – em oposição àquela do ardiloso[186] – remete à retidão e à sinceridade, tanto na vida pública quanto na vida privada: dizer o que se pensa, ter uma vida transparente (nada ter a esconder), não ter participado de negócios escusos e mostrar que seu engajamento político não foi motivado por uma ambição pessoal. Essa honestidade pode igualmente exprimir-se em relação aos adversários em termos de *lealdade*: aquele que combate seu oponente sem jamais desferir golpes baixos e que, em caso de derrota, é capaz de reconhecer a validade do julgamento do outro[187] e mesmo seus próprios erros.

---

[184] Lionel Jospin, *Le Monde*, 23 de fevereiro de 2002.
[185] Jack Lang, então ministro da Educação da França, entrevistado pelo *Le Monde*, em 6 de novembro de 2001, e falando de seu primeiro-ministro, Lionel Jospin.
[186] Ver adiante: Os *ethos* de identificação.
[187] Lionel Jospin declarando: "Eu aceito o julgamento dos outros, do povo."

Mas essas imagens de transparência, de desinteresse e de lealdade tornam-se suspeitas quando se sabe que os políticos se deixam guiar por conselheiros, por especialistas e por outros analistas de opinião. A suspeita penetra, então, igualmente, na opinião pública, que, não sendo tão aparvalhada como se diz, chega a duvidar da sinceridade, do desinteresse e da honestidade dos políticos: "E se tudo isso não passar de um jogo?" A opinião pública é influenciada por críticas das partes adversárias, que tentam denunciar essas aparências de virtude e mostrar que há algo de podre: "A questão que nos colocamos, todos, é: qual é o papel que ele vai desempenhar agora, qual fantasia quer vestir, qual personagem vai querer encarnar nesta campanha, sabendo que nos anos anteriores ele frequentemente mudou de fantasia."[188] O *ethos* de "virtude" é uma resposta a expectativas fantasiosas da instância cidadã, na medida em que esta, ao delegar um poder, procura fazer-se representar por um homem ou por uma mulher que seja modelo de retidão e de honradez, ao menos, em uma visão nobre da política.

De maneira geral, o *ethos* de "virtude" se faz acompanhar por uma atitude de respeito para com o cidadão: o político deve ser transparente, não deve se valer de embustes, deve ser direto. Assim, às vezes, o vemos reivindicar para si uma total transparência: "Eu digo aos franceses o que eles devem saber", "Eu falo sem subterfúgios", "Eu não me utilizo da língua de madeira*", "Meus caros concidadãos, serei claro e lhes falarei sem subterfúgios". Certamente, dizer não é suficiente para ser ou mesmo para parecer, e muitos políticos aprenderam essa lição a duras penas. Por exemplo, na França, Michel Rocard sempre quis mostrar-se o campeão do "falar verdadeiro" e, entretanto, com a ajuda da imprensa, atribui-se a ele a imagem de alguém que pensa demais, cujas propostas são difíceis de serem compreendidas porque destinadas mais a especialistas em economia ou em política do que ao grande público.

---

[188] A propósito da candidatura de Jacques Chirac nas eleições presidenciais da França em 2002.

* N.T.: "Em uso corrente, repertoriado nos dicionários não especializados a partir dos anos 80, essa expressão metafórica designa uma linguagem estereotipada, própria à propaganda política, uma maneira rígida de se exprimir que usa clichês, fórmulas, *slogans*, e reflete uma posição dogmática, sem relação com a realidade vivida." (Pierre Fiala, verbete "língua de madeira". Trad. Vanice Maria Oliveira Sargentini. In: CHARAUDEAU, P. & MAINGUENEAU, D. (orgs.) *Dicionário de análise do discurso*, São Paulo, Contexto, 2004, p. 305).

O *ethos* de "competência"

O *ethos* de "competência" exige de seu possuidor, ao mesmo tempo, saber e habilidade: ele deve ter conhecimento profundo do domínio particular no qual exerce sua atividade, mas deve igualmente provar que tem os meios, o poder e a experiência necessários para realizar completamente seus objetivos, obtendo resultados positivos. Os políticos devem, portanto, mostrar que conhecem todas as engrenagens da vida política e que sabem agir de maneira eficaz. É pela visão do conjunto do percurso de um político que se pode julgar seu grau de competência (o que coloca um problema para os jovens que começam na política e não podem ainda se valer de um longo percurso). Acontece, às vezes, de ser o próprio político que evidencia em suas declarações as características de seu percurso para invocar esse *ethos* de "competência": herança, estudos, funções exercidas, experiência adquirida:

> Nasci há sessenta e quatro anos [experiência da idade] na Ilha da Reunião, onde minha família está estabelecida há mais de um século [herança de uma tradição]. Sou professor universitário [estudos e aquisição de um saber erudito]. Ensino há trinta e sete anos [saber e experiência professorais]. Exerci igualmente funções públicas [carreira de Estado]. Em 1967, o general De Gaulle [apoio de uma grande personalidade] enviou-me a Bruxelas para ocupar a função de vice-presidente da Comissão de Comunidades Europeias. Lá permaneci por cinco anos [experiência em matéria de política europeia]. Em 1976, em janeiro de 1976, tornei-me ministro do comércio exterior [experiência em matéria de política econômica], depois, em agosto de 1976, o presidente Valéry Giscard d'Estaing nomeou-me primeiro-ministro, função que exerci até maio de 1981 [experiência de chefe de governo]. Adquiri a experiência indispensável para aspirar à presidência da República no curso de minha carreira universitária [saber] e das funções nacionais e internacionais que assumi [habilidade]. Jamais fui sectarista [*ethos* de virtude]. Sou homem de determinação [*ethos* de sério], de tolerância, de abertura [*ethos* de virtude].[189]

---

[189] Declaração de candidatura de Raymond Barre à eleição presidencial francesa de 1988.

O discurso de justificação: uma faca de dois gumes

No campo político, a credibilidade dos atores é frequentemente afetada tanto por fatos que contradizem as intenções declaradas, quanto, como afirmado, por adversários que não se furtam a questioná-la.

O político é, então, levado a produzir um discurso de justificação de seus atos ou a emitir declarações para se inocentar das críticas ou das acusações que lhe são dirigidas. Isso pode ser feito *a priori*, por antecipação, ou *a posteriori*.

Entretanto, essa atitude não é muito confortável e a escolha do tipo de justificação não é fácil. De fato, o sujeito que se justifica reconhece assim a existência da crítica ou da acusação – se não, por que responder? – e do mesmo modo reconhece o adversário que o critica. A justificação não é propriamente uma confissão, mas ela acaba reforçando a ideia de que efetivamente foram cometidos uma falta, um erro, uma infração. Acusado, criticado, o político encontra-se diante de um dilema, pois não se justificar pode levar a crer que não há defesa possível para a acusação, mas justificar-se faz pairar sobre ele a sombra da dúvida ou da incerteza. Ademais, cada uma dessas atitudes pode acarretar efeitos colaterais mais ou menos positivos: não responder pode produzir um efeito de inocência (não se sentir visado), de sabedoria (não polemizar, não manter uma querela estéril) ou, ao contrário, de desdém (não se rebaixar a replicar); justificar-se pode produzir um efeito contraprodutivo de fraqueza.

O discurso de justificação equivale a navegar entre a intenção e o resultado. Ele é o contrapeso à crítica que o provocou. Efetivamente, a crítica pode dizer respeito tanto aos motivos que levaram à ação, e então o ataque visa à intenção do sujeito, quanto ao resultado da ação, e então é sua falta de competência que é atacada.

No primeiro caso, o sujeito pode defender-se argumentando que sua ação é legítima apesar do resultado obtido, sempre reconhecendo que este não corresponde ao projeto inicial. Ele alegará que toda ação comporta aspectos imponderáveis ou efeitos perversos não previsíveis: a intenção era boa, mas ninguém podia prever totalmente as consequências; em todo caso, é melhor agir do que nada fazer. No segundo caso, ele pode contestar que o resultado tenha sido negativo e recorrer a uma explicação qualquer sem deixar de reconhecer os limites dos resultados obtidos e mostrar o lado positivo: um resultado modesto é melhor do que resultado algum.

Como afirmamos, uma justificação não é uma confissão. Na confissão, o sujeito reconhece a falta e no mesmo instante pede que o ato de reconhecimento seja levado em conta para que lhe seja acordado o perdão. Na justificação, ao contrário, é reivindicada a legitimidade do ato; o ato é assumido e não há nenhum pedido de perdão. O discurso de justificação traz implícita a seguinte conclusão: "Se estivesse novamente na mesma situação, faria tudo de novo." Às vezes, é verdade, veem-se os dois discursos serem combinados, como no caso em que o ato foi julgado legítimo quando de sua realização e ilegítimo em seguida. Surge, então, o *remorso*, que corrige a justificação primeira com um: "Na mesma situação, não faria isso novamente (ou o faria de outro modo)."

Como quer que seja, é importante para o político responder à acusação de culpa ou de responsabilidade, se quiser sair ileso do ataque. A acusação de culpa designa o autor do ato delituoso como tendo agido de maneira consciente e voluntária; justificar-se consiste, então, em negar o caráter consciente e voluntário do ato e a possibilidade de ter sido mal-intencionado. A responsabilidade designa o autor como tendo sido parte interessada na cadeia de causalidade que gerou o ato delituoso ainda que de maneira não voluntária; justificar-se consiste, então, em minimizar seu papel nessa cadeia de causalidade, em evidenciar o caráter não intencional do ato e em protestar sua inocência: é o famoso "responsável, mas não culpado", afirmado por um dirigente político diante do escândalo do sangue contaminado pelo HIV, na França. Assim, três estratégias se oferecem ao político que quer preservar sua imagem, justificando-se: a *negação*, a *razão superior*, a *não intencionalidade*.

A negação

A negação consiste em rejeitar a denúncia, em contestar a acusação e declará-la nula e improcedente, o que significaria que não há o que justificar. Foi o caso da resposta do presidente da República francesa ao questionamento que lhe foi feito sobre o escândalo das concorrências públicas na região metropolitana de Paris, no qual ele parecia estar implicado:*

> Se isso for confirmado [...], vou dizer-lhes uma coisa francamente: eu não posso acreditar! Que tenham havido entendimentos entre uma empresa aqui e outra ali, é algo realmente provável [...]. Mas que exista um sistema em que partidos políticos da base governista e da oposição tenham se unido para dividir eu não sei que mamata! Se isso for comprovado, eu serei o primeiro a condená-lo. Mas, honestamente, eu não acredito.[190]

Se a acusação for acompanhada de provas ou de um testemunho – por exemplo, no escândalo citado, as declarações de Jean-Claude Méry,** que implicaram diretamente Jacques Chirac –, negar a acusação pode passar por uma inversão de papéis e de valores:

> Quando se pretende que eu tenha ido ao escritório de um de meus colaboradores para assistir à entrega, por alguém com quem jamais tive relações pessoais, de uma mala cheia de dinheiro, em um primeiro momento, eu fico estupefato; em um segundo, me sinto profundamente ultrajado.[191]

Posando de vítima, Chirac transforma o acusador em perseguidor e o acusado, ele próprio, em perseguido, o que o exime de ter de se justificar.

Enfim, a acusação pode ser contestada por um *discurso genérico*, que destaca o caráter prematuro da denúncia e, finalmente, devolve a acusação:

> Que não se condenem as pessoas antes que a justiça se pronuncie. Que o parlamento faça as leis, que os juízes façam justiça. Que se cesse de misturar tudo. Não somos um país em crise, nem moral, nem política.[192]

---

* N.T.: A denúncia em questão dizia respeito à existência de um conluio entre empreiteiros e partidos do governo e da oposição para fraudar licitações para a construção de escolas na região metropolitana de Paris. Os recursos assim obtidos por esse esquema seriam utilizados para formar um caixa 2 para os partidos envolvidos.

[190] *Le Monde*, 16 de dezembro de 2000.

** N.T.: Em 22 de setembro de 2000, o jornal francês *Le Monde* tornou públicas as gravações feitas por Jean-Claude Méry – empresário que arrecadava recursos para o caixa 2 do RPR (*Rassemblement pour la République*, partido de Jacques Chirac), nas quais ele fazia a denúncia citada.

[191] *Le Monde*, 16 de dezembro de 2000.

[192] *Ibid.*

Uma razão superior

Outra estratégia, já evocada acerca da mentira, consiste em responder à denúncia explicando por que o ato foi realizado. O motivo pode ser a *razão de Estado*, que é a fiadora da identidade de um povo, de sua integridade, de sua grandeza e de seu território (suas fronteiras), graças ao que ele se reconhece em uma identidade nacional. O político que se justifica em nome dessa razão afirma que foi levado a agir como agiu para preservar essa identidade, mesmo que o povo não lhe tenha solicitado a agir desse modo. A história nos mostra que é em nome dessa mesma razão que muitas guerras são declaradas nas fronteiras de certos países. Alega-se a necessidade de conservar a integridade de um território, quando a intenção era criar um sentimento de solidariedade coletiva em torno do chefe. Esse foi o discurso dos militares argentinos na Guerra das Malvinas e de outros chefes de Estado para justificar as ações de "purificação étnica"[193] ou a eliminação de uma minoria dissidente.[194] Às vezes, mesmo esses atos são justificados por frases como: "Eu fiz o que tinha de fazer, conscientemente", "Eu não tenho porque me condenar", como se os autores desses atos fossem inspirados pela fé ou por uma voz superior, a ponto de se oferecerem em sacrifício à retaliação popular.[195]

Sem chegar a esses casos extremos, muitos chefes de governo ou de Estado frequentemente alegaram uma razão superior para explicar decisões que pareciam ir de encontro às orientações políticas que os elegeram, tentando, ao mesmo tempo, reforçar sua legitimidade.[196] Entretanto, essa justificação pela razão de Estado pode ter um efeito negativo. Efetivamente, o Estado pode ser percebido como um monstro frio e calculista, distante dos interesses particulares dos indivíduos ou dos grupos, e o recurso às suas razões para justificar as ações pode produzir um efeito de elitismo:

---

[193] Por exemplo, Slobodan Milosevic na ex-Iugoslávia, diante da Bósnia e de Kosovo.

[194] Vladimir Putin na Rússia, diante da Chechênia.

[195] Segundo alguns comentadores, seria esse o caso de George W. Bush e, em menor escala, de Tony Blair e de José María Aznar.

[196] Mitterrand, posicionando-se pela Europa e pela solidariedade franco-alemã, depois de ter criticado essa mesma orientação em seu predecessor Valéry Giscard d'Estaing. Igualmente, a política de Lionel Jospin, cujas medidas de modernização administrativa e econômica da França vão de encontro à opinião de uma parcela da esquerda.

esses atos seriam convenientes para um pequeno número que decide em seu nome e em nome dos outros, finalmente, não servindo senão aos interesses de seus autores.

A justificação pode também ser feita em nome *da lei*. Trata-se, então, de defender não o direito de matar o outro como nos faroestes americanos, mas de defender a ideia de que as instituições são as mantenedoras da vida em sociedade, que elas existem com o consentimento dos cidadãos e que, ao respeitá-las, os membros da coletividade respeitam também sua consciência social de povo que pertence a uma mesma entidade cidadã. Nesse momento, o político pode tirar partido da legalidade de sua ação para justificá-la. O ministro das Finanças francês, tendo sido acusado por um jornal de estar em confronto com a Comissão do Segredo-Defesa, a propósito da investigação sobre certas práticas contábeis da estatal de petróleo Elf, justificou-se desta maneira:

> Contrariamente ao que indica sua manchete, não há nenhum choque entre minha posição e a da Comissão Consultiva do Segredo da defesa nacional. Como já tive ocasião de indicar diversas vezes, *aplico estritamente a lei de 18 de julho de 1998*, que prevê que, ao ser inquirido pelo juiz sobre uma questão que implique a revelação de um segredo-defesa, o ministro informe a comissão para obter seu parecer. [197]

Esse mesmo discurso foi sustentado pelo presidente da República, no mesmo espetáculo televisivo, para justificar sua recusa em apresentar-se perante os juízes: "Se eu fosse convocado por um juiz a testemunhar, infelizmente não poderia comparecer [...]. O poder do chefe de Estado decorre do conjunto dos franceses. Ele é o mantenedor da continuidade do Estado."[198]

Às vezes, a lei pode ser um *estado de fato*. O mesmo presidente levou a melhor quando respondeu a uma questão sobre efeitos nefastos da coabitação na França entre um primeiro-ministro que pertence a um partido de oposição e um presidente da República da situação: "Mas, a coabitação, foram os franceses que a desejaram! Em nome do que poderíamos não nos

---

[197] *Le Monde*, 18 de novembro de 2000.
[198] *Le Figaro*, 15 de dezembro de 2000.

adequar. A única coisa que conta é ter em mente que estamos aqui para servir aos franceses."[199] A justificação em nome da lei – que às vezes se confunde com a que é feita em nome do Estado, como no último exemplo – é evidentemente fatal, pois se a ação que depende dela tem resultados negativos, é a lei a responsável; seria preciso, portanto, mudar a legislação e não quem a aplica. Está aqui uma das armadilhas do legalismo, pois não são discutidas as modalidades de aplicação da lei.

O discurso de justificação, feito em nome do *realismo*,[200] desloca-se, saindo dos princípios e dirigindo-se para a aplicação e a maneira de fazer. Ele consiste em persuadir o interlocutor de que não há boas ideias em si mesmas, de que as ideias têm valor apenas na medida em que podem ser aplicadas. Tenta-se fazer aceitar a ideia de que realizar um projeto político, qualquer que seja seu valor transcendental, passa necessariamente pelas limitações. O realismo exclui toda posição extremista e radical. Ele afirma que o resultado adquirido vale mais que resultado algum; tal como a imagem do cirurgião que diria: "É preciso saber sacrificar um membro para salvar o corpo." Na saída do encontro de cúpula realizado em Nice, onde se reuniam os membros da União Europeia, a França, que presidia a reunião, foi objeto de numerosas críticas sobre a preparação, a gestão e os resultados da cúpula. O presidente da República francesa justificou-se diversas vezes. Inicialmente, diante do Parlamento de Estrasburgo: "É o melhor acordo possível tendo em vista as divergências que existiam [...] é o melhor compromisso possível, [...] ele representa um avanço significativo para a França e para a Europa, [e...] esse semestre viu nossa União se fortalecer."[201] Depois, em uma entrevista na televisão:

> A cúpula de Nice permanecerá na história da Europa como um acordo muito positivo, e, além disso, julgada como tal no mundo e em particular nos países que desejam entrar na União Europeia. [...] Pode-se ter uma visão bucólica da Europa, mas para construir a Europa é preciso estar de acordo e é preciso que, de uma maneira

---

[199] *Le Figaro*, 15 de dezembro de 2000.
[200] O "realismo" se une ao *ethos* de sério por um interesse de "pragmatismo".
[201] *Le Monde*, 14 de dezembro de 2000.

ou de outra, os países membros ratifiquem o que foi decidido. Se não houver ratificação, o acordo não existe mais.[202]

Está tudo aí: realismo no resultado (o acordo existe), na qualidade deste (é positivo), no consenso (julgado como tal pelos outros), enfim, na caução (suposta) da história. O discurso de justificação em nome do realismo – ao contrário daquele em nome dos princípios – é um discurso restritivo ao qual é preciso dar a nobreza da *verdade verdadeira*, a que não é nem nebulosa, nem utópica.

A não intencionalidade

Uma terceira estratégia do político consiste em evocar o caráter *não intencional* do ato, cujo efeito deve ser o de livrar seu autor da posição de acusado. Entretanto, isso não apaga o resultado negativo da ação. Tentar mostrar que o ato não era desejado pelo seu autor é reconhecer, ao mesmo tempo, que a ação é má, e aceitar, pelo mesmo ato, uma possível responsabilidade na ação. É assim que o discurso de justificação tenta compensar (ou atenuar) essa possível responsabilidade. Aquele que se justifica pode fazê-lo arguindo sua *inocência*, *ignorância*, as *circunstâncias* ou a *responsabilidade coletiva*.

O *argumento de inocência* pode ser expresso de duas maneiras. Declara-se não compreender a causa da recriminação, pois apenas seguiu-se "a ordem natural das coisas". Diante da petição, feita por certo número de associações de defesa dos direito humanos para tirar o nome de Marcel Bigeard – general que confessou ter praticado tortura durante a Guerra da Argélia – de uma das ruas da comuna de Trimbach, no norte da Alsácia, o prefeito justificou-se, afirmando: "O general queria ver sua rua antes de morrer. Portanto, o atendemos oficialmente." E acrescenta que se espanta com essas reações quando observa que "há outras ruas, praças e largos com o nome Bigeard na França".[203]

Outra maneira de protestar a inocência consiste em proclamar a "obediência às ordens". O princípio que guia a obediência às ordens é o do não questionamento do que está em jogo na ordem recebida ou sobre as con-

---

[202] *Le Figaro*, 15 de dezembro de 2000.
[203] *Le Monde*, 21 de julho de 2000.

sequências advindas, ainda que fatais. É a linha de defesa tornada clássica pelos políticos, militares e outros funcionários de Estado a partir dos grandes processos da Segunda Guerra Mundial (Eichmann, Barbie, Bousquet etc.) e que continua, até o momento atual, no Tribunal Penal Internacional de crimes contra a humanidade. O discurso de justificação joga com a separação entre a intenção de fazer e a aplicação da intenção. O único responsável, e eventualmente culpado, seria aquele que, tendo se dado conta do excesso, dá ordem de colocá-lo em prática, e não seu executor, que apenas cumpriria seu dever ao aplicá-la. Seria preciso dizer que essa justificação, que lembra a distinção pregada pela Igreja católica entre "pecar em intenção" e "pecar em ato", é a origem de numerosos efeitos perversos?

O *argumento de ignorância* retira da acusação a possibilidade de atribuir ao acusado a intenção voluntária de cometer um ato que causa prejuízos a outros. Ao declarar "eu não sabia", o sujeito pleiteia a inocência, o que o libera, em parte, de sua responsabilidade.

A ignorância pode dizer respeito aos *fatos*. É o que declara, por exemplo, Jacques Chirac acerca do escândalo do pagamento de comissões, por certas empresas, a partidos políticos: "Eu não sabia por uma razão simples: como presidente do RPR, eu não cuido jamais disso – problemas de financiamento; não era minha função, não mais que a de outros responsáveis por um grande partido político."[204] Foi igualmente a linha de defesa de François Mitterrand quando interrogado sobre seu passado no governo colaboracionista de Vichy, a propósito das deportações dos judeus.

A ignorância pode residir na *participação não consciente* do autor do ato, uma participação que aconteceria apesar dele, como se ele tivesse sido manipulado. Evidentemente, tal justificação presta, ao mesmo tempo, um desserviço ao político, que assim revela não ter a envergadura necessária para evitar essa manipulação. Desse modo, é pouco empregada pelos grandes líderes políticos, pois ela os relega à condição de impotentes confessos, podendo lhes ser fatal.

Enfim, a ignorância pode ser proveniente de um *erro de cálculo*: a não previsão do resultado negativo, por falta ou por excesso. O discurso refugia-se,

---

[204] Jacques Chirac, em entrevista a um canal de televisão.

então, na alegação de que o fato ocorrido derivou de um desvio não desejado da ação que desembocou nos efeitos inesperados. Evidentemente, isso destaca também uma falta de domínio por parte do responsável pela ação. Pode-se pensar que é por essa razão que durante os conflitos do Golfo e de Kosovo as potências ocidentais se empenharam em esconder os efeitos negativos de seus bombardeios sobre as populações civis, falando de "guerra limpa", expressão retomada pelas mídias em termos de "guerra cirúrgica". O discurso de justificação pela ignorância deixa inteira a questão de saber se ela é real ou simulada, se é tolerável ou não, tendo em vista a posição do sujeito, e se ela lhe retira toda a responsabilidade pelos atos praticados. Grande parte dos debates durante o escândalo do sangue contaminado pelo HIV girou em torno dessa questão.

O *argumento das circunstâncias* consiste em fazer a acusação se deslocar das pessoas para o que preside a tomada de decisão ou a realização da ação. São invocadas aqui as características próprias da situação social e política de determinada época, que fazem com que as coisas não ocorram de outro modo. Todo julgamento crítico relativo a fatos passados não poderia ser estabelecido sem levar em conta essas circunstâncias. Do mesmo modo, não se pode, em nome do que se sabe agora, recriminar alguém pelo que fez no passado. O discurso de justificação consiste, então, em colocar em evidência que o que é incriminado não o é apenas *a posteriori* e que, ainda que mudanças tenham sido produzidas, elas não permitem julgar o comportamento atual com as medidas do passado. O sujeito criticado por agir de certa maneira não pode ser acusado em nome de um passado que não tem mais lugar de ser. O que é pleiteado, de algum modo, é a não fatalidade dos atos do passado. Esse foi outro aspecto da linha de defesa de François Mitterrand sobre seu passado em Vichy e que pode ser resumido em linhas gerais da seguinte maneira: "O homem constrói seu destino. Em caso algum, ele deve considerar-se prisioneiro do seu passado." Essa foi também a defesa dos responsáveis políticos diretamente implicados pelo escândalo do sangue contaminado, os quais, por sua vez, pleitearam a ignorância e as circunstâncias, afirmando que o estágio em que se encontrava o saber da época era tal que ninguém podia prever os efeitos desastrosos das transfusões de sangue. É o famoso "responsável, mas não culpado", já citado, que tira os atores incriminados do lugar da culpabilidade para colocá-los em um lugar de responsabilidade, mas uma responsabilidade sem saber. Evidentemente, esse discurso de justificação em nome das circunstâncias do passado também é frágil, pois poder-se-ia ser dito, em oposição, que é preciso saber assumir seu passado mesmo quando rejeitado, portanto, deve-se reconhecer, ao menos, a responsabilidade.

O *argumento da responsabilidade coletiva*, enfim, equivale a perguntar "por que eu, se éramos muitos?". Assim, não apenas não se poderia acusar o indivíduo, mas, além disso, sua responsabilidade seria diluída diante da pluralidade de atores. Essa foi ainda uma das estratégias de Jacques Chirac para responder à sua implicação no escândalo do financiamento dos partidos políticos:

> Os fatos de que se trata produziram-se no fim dos anos 80, começo dos anos 90, ligados ao financiamento dos partidos políticos – todos os partidos. Houve um desvio que levou esses partidos a buscarem, por todos os meios, o dinheiro [...]. Onde? Lá onde ele estava, isto é, nas empresas. Produziu-se, portanto, um fenômeno perigoso [...], de cujas consequências para o futuro, no plano ético e da moral, não tomamos consciência a tempo.[205]

Falando apenas dos partidos, Chirac dilui sua responsabilidade como indivíduo; ao situar esses casos a um período anterior a 1995, ele invoca o contexto; convidando esses partidos a assumirem seus erros do passado, ele se coloca em posição de árbitro, saindo do lugar de responsável.

O discurso de justificação nem sempre oferece seus frutos. Eles podem produzir um efeito de ridículo se a justificação se limitar a uma autossatisfação: declarar-se satisfeito com uma situação, com os resultados de uma ação particular, mesmo quando estes são negativos, pode gerar o risco. O exemplo mais recorrente é o da proclamação do resultado das eleições em que mesmo líderes políticos derrotados comentam os resultados de maneira positiva e encontram, aí, o meio de ver um motivo para contentamento. É verdade que reconhecer o fracasso por um discurso de confissão seria contraprodutivo, pois circula, no mundo político, a ideia de que confessar sua derrota equivale, para o político, a cometer suicídio.[206]

---

[205] *Le Monde*, 15 de dezembro de 2000.
[206] Ver adiante: O *ethos* de "humanidade".

Constata-se que o discurso de justificação não consegue restabelecer a imagem de credibilidade que foi afetada por declarações infelizes. Lionel Jospin teve experiência amarga durante a campanha presidencial de 2002, quando tentou retificar duas de suas declarações, aquela em que tachou seu adversário, presidente da República em exercício, de "ultrapassado", e aquela na qual qualificava seu projeto político de "não socialista". Jospin quis retificar a primeira, lamentando publicamente seu erro: "Eu lamento, não se parece comigo"; a segunda, acusando a imprensa de ter distorcido os fatos: "Sou candidato socialista. O *Le Monde* levou essa frase para o centro, mas ela não tem sentido [...]."[207] Tanto em um caso quanto em outro, seu discurso de justificação não pôde apagar as declarações anteriores, não obstante o *ethos* de "sério" que lhe era creditado.

O *ethos* de credibilidade é, ao mesmo tempo, um construto e um atributo, ou, mais precisamente, uma construção sobre um atributo. É um construto em virtude da maneira pela qual o sujeito encena sua identidade discursiva. É um atributo em virtude da identidade social que o sujeito possui e que depende, ao mesmo tempo, de seu estatuto e da maneira como o público o percebe. É evidente que o crédito que se dá a George W. Bush, quando declara guerra ao terrorismo e a Bin Laden, depende de seu posto de presidente dos Estados Unidos, de sua filiação ao Partido Republicano, considerado belicista, e do poder militar de seu país. Em contrapartida, qual crédito pode ser acordado a esse mesmo presidente quando ele faz, na conferência das Nações Unidas realizada em Monterrey, México, a seguinte declaração sobre o desenvolvimento: "A pobreza persistente e a opressão podem conduzir ao desespero. [...] Devemos conceder uma ajuda mais significativa às reformas políticas, jurídicas e econômicas. Insistindo nas reformas, fazemos um esforço de compaixão"?[208] Qual crédito podemos lhe dar, se temos em mente que seu objetivo principal é eliminar Saddam Hussein? E de maneira mais geral, tendo em vista o consenso que se formou nessa cúpula em favor dos países pobres, deve-se conceder o mesmo crédito

---

[207] *Le Monde*, 2 de março de 2002.
[208] *Le Monde*, 23 de março de 2002.

às declarações de todos os participantes? O posicionamento de cada país no tabuleiro político mundial, as relações de força que existem entre os valores defendidos por seus representantes intervêm de maneira evidente no julgamento de credibilidade. O *ethos* de credibilidade se constrói em uma interação entre identidade social e identidade discursiva, entre o que o sujeito quer parecer e o que ele é em seu ser psicológico e social.

Os *ETHÉ* DE IDENTIFICAÇÃO

Afirmamos que o *ethos* político é resultado de uma alquimia complexa feita de traços pessoais de caráter, de corporalidade, de comportamentos, de declarações verbais, tudo relacionado às expectativas vagas dos cidadãos, por meio de imaginários que atribuem valores positivos e negativos a essas maneiras de ser. Toda construção do *ethos* se faz em uma relação triangular entre *si*, o *outro* e um *terceiro* ausente, portador de uma imagem ideal de referência: o *si* procura endossar essa imagem ideal; o *outro* se deixa levar por um comportamento de adesão à pessoa que a ele se dirige por intermédio dessa mesma imagem ideal de referência. No discurso político, as figuras do *ethos* são ao mesmo tempo voltadas para si mesmo, para o cidadão e para os valores de referência. É assim com os *ethé* de credibilidade, e também com os de identificação, cujas imagens, dessa vez, são extraídas do afeto social: o cidadão, mediante um processo de identificação irracional, funda sua identidade na do político.

Tentar descrever e classificar os tipos de imagens que caracterizam o *ethos* de identificação é uma questão delicada. Essas imagens são destinadas a tocar o maior número de indivíduos, e viu-se que esse maior número é heterogêneo e vago do ponto de vista dos imaginários. É a razão pela qual os políticos, conscientes disso, jogam com valores opostos, até mesmo contraditórios: tal político vai querer mostrar-se, ao mesmo tempo, *tradicional*, mas também *moderno*; *sincero*, mas igualmente *sagaz*; *poderoso*, mas simultaneamente *modesto* etc., sem contar que algumas imagens, que poderíamos julgar em si mesmas negativas, podem tornar-se positivas em certas circunstâncias. Por exemplo, poder-se-ia pensar que a imagem de *duplicidade* seja mais negativa e, entretanto, ela pode ser considerada positiva se a virmos como um dos traços que devem caracterizar os poderosos desse mundo.[209] Outras vezes, os políticos jogam com imagens deles mesmos que remetem tanto à vida política, ao definirem-se como personagem, quanto à sua vida privada, ao definirem-se como pessoa, com as duas imagens reforçando-se mutuamente. Por exemplo, a imagem de "humanidade", que remete às relações entre eleito e cidadãos (dever preocupar-se com aqueles que vivem precariamente), deve ser reforçada por uma imagem pessoal de indivíduo bom e sensível, tanto na vida privada quanto em todas as demais circunstâncias da vida.[210]

Apesar dessa polivalência de imagens, é possível destacar algumas, entre as mais recorrentes, que caracterizam o *ethos* de identificação do discurso político. Umas são mais voltadas para si mesmas, pois supostamente refletem os traços que definem e essencializam os políticos enquanto pessoas: o *ethos* de "potência", o *ethos* de "caráter", o *ethos* de "inteligência" e o *ethos* de "humanidade". Outros, como o *ethos* de "chefe", são antes orientados para o cidadão, na medida em que se fundam sobre uma relação necessária entre si e o outro.

O *ethos* de "potência"

O *ethos* de "potência" é visto como uma energia física que emerge das profundezas terrestres, anima e impulsiona os corpos na ação. Ele nos remete à imagem de uma "força da natureza", força telúrica contra a qual não se pode grande coisa. Esse imaginário não deve ser confundido com o do poder; este resulta de uma ação coordenada que tem por finalidade a organização da vida coletiva: "O poder jamais é um atributo individual; ele pertence a um grupo e continua a pertencer-lhe durante todo o tempo em que este grupo não for dividido",[211] enquanto a autoridade é relativa ao indivíduo.

O *ethos* de "potência" pode se exprimir mediante uma figura de *virilidade sexual*, nem sempre explicitamente declarada. É assim que certos políticos

---

[209] Igualmente variável segundo as culturas.

[210] Às vezes, sobretudo às vésperas das campanhas eleitorais, são desenterrados documentos ou testemunhos (verdadeiros ou falsos) que revelam atitudes moralmente condenáveis de determinado político em sua vida privada (em sua vida conjugal, com seus filhos, com seus amigos); a intenção é produzir um efeito de contraste da pessoa, a fim de desqualificar a personagem política.

[211] Arendt (1972).

constroem uma reputação de "Don Juan", de alguém que tem aventuras extraconjugais. Evidentemente, é preciso que exista, no contexto cultural no qual se exprime esse *ethos*, um sistema de valores que dê importância ao espírito de (e ao sucesso na) conquista, marca por excelência da potência masculina. Nesse aspecto, esse *ethos* é mais masculino que feminino. Daí a existência de determinadas versões populistas, na medida em que é exaltado o papel do corpo como prova de verdade, papel que pode ir até às "vias de fato" em manifestações ou comícios,[212] à realização de proezas físicas pessoais,[213] à organização de comícios com encenações que glorificam a força, a apresentação de si como vociferador pela voz e pelo verbo ("Quando encontro a ralé, eu a olho nos olhos. Eu lhes digo: 'tenho orgulho de ser francês', isso incomoda?"[214]) e exercer uma violência verbal (insultos, ameaças ou bravatas[215]) em relação a adversários políticos.

Felizmente, há figuras mais brandas do *ethos* de "potência", que mostram, por exemplo, sua determinação em agir: ele não é apenas um homem de palavras, mas também de ação. Mostra-se que se é ativo, presente em todas as frentes, mas de maneira coordenada, quase militar ou esportiva, como as maratonas nas campanhas eleitorais ("Que saúde!") realizadas de modo ordenado. É nessa imagem de potência que é preciso ter em conta as proezas verbais de Fidel Castro e de chefes de Estado africanos,[216] que chegam a fazer discursos de oito a dez horas.

O *ethos* de "caráter"

O *ethos* de "caráter" participa desse outro imaginário de força que não pode ser confundido com o precedente. Trata-se aqui mais da força do espírito que da do corpo, como quando se diz que alguém "tem caráter". Isso pode aparecer por meio de diversas figuras.

---

[212] O líder da extrema-direita, Jean-Marie Le Pen, foi várias vezes condenado em razão desse comportamento.

[213] Por exemplo, banhar-se no mar em pleno inverno, como fez o mesmo Le Pen.

[214] O delegado nacional para integração e propaganda da Frente Nacional da Juventude (FNJ), no *Le Monde*, 22 de outubro de 2002.

[215] Lembremos as inúmeras declarações de Le Pen a vários políticos: Michel Durafour ("Durafour crematório"), Lionel Stoléru ("Você é judeu"), Bernard Tapie ("Você sabe, eu pratico boxe na categoria peso pesado").

[216] Ver também Bayart (1996, p. 158).

A *vituperação* que brada, critica e indigna-se ao exprimir-se aos "berros". Essa figura não deve ser confundida com a do "vociferador", que corresponde ao *ethos* de "potência". Esta última resulta de uma manifestação imperiosa do corpo que provém de pulsões não controladas. Aqui, ao contrário, o berro é dominado, ele testemunha uma indignação pessoal e provém de um julgamento da mente, que tem necessidade de ser expresso com força. Encontramos essa figura em alguns políticos ditos de personalidade forte. Ela manifestou-se em um De Gaulle, que após o maio de 68 declarava: "A esbórnia terminou"; e em um Michel Debré, ministro do general De Gaulle, cujas cóleras memoráveis lhe conferiram o apelido de "Michou, o colérico"; em um Claude Allègre, ministro da Educação de Lionel Jospin, cujos discursos autoritários lhe valeram aborrecimentos até a demissão; em um François Mitterrand, cujo *ethos* dominante quase não se manifestava por berros e que, entretanto, utilizou-os na cerimônia de enterro de Pierre Bérégovoy,[217] seu primeiro-ministro que se suicidou em 1º de maio de 1993, supostamente em decorrência de denúncias feitas pela imprensa, que o atingiram.

Percebe-se que para vituperar, para dar berros – calculados – que tenham efeito político, é preciso encontrar-se em uma posição que os justifique. É por isso que são sempre reativos, reações quase imediatas às declarações, decisões ou comportamentos de alguém – na maior parte dos casos, do adversário: membros da oposição ao governo, ministros diante de declarações de seus opositores (partidos da oposição, sindicatos, imprensa), chefes de Estado diante de declarações de seus pares ou de outros oponentes, cuja importância justifica a réplica – pois não se deve rebaixar-se respondendo àqueles que são de nível inferior.

Notar-se-á, igualmente, que essa atitude pode acarretar problemas para os outros membros do grupo ao qual pertence aquele que vitupera. Efetivamente, essa atitude, ao colocar em primeiro plano a personalidade do indivíduo, pode fazer com que aquele que assim se exprime perca a solidariedade dos demais, criando um desconforto entre os outros membros do mesmo grupo. É o que se produziu na paisagem política francesa com

---

[217] "A honra de um homem jogada aos porcos."

Jean-Pierre Chevènemment em relação à dita "maioria plural". Seus berros a propósito da Córsega, dos jovens delinquentes da periferia, chamados por ele de "selvagens", criaram tamanho mal-estar na esquerda plural que ele foi constrangido a demitir-se do cargo de ministro do Interior.

As variantes dessa figura são a *provocação* e a *polêmica*, embora nem sempre seja possível distingui-las claramente. A *provocação* é feita com declarações que têm por fim único fazer alguém reagir, a ponto de não se saber jamais se suas manifestações devem ser consideradas reflexo do pensamento daquele que as enuncia. Evidentemente, a dúvida deve sempre subsistir, pois para que uma provocação seja eficaz, é preciso que ela tenha ao menos a aparência de sinceridade. Então, como julgar? Pelas explicações que o autor da provocação der *a posteriori*. Mas, nesse caso, não se trataria de um desvio em relação ao sentido original, realizado em proveito próprio? As análises de comentaristas experientes que conhecem o indivíduo ou tiveram acesso a suas confidências não seriam também um modo de se afastar do sentido original das palavras, por meio de um terceiro que se interpõe? Como quer que seja, no discurso político podem se observar muitas declarações provocadoras: certo ministro francês, no momento das negociações com a Alemanha, dispara: "Os alemães não se curaram de sua aventura totalitária do passado";[218] certo ministro (o mesmo), após sua demissão do governo, interroga-se em voz alta na presença de jornalistas: "Será que participar da equipe [de governo] é realmente importante?"; e ainda os partidários do mesmo ministro, que denunciam uma aliança entre dois partidos (verdes e socialistas) que, no entanto, estão ligados por uma aliança governamental: "Em muitas regiões, os verdes fizeram a maioria perder mais votos do que ganhar."[219] Outro ministro, quando das difíceis discussões sobre o ajuste cambial do pacto monetário europeu com os membros da Comunidade Europeia, em 1983, fala aos jornalistas da "arrogância" de um dos parceiros para obrigá-lo a valorizar sua moeda.[220]

---

[218] Declaração de Jean-Pierre Chevènement.
[219] *Le Monde*, 2 de setembro de 2000.
[220] Declaração feita em março de 1983.

A *polêmica* aparece, sobretudo, nos debates, pois os debatedores, que são também adversários, encontram-se em uma situação conflituosa uns em relação aos outros, cada qual negando os argumentos de seu oponente. Essa negação, porém, visa menos às afirmações do outro e mais à própria pessoa do adversário, na medida em que questiona – na verdade, acusa – sua moralidade ("O senhor não é honesto, leal, sincero"), seu caráter ("O senhor me irrita como um chiuaua"),[221] seu comportamento ("O senhor não tem o monopólio da verdade",[222] "O senhor não é meu professor"[223]). Ainda uma vez, tal estratégia é uma faca de dois gumes, pois ela depende dos limites do insulto e da maneira como um grupo valoriza a polêmica, pois ela pode se voltar contra seu autor.

Sem chegar à provocação direta, o político que deseja mostrar que tem caráter pode recorrer à estratégia da *advertência*. A advertência é uma modalidade enunciativa que consiste em anunciar de antemão qual é a posição do sujeito, qual será seu limite ("Nós não iremos além de...") e, eventualmente, quais são as consequências negativas para o sujeito advertido ("O senhor corre o risco de [...]"). Essa admoestação, quando apresentada como uma condição prévia e não negociável, pode colocar o sujeito que adverte em uma posição difícil, caso ele se veja constrangido a ir além do limite declarado. Seu prestígio será abalado a menos que ele se livre, com a argumentação de que essa declaração era destinada a preservar o essencial que estava fora do debate. O risco de perda do prestígio é ainda maior se a advertência adquirir o sentido de uma ameaça: uma organização patronal que ameaça retirar-se da mesa de negociações se os sindicatos não ratificarem o acordo;[224] os ultimatos dirigidos, diversas vezes, ao governo de Belgrado durante as guerras da Bósnia e do Kosovo e, mais tarde, do Iraque.

Outra figura do *ethos* de "caráter" é a da "força tranquila". "A força tranquila", *slogan* de campanha presidencial de François Mitterrand em 1981, que recupera o mesmo *slogan* do *Front Populaire*, evoca o tempo e a virtude da perenidade ("É preciso dar tempo ao tempo"), a tenacidade combativa

---

[221] De Jacques Chirac a Laurent Fabius (debate televisionado).
[222] De Valéry Giscard d'Estaing a François Mitterrand (debate televisionado).
[223] De Mitterrand a Giscard d'Estaing (debate televisionado).
[224] Caso da organização patronal Medef (Movimento das Empresas Francesas), acerca das negociações sobre a política social.

daquele que jamais abandona seus compromissos e a vontade de vencer, a confiança em si daquele que calcula e faz apostas no futuro, a força protetora de quem guia o rebanho, com a serenidade do pastor que sabe aonde vai (ainda que essa imagem seja voltada para o cidadão e encontre com o *ethos* do chefe[225]). O *controle de si*, correlato da força tranquila, supostamente denota um caráter equilibrado que não se deixa levar por pequenas coisas, que mantém a cabeça fria em todas as circunstâncias e não se entrega a uma agitação inconsequente, que não faz declarações a todo momento e que se mantém fora da agitação da mídia. O político que demonstra esse gênero de atitude constrói para si uma imagem de homem que pensa antes de agir e que toma suas decisões após ter ponderado os prós e os contras de uma situação.[226]

Outras figuras caracterizam ainda esse *ethos*. A de *coragem*, que dá a entender ao cidadão que o político que a possui saberá enfrentar a adversidade sem enfraquecer e sem ceder à demagogia. Essa foi a imagem que apresentaram os cartazes do candidato Jacques Chirac às eleições presidenciais de 1988, exaltando "A Coragem! A Vontade! O Vigor!"[227] A figura do *orgulho*, que, de acordo com Voltaire, é "o principal instrumento com o qual se constrói esse belo edifício da sociedade".[228] Efetivamente, o político não pode ser apenas bom e generoso. Mesmo que ele não ouse confessar, porque isso pareceria ir de encontro a certa ideia da democracia que quer que os dirigentes respondam às aspirações do povo e não realizem uma obra de ambição pessoal, sabe-se – e os cidadãos o sabem – que não há melhor chefe que aquele levado pela ambição de realizar uma grande obra.

Essa figura é necessária ao político, pois ela garantiria – ao menos, acredita-se nisso – seu desejo de defender os valores e a integridade identitária de seu povo, até com sacrifício (e às vezes, infelizmente, até o absurdo). Entretanto, a figura do orgulho tem seu lado negativo, quando leva aquele que a possui a comportar-se de maneira impiedosa, mesmo cruel: não abrandar seu julga-

---

[225] A propósito do *ethos* de "chefe", ver mais adiante.

[226] Bonnafous e Tournier (2001) conduziram uma pesquisa que colocou em evidência as características do equilíbrio de Lionel Jospin, identificadas tanto em sua maneira de responder às questões dos jornalistas (evitando certas armadilhas das entrevistas) quanto em sua gestualidade.

[227] Ver Vion (1988, p. 163).

[228] Voltaire (1961, capítulo VIII, p. 286-8).

mento nem suas decisões, quaisquer que sejam as circunstâncias; castigar os "inimigos do povo" com execuções exemplares a fim de dissuadi-los de toda presunção de se opor ao príncipe, e fazer com que este seja temido por todos. Encontra-se aqui um dos conceitos de Maquiavel: "Deve, portanto, o príncipe fazer-se temer de maneira que, se não se fizer amado, pelo menos evite o ódio, pois é fácil ser ao mesmo tempo temido e não odiado."[229]

Mas sem ir até uma atitude como essa – que talvez seja justificada em certos regimes políticos –, tal figura tem uma versão mais atenuada e mais moral que se chama *firmeza*. O *ethos* do caráter forte caracteriza-se, então, por uma atitude de reivindicação da ação efetiva, demonstrando energia (que não é nem a irritação nem a agressividade[230]) e mesmo uma determinação inabalável, coisas que seriam próprias dos grandes políticos:[231] "O país que dirijo, e pelo qual sou responsável, me levou a ser severo e justo"; "O que fiz por meu povo, não o nego"; "A grandeza de meu país justifica o papel que tenho desempenhado e que assumirei até o final."[232]

Enfim, uma última grande figura do *ethos* de "caráter": a *moderação*. Não, em absoluto, a moderação como virtude cardeal, mas a atitude de intermediação entre as partes em conflito. Ela pode manifestar-se por declarações que temperam as ações ou as que se prestam à polêmica. Após uma acusação do presidente da República, relativa à política do governo, e de uma réplica ácida do primeiro-ministro, um ministro, para acalmar o jogo, declara aos jornalistas: "Quando há um desacordo, o presidente da República fica à vontade para emitir críticas ou objeções à ação do governo, na medida em que exercemos mandatos. E não há nada de absurdo que o primeiro-ministro lhe responda."[233] Vê-se aqui o uso da arte de pronunciar frases que protegem a face das partes envolvidas na polêmica. A figura de moderação pode igualmente aparecer no curso de negociações difíceis, entre diferentes

---

[229] *O príncipe*, cap. XVII, p. 70. In: Maquiavel, Trad. Lívio Xavier, São Paulo, Nova Cultural, 1987, Coleção Os Pensadores.
[230] Guylaine Martel, que dedicou um estudo ao "Debate político televisionado" (2000), assim descreve Jean Charest, um dos debatedores: "Ele é enérgico, mas nunca nervoso; firme, mas nunca agressivo" (p. 245).
[231] Não nos esqueçamos que se tratam de "representações sociais" e não de filosofia moral.
[232] Declaração de Jean Charest, político canadense, citada por Guylaine Martel (2000, p. 243).
[233] Declaração advinda do gabinete do primeiro-ministro Lionel Jospin.

parceiros sociais, para possibilitar a continuidade dos entendimentos, não obstante a insatisfação de uns e outros. Aqui, declara-se que "estamos plenos de esperança"; lá, participa-se de sua "reparação pelos danos sofridos"; mais adiante, aprecia-se "a franqueza das relações" ou sublinha-se a vontade das partes litigantes de chegarem a um acordo; e mesmo após a constatação de um desacordo, declara-se que "é bom que tenham havido explicações".[234]

A moderação do discurso político é uma atitude de conveniência tática que visa a desbloquear as situações em conflito a fim de que o acordo seja alcançado. Contrariamente ao que se poderia pensar, é preciso ter um caráter forte para ser um bom conciliador em política. É verdade que frequentemente a conciliação é obra de homens que agem nas sombras, nos bastidores da política-espetáculo, mas não se esquecerá que uma parte da aura que permitiu a George Pompidou assumir a presidência da República, em 1969, após a renúncia do general De Gaulle, repousa sobre sua ação de moderador-conciliador-negociador que se manteve afastado dos acontecimentos do Maio de 68.

O *ethos* de "inteligência"

O *ethos* de "inteligência" faz parte dos *ethé* de identificação na medida em que pode provocar a admiração e o respeito dos indivíduos por aquele que demonstra tê-lo e assim os faz aderir a ele. A inteligência é uma característica humana difícil de ser definida, mas aqui se trata de considerá-la um imaginário coletivo que testemunha a maneira como os membros de um grupo social a concebem e a valorizam. Tratando-se do político, a inteligência é percebida não em função da maneira como ele age e fala durante os acontecimentos políticos, mas também pelo que se pode apreender de seu comportamento em sua vida privada. Nesse *ethos*, duas figuras razoavelmente opostas disputam a primazia, apesar de muitas vezes existirem em um mesmo indivíduo.

Uma, de longa tradição, ao menos na França, é a do *honnête homme cultivé*, segundo a qual "um homem culto não pode ser senão um homem de

---

[234] *Le Monde*, 9 de setembro de 2000.

bem". Essa figura depende do capital cultural que o político herdou de sua origem social e de sua formação, mas deve ser confirmada pelos comportamentos atuais. Isso explica por que os políticos escrevem livros, respondem a solicitações da mídia para participar de programas culturais, frequentam exposições e outras manifestações artísticas. Do mesmo modo, uns se sobressaem por um estilo de escrever notável;[235] outros tiram partido de seus títulos universitários, de sua passagem pelas grandes universidades;[236] outros, ainda, continuam cercados, durante o exercício da função que ocupam, pela aura que lhes fora dada pela notoriedade adquirida no mundo intelectual e artístico, antes que lhes fosse confiado um mandato político.[237]

A outra figura, mais sutil e difícil de ser determinada, é a *astúcia*, ou antes, a *malícia*. A malícia denota um saber jogar com o ser e o parecer: saber dissimular certas intenções, fazer crer que se têm certos objetivos para melhor atingir seus fins. Essa atitude é ditada pelo fato de que todo político tem oponentes de diferentes espécies (partidos adversários, movimentos sindicais, associações patronais, econômicas, industriais e outras associações que reúnem cidadãos que podem lhes ser hostis). Para realizar certos projetos, o político não pode revelar todas as suas intenções. Algumas vezes chegará mesmo a fingir ir em uma direção para depois tomar o caminho oposto. A astúcia se faz acompanhar sempre por certa dose de embuste, como bem ilustram as fábulas de La Fontaine.

A vida política é uma confrontação perpétua entre forças antagônicas, às vezes, uma verdadeira guerra (sobretudo em período eleitoral, quando parece que todos os golpes são permitidos), e nessa guerra é preciso demonstrar malícia. Sem contar que na vida moderna as mídias adquiriram uma grande importância e que elas próprias jogam com falsas informações

---

[235] Foi o caso de De Gaulle e Mitterrand, ainda que em estilos bastante diferentes. Pode-se observar esse fato por meio de seus escritos: *Les Mémoires*, de De Gaulle, *La Paille et le Grain*, de Mitterrand, e suas atuações em coletivas da imprensa, em entrevistas, em cerimônias, em declarações políticas.

[236] Georges Pompidou, presidente da República entre 1969 e 1974, era egresso da Escola Normal Superior da rua d'Ulm e professor de Letras Clássicas; François Bayrou, ministro da Educação de Jacques Chirac, era professor de Gramática.

[237] André Malraux, escritor, primeiro-ministro da Cultura do General De Gaulle; Jack Lang, jurista e homem do teatro antes de ser nomeado ministro da Cultura por François Mitterrand; Luc Ferry, filósofo, ministro da Educação no governo de Jean-Pierre Raffarin.

ou com notícias exageradamente dramáticas; o político deve prever uma utilização deformada de suas próprias declarações e fabricar frases ambíguas que sejam diversamente interpretadas, uma das fontes daquilo que se chama "língua de madeira"*.

A malícia pode ser percebida de maneira positiva ou negativa. De maneira positiva, quando testemunha a sutileza e a habilidade do político; as eventuais trapaças que ele praticar lhe seriam perdoadas em nome de seu caráter venial e/ou de sua necessária eficácia: fingir candidatar-se a um mandato eleitoral para colaborar com um candidato do mesmo grupo político que se apresentará mais tarde, e depois se retirar; parecer dar razão ao adversário e, entretanto, tomar uma decisão contrária. Essa malícia é também percebida positivamente quando, em situação de crise internacional, os representantes de um governo iniciam uma luta armada contra o inimigo e disseminam, com fins estratégicos, informações parciais, ambíguas; na verdade, enganosas. A malícia será percebida de maneira negativa quando a astúcia for colocada a serviço da dissimulação ou da simulação moral que permite ao político mergulhar em negócios corruptos ou desviar bens públicos, sempre fabricando uma imagem de virtude, a ponto mesmo de fulminar aqueles que agem do mesmo modo: viu-se na América Latina, em países da África, e mesmo da Europa, políticos que se apresentam como "santos" e que depois são descobertos desviando recursos do Estado, em proveito próprio.

Não se trata de justificar tais comportamentos, mas de constatar que as apreciações positivas ou negativas sobre a malícia estão longe de serem claras. Julgada negativamente, a malícia é chamada "duplicidade"; positivamente, é considerada "habilidade". Entretanto, o que às vezes é considerado de forma negativa por uns, é avaliado positivamente por outros, e vice-versa. Uma tradição intelectual na Europa – e talvez especialmente na França, em razão de uma particular propensão para o cultivo do segredo – tornou essa divisão pouco nítida em nome da razão política. Desde "a honesta dissimulação" de Platão passando pela "virtude da insinceridade" celebrada por Baltasar Gracián,[238] para quem a sutileza da inteligência passa pela arte do saber dizer entre ficção,

---
* N.T.: A propósito do conceito de língua de madeira, cf. nota na subseção "O *ethos* de 'virtude'", aqui mesmo.
[238] Gracián (1998).

fingimento e dissimulação (Hamburger),[239] esse comportamento sempre foi objeto de um julgamento ambivalente, variável segundo as culturas,[240] pois se a razão o justifica, a moral o reprova. Mas sendo o *ethos*, ainda uma vez, um fator de imagem de si, a questão é saber o que essa imagem esconde. Maquiavel era bem consciente desse fato ao se recusar a confundir as qualidades que o príncipe deveria ter e as que ele deveria mostrar: "Contudo, um príncipe não precisa possuir todas as qualidades citadas, basta que aparente possuí-las."[241] Assim deixa entender que se pode ser, ao mesmo tempo, astuto e digno de fé, o que constitui valor do poderoso.

O *ethos* de "humanidade"

O *ethos* de "humanidade" constitui igualmente um imaginário importante para a imagem do político. O "ser humano" é mensurado pela capacidade de demonstrar sentimentos, compaixão para com aqueles que sofrem, mas o é também pela capacidade de confessar suas fraquezas, de mostrar quais são seus gostos, até os mais íntimos: "Para ser um homem público, não é preciso ser menos homem."

A figura do *sentimento* é difícil de manipular porque não é necessário que o político passe por fraco: em política, é preciso "saber controlar seus sentimentos". Essa figura deve apenas transparecer em diversas ocasiões: em visitas aos desprovidos ou a pessoas que sofrem; em situações dramáticas (catástrofes naturais, acidentes, fome etc.) que fazem com que os políticos se encontrem no local e dirijam palavras de compaixão às vítimas, manifestando sua própria aflição e prometendo ajuda. Às vezes, expressão de sentimentos e visão política se juntam, como nas palavras de François Mitterrand, que declarou ao chegar ao aeroporto de Saravejo, para liberá-lo, no ápice do conflito sérvio na Bósnia: "Há momentos em que a urgência nos sufoca!" O ato político seria aqui motivado por uma angústia pessoal. Essa mistura

---

[239] Hamburger (1986).
[240] Católica, protestante, muçulmana, asiática etc. Sem contar que é sempre do exterior que se atribui ao outro, de maneira negativa, a imperfeição da dissimulação ou da duplicidade.
[241] *O príncipe*, cap. XVIII, p. 74. In: Maquiavel, Trad. Lívio Xavier, São Paulo, Nova Cultural, 1987, Coleção Os Pensadores.

pode igualmente se produzir em cerimônias comemorativas de acontecimentos dramáticos do passado: os mortos das guerras, os genocídios, ou, ao contrário, a celebração dos heróis da guerra e da resistência, dos que se sacrificaram por causas humanitárias.

A figura da *confissão* é, também ela, difícil de manipular, pois confessar pode ser igualmente uma marca de fraqueza. Isso depende, é verdade, das culturas; basta comparar os discursos que acompanharam as crises políticas em diferentes países. Nos Estados Unidos, por exemplo, o escândalo Watergate terminou com as confissões de Nixon, e o caso Clinton-Lewinsky também acabou com confissões, parciais, de Bill Clinton. Na França, o então presidente da República Valéry Giscard d'Estaing, acusado no chamado escândalo dos "Diamantes de Bokassa",* não o confessou jamais, e Jean Tiberi, prefeito em exercício, acusado no chamado escândalo dos "Eleitores fantasmas"** da cidade de Paris, também jamais reconheceu coisa alguma. Essa figura é bastante rara no mercado político. No entanto, podemos vê-la surgir quando o político quer desmontar as críticas de seus adversários, reconhecendo que ele não fez o suficiente para resolver uma situação de crise. O político assim se destaca da classe política, que geralmente procura replicar de maneira mais agressiva.

Entretanto, essa confissão só é possível se for limitada: reconhecer que não se fez o suficiente, tendo em vista o que seria uma solução ideal. Assim, fica subentendido que ninguém teria feito melhor, que ainda é possível fazer alguma coisa e que o político não se sente impotente. A eventual fraqueza que poderia revelar a confissão é contrabalançada por um *ethos* de "coragem" e de "sinceridade".[242] Às vezes, a confissão surge em certas declarações, como em uma campanha eleitoral, quando o candidato é levado a fazer o balanço de sua atividade passada e confessa não ter obtido sucesso em todas as frentes. Na campanha presidencial de 2002, Lionel Jospin, primeiro-ministro em exercício e candidato à presidência da

---

* N.T.: Em 1979, Giscard d'Estaing, então presidente da França, teria recebido diamantes do autoproclamado imperador da República Centro-africana, Jean-Bédel Bokassa, em troca de suporte financeiro e militar.

** N.T.: Em 2000, Jean Tiberi, sucessor de Jacques Chirac na prefeitura de Paris, foi acusado de envolvimento na inscrição de aproximadamente três mil eleitores fantasmas.

[242] Pode-se reconhecê-lo nas declarações de Bernard Kouchner, quando do escândalo do sangue contaminado e da Guerra do Kosovo.

República, declarou acerca do tema insegurança – um dos maiores desafios da campanha:

> Eu pequei um pouco por ingenuidade. Talvez eu dissesse a mim mesmo durante certo tempo: "se fizermos o desemprego recuar, também conseguiremos fazer a violência recuar". Fizemos o desemprego diminuir – há 920.000 desempregados a menos –, mas isso não teve efeito direto sobre a violência.[243]

Aqui também se veem as proteções que são colocadas para evitar que essa confissão tenha um efeito de rebote negativo sobre o *ethos* do candidato: mostrar que um cálculo havia presidido a implantação de uma política contra a insegurança, portanto, que a persistência desse fenômeno não foi um ato irresponsável; que esse cálculo tem certa lógica e que, se ele revelou-se equivocado, é preciso reconhecê-lo, pois "Quem não se engana?", os próprios adversários podiam ter-se enganado, sendo o erro humano. Além do mais, essa declaração mostra de passagem que, apesar da insegurança, o desemprego diminuiu, um elemento positivo na possível negatividade da confissão. Assim, a falta poderia ser meio perdoada, pois ela é, ao mesmo tempo, reconhecida (coragem e honestidade), analisada (inteligência e responsabilidade) e compensada por uma ação positiva (de um mal veio um bem). Evidentemente, isso não impede os adversários de tentarem explorar o lado frágil da confissão, replicando que "A ingenuidade não é uma desculpa. No caso, é uma falta."[244] *A posteriori*, pode-se dizer que essa confissão teve efeitos muito negativos para a campanha de Lionel Jospin, que perdeu a eleição em questão. Enfim, vê-se surgir a confissão nos escritos dos políticos que terminam seu mandato ou que se retiram da ação política, o que lhes permite, sob o pretexto de fazer o balanço de sua ação pregressa, expor-se de forma mais ou menos complacente nos livros pessoais ou nos de entrevistas, em revelações, confissões e confidências destinadas a justificar uma vida política e a fazer de modo que o balanço, ao olhar da história, não seja totalmente negativo.

O *gosto* relaciona-se ao que concerne à vida privada e íntima do político: seus gostos literários e artísticos, em termos de culinária, de vestuário, no

---

[243] Entrevista a Claire Chazal, no canal de televisão francês TF1.
[244] Jacques Chirac, no dia seguinte à entrevista.

campo do lazer etc. O político, entretanto, não pode expor-se de forma ostensiva, pois isso poderia ser-lhe recriminado como uma marca de demagogia ou de frivolidade.[245] Produz-se, então, uma espécie de aliança objetiva entre as mídias e os políticos, as primeiras criando programas para que os últimos revelem um aspecto de sua vida privada.

Na França, nos anos 80, o programa de televisão *Questões domésticas*[246] se passava, como seu nome indica, na casa de um político, com uma primeira parte dedicada a descobrir o lugar onde vivia, os objetos que aí se encontravam, a arrumação da casa, a decoração, o local de trabalho, o quarto de dormir etc., deixando transparecer o que podiam ser seus gostos, seus prazeres, seus hábitos de vida, se era organizado ou não, se gostava de lugares mais abertos ou mais fechados, de animais, da natureza, de objetos antigos ou modernos. Às vezes, via-se até mesmo o anfitrião com avental de cozinheiro, preparando pequenos pratos.[247] Assim, construía-se a figura do gosto do político, além do mais, em um ambiente preparado pelo próprio interessado. A figura do gosto pode igualmente transparecer pela presença do político em manifestações artísticas, em cerimônias festivas: ele se deixa fotografar e entrevistar por jornalistas de revistas populares; faz declarações quando do desaparecimento de uma personalidade do mundo artístico;[248] participa como escritor de programas de televisão literários em que terá a oportunidade de mostrar sua cultura ou suas preferências literárias.[249]

A figura da *intimidade* é complementar à precedente e é construída com a cumplicidade dos jornalistas. O político sabe que estes caminham pelos corredores da Câmara dos Deputados ou do Senado e que interrogam os que são próximos (inclusive trabalhadores domésticos) dos responsáveis po-

---

[245] Provavelmente, isso não trouxe benefícios nem a Valéry Giscard d'Estaing, então presidente da República, que, querendo dessacralizar (ou tornar mais familiar) a função presidencial, dedicou-se a aparecer na televisão em posturas descontraídas, nem a Jack Lang, que, em certa época, vestia camisas de cores gritantes (rosa, verde, azul, amarela).

[246] Programa criado pelo diretor Alexandre Tarta e pelos jornalistas Anne Sinclair e Pierre-Luc Séguillon e veiculado de 1985 a 1989 no canal TF1.

[247] Este foi particularmente o caso do programa consagrado a Jack Lang.

[248] François Bayrou foi um dos primeiros a lamentar o desaparecimento de um grande artista, quando da morte do violinista Yehudi Menuhin (1916-1999).

[249] Lembremos que os dois mandatos de François Mitterrand como presidente da República foram marcados por espetáculos midiáticos que lhe permitiram aumentar seu crédito sentimental junto aos cidadãos.

líticos, com a finalidade de recolher "indiscrições". É por isso que o político se permite fazer reflexões em surdina, mas de modo que elas cheguem aos jornalistas por seus colaboradores, isso quando ele próprio não lança "pequenas frases" como chamarizes, para que elas repercutam na mídia. Essas breves declarações serão então apresentadas como aquilo que o político realmente pensa e não ousa dizer em público. É bom para ele mostrar que pode ter reações de indignação, de cólera ou fazer confidências que supostamente revelam sua verdadeira natureza, com a esperança de que tenham um efeito positivo sobre a opinião. Às vezes, são as mídias que tentam provocar essa revelação do íntimo dos políticos.

Um programa de televisão como *O verdadeiro jornal*, do apresentador francês Karl Zéro, que estreou em 1995, convida políticos para submetê-los a uma entrevista que mais parece um interrogatório do que um debate jornalístico civilizado. A regra é tratar os convidados por "você", fazer perguntas sobre o comportamento íntimo, que tocam o tabu (a Cohn-Bendit: "O baseado, você o coloca de preferência no bolo de chocolate?"), perguntas sobre suas preferências (para a deputada Christine Boutin: "É primavera dos poetas e você curiosamente escolheu o poeta Verlaine [...]. É, entretanto, o autor da 'Glande' ["Viens dresse ta caresse de chaud satin violet.."].")*. O programa utiliza linguagem coloquial, na verdade, grosseira; em todo caso, não habitual em entrevistas jornalísticas ("Isso é foda!", "Houve muito auê para o nascimento da Aliança Europeia", "É um pé no saco", "Para seguir o senhor, é preciso ter culhões"), emprego de trocadilhos mais ou menos refinados ("*Dany, o Vermelho* virou *Dany, o Verde*: isso agrada aos daltônicos?"),** questionamento provocador, segundo o estilo da pessoa que o apresentador tem diante de si (para o ex-primeiro-ministro da França, Édouard Balladur: "Será que a campanha vai ser particularmente jovem e divertida?"; à deputada Marie-France Geraud: "Uma mulher na chefia do partido de oposição, isso não é pouca coisa, não?", e a Noël Mamère, jornalista e apresentador

---

* N.T.: "Venha, vista sua carícia de quente cetim violáceo." Esses versos pertencem ao poema "Balanide", da coletânea *Hombres*, em que Verlaine canta, como no caso deste poema, o prazer sexual e teria sido inspirado em suas experiências homossexuais. Esses versos seriam dedicados a Rimbaud.

** N.T.: Referência ao fato de Daniel Cohn-Bendit, conhecido por suas ideias de esquerda, ter-se tornado líder ecologista e deputado pelo Partido Verde no Parlamento Europeu.

de televisão, que se tornou prefeito da cidade de Bègles pelo Partido Verde: "Por que você deixou a televisão para fazer política? Você é maluco ou o quê?"). Cabem aos políticos, homem ou mulher, revelarem-se como pessoa e mostrarem sua capacidade de réplica, de humor, de paciência, de elegância. O *ethos* pode sair engrandecido ou escornado.

Não se esquecerá tampouco a importância do humor e da caricatura para a construção desse *ethos*, sobretudo no que diz respeito aos traços de caráter. Mas trata-se, aqui, de um *ethos* atribuído pelos outros. Humoristas e parodistas,[250] forçando o traço e fazendo rir, construindo imagens estereotipadas (algumas vezes deformadoras), que terminam por colar na pele do político: François Mitterrand, o deus do mar de lama, dominando o populacho político; Valéry Giscard d'Estaing, personagem altivo e imbuído de sua própria pessoa; Raymond Barre, como um gordo ursinho de pelúcia, com jeito de quem nada compreende e que, ao mesmo tempo, faz observações plenas de bom senso; Jacques Chirac, como o camarada jovial, de falar direto e franco, um boa-vida que se exprime sempre com familiaridade e que esbanja simpatia até mesmo em seus tiques.[251] Isso foi sempre um modo de construção da imagem psicológica dos políticos, cujo verdadeiro impacto sobre a opinião pública é difícil de medir, mas cuja influência não se pode negar.

O *ethos* de "chefe"

Mais que os precedentes, o *ethos* de "chefe" se direciona para o cidadão. Como foi dito no início, o *ethos* é voltado ao mesmo tempo para si e para o outro. Ele é uma construção de si para que o outro adira, siga, identifique-se a este ser que supostamente é representado por um outro si-mesmo idealizado. No domínio político, e em um regime democrático, essa relação do um ao outro é marcada pela reciprocidade entre instância política e instância cidadã: o político deve sua posição ao povo e a ele deve prestar contas. O

---

[250] De longa tradição na França, com os "cancionistas", os "imitadores", os "caricaturistas" da imprensa e, mais recentemente, os programas de televisão como *Le Bébête Show*, de S. Collaro, no canal TF1, e *Les Guignols de l'info*, no Canal+. Ambos, de grande audiência na França, são apresentados por bonecos ou marionetes que têm as feições dos políticos franceses mais famosos.

[251] Realização de associações despropositadas.

ethos político tomado nessa relação de reciprocidade orienta mais diretamente o espelho ora para o sujeito político, ora para o sujeito cidadão. É por isso que certas figuras são ambivalentes. Por exemplo, a *honestidade* é uma figura voltada para o sujeito político, que oferece dele mesmo a imagem de um ser moral, correto e sincero, mas ela é igualmente voltada para o cidadão, na medida em que o político recebe seu mandato dele, e lhe deve essa honestidade em contrapartida. Mas pode-se considerar que o *ethos* do chefe requer propriedades que destacam essa relação de dependência, como uma imagem que é explicitamente oferecida ao cidadão. Ele se manifesta por meio de diversas figuras, de *guia*, de *soberano* e de *comandante*.

A figura do *guia supremo* é uma necessidade para a permanência de um grupo social. É como se, consciente de sua incapacidade de se determinar e de ver qual é seu destino, o grupo tivesse necessidade de ressuscitar a existência de um ser superior capaz de guiá-lo em meio aos acasos do tempo, à fortuna da vida e às peripécias do mundo. Esse guia pode ser originário do grupo ou exterior a ele. No primeiro caso, ele é feito de carne e osso, mas com qualidades que fazem dele um ser fora do comum, um herói. No segundo caso, ele é um ser abstrato, uma voz que indica o caminho a seguir, revela um destino, diz como obter a salvação eterna; entretanto, essa voz tem necessidade de ser figurativizada, é por isso que ela é, às vezes, representada de maneira pictórica (exceto quando isso é proibido) e é sempre encarnada em um personagem mítico, cujos feitos e gestos exemplares e sobrenaturais (mitos, lendas de textos sagrados) são contados por uma narrativa. Essa figura conhece diversas variantes: o *guia-pastor*, o *guia-profeta*, o *guia-soberano*.

O *guia-pastor* é um agregador, aquele que reúne o rebanho, o acompanha e o precede, ilumina seu caminho com uma perseverança tranquila. Ele tem um caminhar pausado e regular, detendo-se apenas em certas etapas previamente determinadas. Transpostos para uma moral humana, esses traços tornam-se, metaforicamente, os de um condutor de homens que sabe se fazer seguir, do sábio que tem uma vida interior e do homem determinado que sabe aonde vai. Assim é descrito François Mitterrand na peregrinação que faz todos os anos ao sítio arqueológico de Solutré, pertencente ao paleolítico, para subir a rocha de mesmo nome: "O homem que caminha à frente da procissão, bastão na mão, a cabeça coberta com um barrete como um pescador, que parece sereno, desembaraçado, em um momento de meditação."²⁵² Foi isso igualmente o que a campanha presidencial de 1988, do mesmo François Mitterrand, colocava em destaque com os *slogans*: "A geração Mitterrand" e "A França unida". O primeiro, em um cartaz em que se via um menino olhando para ele, para o alto, e estendendo sua mão para uma mão de adulto que a prendia em seus dedos, sugerindo a confiança depositada naquele que ia guiá-lo em direção ao seu destino;²⁵³ o segundo, ao lado de um retrato do candidato de perfil, olhando para frente, com confiança, determinação e esperança, sugeria "O homem que marcha à frente da França".²⁵⁴

O *guia-profeta* é aquele que, ao mesmo tempo, é fiador do passado e é voltado para o futuro, para o destino dos homens. Ele se parece com o guia-pastor em seu papel de agregador, mas o pastor é mais ancorado no aqui-agora, enquanto o profeta se encontra em um além. O pastor é ainda um ser de silêncio, enquanto o profeta é uma palavra, uma voz: "Eu sigo uma voz que clama no deserto" (João 1: 23). Nem todos os traços que caracterizam o profeta são apropriados para construir o *ethos* do político: o profeta é frequentemente devotado a uma vida errante e à solidão, pois sua mensagem é tão exigente que ele é rejeitado, tornando-se um ser incompreendido. Mas outros traços dele são mais apropriados. O político poderá ainda pretender ocupar uma posição de *leadership* na cena política e aparecerá como um ser "inspirado", um "visionário", o depositário de uma fonte de inspiração misteriosa, o porta-voz de um terceiro que se encontra na onipotência do além: "Os profetas são figuras carismáticas às quais cabe o encargo de receber e transmitir a palavra divina", diz o *Dicionário enciclopédico do judaísmo*.²⁵⁵

Não se deve pensar que essa figura de profeta esteja reservada aos líderes das sociedades ditas arcaicas ou em desenvolvimento,²⁵⁶ onde a educação, em geral, e a educação política, em particular, são deficientes. Efetivamente, ela é encontrada no exemplo do presidente Macías Nguema, que governou

---

[252] *Le Monde*, 24 de maio de 1986. Ver também o estudo de Abélès (1991, p. 137).
[253] Alusão ao deus de Michelangelo na Capela Sistina.
[254] Ver Vion (1988).
[255] *Dicionaire encyclopédique du judaisme*, Cerf-Robert Laffont, Paris, 1996.
[256] Bayart bem explica essa questão (1996, p. 118).

a Guiné Equatorial de 1968 a 1979, quando foi deposto e executado, e que declarava: "No hay más Dios que Macías",[257] e em líderes que têm a tendência a tomar a si próprios pelo ser divino. Mas sem ir até casos como esses, pode-se dizer que a figura do profeta é uma tentação permanente para todo político na medida em que ela constrói, ao mesmo tempo, uma imagem de "pai" e de "inspirador do espírito", que propõe ao povo uma possibilidade de redenção, com a condição de que este o siga.

Entre os políticos franceses contemporâneos, o general De Gaulle foi um exemplo: visionário daquilo que devia ser a guerra moderna; imbuído de sua missão de salvador da França (como Joana D'Arc); possuído por uma fé indestrutível na resistência e no triunfo da França diante da ocupação alemã; e ainda visionário e guia, ante os impérios coloniais e à reivindicação de independência da Argélia.[258] Mas pode-se dizer também que François Mitterrand, ao abolir a pena de morte e agir por atos simbólicos em certos momentos-chave da vida política francesa e internacional,[259] contribuiu para fabricar para si tal imagem. Pode-se ver, na mesma marcha ritual à rocha Solutré, que acabamos de evocar, índices do homem profético: a escolha do dia de Pentecostes, que anuncia uma nova era com a aparição do Espírito Santo sobre os apóstolos; o fato de se fazer seguir por seus fiéis (família, amigos, próximos) como se se tratasse de seus discípulos, de fazer declarações mais ou menos sibilinas, que pretendem ser tanto mensagens que anunciam acontecimentos futuros quanto uma maneira de evocar a República, valor supremo da história da França. Estão aqui dois exemplos de sucesso de um *ethos* de "chefe-profético", mas há outras tentativas que conhecem sucessos variáveis e circunstanciais: Jacques Chirac com o *slogan* da "fratura social"; Jean-Marie Le Pen ao defender, de maneira brutal, os valores da "França profunda" e da "preferência nacional" contra a invasão do território nacional pelos imigrantes.[260]

---

[257] Jogo com o nome espanhol "Macías" que lembra a palavra "Messias". Exemplo extraído de Bayard (1996, p. 120).
[258] A descoberta de seu diário íntimo mostra que, com 14 anos, ele já sabia que seria chamado a salvar a França.
[259] Em Sarajevo, ou na cerimônia de celebração da reconciliação franco-alemã (a mão entre as mãos de Helmut Kohl).
[260] Um profeta pode igualmente ser conduzido a alertar seu povo sobre os perigos que o ameaçam.

A figura do *chefe-soberano* é ligeiramente diferente da do guia, ainda que as duas possam ser confundidas em certos momentos históricos (Napoleão). A soberania, nós o mostramos, é o que funda a legitimidade do político. Ela é o imaginário cujas características serão vistas mais além. Trata-se aqui de ver como o político pode construir para si um *ethos* do que lhe permite assumir uma posição de fiador dos valores até o ponto de confundir-se com esses eles. Ele pode fazê-lo de diferentes maneiras.

De um lado, proferindo discursos que lembram quais são seus valores, de modo a *encarnar-se* neles: falar da democracia, da soberania do povo, da identidade nacional, do que devem ser as grandes linhas de um projeto político, celebrando o povo, o país, o regime institucional: "Os franceses esperam respostas que estejam relacionadas às preocupações constantes [...] de nosso tempo. [...] Quanto a mim, eu ficarei atento ao bom funcionamento das instituições da República [...]";[261] "A República é una e indivisível." Ele pode lembrar na mesma ocasião que não há soberania sem honestidade, que não seja desinteressada, que não tenha probidade e grandeza de alma:

> [a democracia] se funda permanentemente na discussão de problemas, nos compromissos firmados pelos homens que se oferecem para tornarem-se responsáveis e no mandato dado pelo país a esses homens para execução desses compromissos. Portanto, se essa probidade e esse respeito fundamental à verdade não existirem, não haverá, do mesmo modo, democracia.[262]

Por outro lado, tomando uma posição *acima do conflito*, o político deve mostrar que não entra no jogo das pequenas querelas politiqueiras, que se recusa a polemizar quando é diretamente implicado, de maneira a se dar uma estatura de homem que domina[263] a cena política: não se rebaixar ao nível dos agitadores, não se comprometer em vãs controvérsias, mas, ao contrário, elevar-se acima de tudo que poderia parecer conflitos estéreis. Na vida política francesa, é ainda o general De Gaulle que dá o exemplo

---

[261] Declaração de Jacques Chirac ao *Le Monde*, 4 de janeiro de 2001.
[262] Pierre Mendès-France, citado no *Le Monde*, 11 de novembro de 2000.
[263] Ver o estudo de Pirat (2002) sobre o vocabulário espacial que, na França, coloca o chefe de Estado em posição de dominação.

mais acabado dessa figura: ele provoca a ruptura com o governo de Vichy e se coloca acima das querelas políticas, lançando seu apelo do 18 de junho a todos os franceses de boa vontade, para que se unam contra a invasão alemã; ele toma partido contra a colonização e lança seu ambíguo "Eu os compreendi"; depois, em várias ocasiões durante seu mandato de presidente da República, declara-se acima dos partidos.[264]

Não é possível adotar tal atitude sem assumir alguns riscos. O de parecer muito distante em relação ao povo, indiferente às suas reivindicações, portanto, ser tachado de pessoa presunçosa, insensível ou mesmo arrogante. O de passar por idealista, incapaz de compreender a medida dos verdadeiros problemas que se colocam à nação, portanto, ser tachado de utopista, em seu sentido negativo, isto é, de incompetente e impotente, por falta de realismo ("É preciso ter os pés no chão").

Em situação de disputa, os políticos procuram mostrar que o adversário não está "à altura" de pretender dirigir a nação e rivalizam estratégias que buscam evidenciar quem se situa acima das contingências políticas, ora utilizando a estratégia da crítica indireta, ora guardando silêncio diante de uma crítica, ora deixando os outros falarem por ele. No discurso de abertura do ano legislativo no Palácio do Eliseu, sede do governo francês, em janeiro de 2001, o presidente Jacques Chirac afirmou, na presença de seu primeiro-ministro, que pertencia a um partido adversário:

> [...] as francesas e os franceses esperam de seus dirigentes que eles realizem sua missão no respeito à Constituição e aos valores de nossa democracia, tendo sempre em mente a preocupação com o interesse geral e com a dignidade do diálogo democrático.

Há aí ingredientes que deveriam testemunhar a estatura que deve ter o chefe de Estado, mas, em tempos de coabitação, essa frase só pode ser interpretada como uma crítica indireta ao governo do primeiro-ministro. Diante desse ataque, em uma circunstância em que não podia replicar, o primeiro-ministro decidiu se exprimir algum tempo depois:

---

[264] Apoiando-se sempre, é verdade, nos partidos de direita.

> Responsabilidade é partir do que se desejou fazer, fazer aquilo que se propôs fazer e considerar que se tem o dever de colocá-lo em prática e de prestar contas e não ficar saltando de um discurso a outro, de uma promessa a outra, sem jamais pensar que é o balanço das realizações que torna um projeto digno de crédito.[265]

Declaração um pouco alambicada que tinha por finalidade devolver a bola para o outro campo. Depois foi escolhida uma atitude de silêncio para tentar "banalizar [o adversário] e encerrá-lo em seu papel de comentarista da vida política".[266] Mas não replicar quando se é acusado, guardar o silêncio nos momentos de crise, pode ser contraprodutivo do ponto de vista do *ethos*. Outra estratégia: deixar que sua imagem seja construída por declarações de um terceiro, por exemplo, pelo ministro da Cultura, Jack Lang, ao comentar que o primeiro-ministro, Lionel Jospin, demorava a declarar sua candidatura à presidência da República, em razão da situação criada pelo governo de coabitação: "Eu constato que o primeiro-ministro coloca o interesse superior do país acima de querelas partidárias."

A figura do *comandante* participa das precedentes, mas de maneira mais autoritária, na verdade, agressiva. Trata-se aqui da imagem do senhor da guerra, daquele que pode ser levado a declarar guerras em suas fronteiras (ainda que apenas para desviar a atenção do povo de suas próprias misérias), a fazer declarações guerreiras contra inimigos próximos ou distantes, circunscritos a um país ou formando uma coalizão mais ou menos determinada. Pensamos nas declarações de George W. Bush contra Bin Laden após o atentado de 11 de setembro em Nova York ("Morto ou vivo"), ou nas numerosas declarações de Tony Blair, que se intitulava combatente-mor contra o terrorismo, e, mais distante no tempo, o "Nós os enterraremos" dirigido aos americanos por Nikita Kruschev. O comandante deve ter uma visão clara do que faz a diferença entre o bem e o mal, e, consequentemente, ao dizer-se esclarecido por uma força sobrenatural, indicar a via que segue para combater as forças do mal. George W. Bush, ao denunciar "O eixo do mal" e os "Estados fora da lei", preconizando fazer a guerra contra o Iraque

---

[265] Citado no *Le Monde*, 4 de janeiro de 2001.
[266] *Ibid*.

para reorganizar a região do Oriente Médio e implantar a democracia – isso sob a proteção de Deus –, adere perfeitamente a essa figura do comandante imbuído de messianismo profético.

Numerosos líderes de países orientais, africanos ou latino-americanos procuraram construir para si essa figura de comandante[267] e, com razão, foram chamados, ou são ainda chamados, de "líderes populistas", pois essa imagem é destinada a arrastar todo um povo atrás de si, em direção à sua salvação. Slobodan Milosevic tirou daí o argumento que utilizou em seu processo no Tribunal Penal Internacional para a Iugoslávia, quando declarou que era injustamente acusado de "ter defendido [sua] nação contra a agressão criminal exterior e de ter defendido [seu] povo contra o terrorismo".[268] Isso mostra a posição desconfortável na qual se coloca o líder político que joga com essa imagem: se ele atua como grande chefe, de modo excessivo, poderá ser recriminado em nome da soberania popular, que se encarregará de lembrá-lo de que ele é apenas um eleito do povo, a quem ele deve prestar contas; se, ao contrário, ele se mostrar excessivamente modesto em seu papel de líder, ou se ele se retirar após uma derrota, poderá ser recriminado em nome do fato de que "um chefe não abandona seu exército em plena derrota. O chefe morre com seu exército".[269]

Enfim, imagem suprema da soberania: o ato de *arrependimento*. Aquele que se faz arauto dessa mensagem se paramenta, ao mesmo tempo, de uma imagem de soberano absoluto. Efetivamente, não se perdoa qualquer um. É preciso, para isso, certas condições. O ato de arrependimento é um ato coletivo que apenas pode ser expresso por um de seus representantes devidamente investido (se não isso se torna um ato individual ou uma usurpação), que tem uma posição simbólica forte na visão dessa coletividade: o chefe de Estado, o chefe supremo de uma Igreja. O ato de arrependimento é um discurso que por sua própria enunciação implica, ao mesmo tempo, reconhecimento de uma falta cometida no passado e pedido de perdão às vítimas.

---

[267] O general Muammar Kadhafi, o aiatolá Khomeini, Saddam Hussein, Juan Domingo Perón e outros.
[268] Citado no *Le Monde*, 31 de outubro de 2001.
[269] Palavras proferidas por um político de esquerda, Georges Frêche, censurando Lionel Jospin por ter deixado a cena política depois de seu fracasso eleitoral em 21 de abril de 2002 (*Le Monde*, 5 de junho de 2002).

Para que haja o reconhecimento de uma falta, do ponto de vista da história, e o pedido de perdão coletivo, é preciso que aquele que profere o arrependimento se confunda com uma potência que recebe sua soberania da própria coletividade (as democracias) ou de um direito divino (as instituições religiosas). Assim, o *Eu* que declara esse ato[270] coloca-se em posição de mensageiro entre a entidade culpada (um país, um povo, uma nação, uma Igreja) e a entidade vítima, em nome de uma entidade que supera a entidade culpada e, desse modo, a salva: esse mesmo país, esse mesmo povo, essa mesma nação, essa mesma Igreja. Jacques Chirac fez isso em relação ao povo judeu em nome da França e dos franceses, e também Lionel Jospin, em relação aos fuzilados do *Chemin des Dames*:* ambos tornaram-se, então, "a França". A Igreja católica o fez, voltando-se para Deus (pois apenas Deus pode perdoar), mas tomando o povo judeu como testemunha: ela se confirma, assim, como "A Igreja de Deus". Willy Brandt, então chanceler da ex-Alemanha ocidental, fez o mesmo ao se ajoelhar em Varsóvia, em homenagem às vítimas do gueto: ele tornou-se desse modo "o povo alemão". É esse efeito de retorno sobre aquele que se faz porta-voz do ato de arrependimento que nos leva a dizer que esse sujeito constrói para si um *ethos* de "soberania absoluta": em função de seu papel de mediador, ele, ao mesmo tempo, se faz portador de uma missão sagrada marcada pela história, torna-se o porta-voz de uma voz toda poderosa, desse grande Outro da soberania que diz a "expiação", e confirma, desse modo, e de maneira absoluta, a legitimidade de sua posição em relação àqueles que representa, os quais podem identificar-se com ele sem sentirem-se culpados.

É preciso notar que, de modo contrário, a *recusa do perdão* também pode construir um *ethos* de "soberania", ainda que de maneira mais autoritária. Efetivamente, é preciso que essa recusa seja justificada, e ela só pode sê-lo se a falta cometida for julgada "inexpiável". Nesse momento, aquele que recusa

---

[270] Trata-se, aqui, de um "ato performativo".

* N.T.: Durante a Primeira Guerra, entre abril e maio de 1917, o fracasso da ofensiva do *Chemin des Dames*, contra os alemães, provocou a morte de cerca de 250 mil soldados franceses e britânicos. As tropas se amotinaram e 49 soldados foram fuzilados sob as ordens do Marechal Pétain. Em 5 de novembro de 1998, Lionel Jospin pede perdão aos fuzilados e os reintegra à "memória coletiva" francesa, ato que acarretou pesadas críticas do presidente Jacques Chirac.

o perdão só pode fazê-lo decretando que a mais alta concepção da moral o exige e, portanto, que seu julgamento é o único que se impõe e deve ser partilhado pelo conjunto da coletividade (o que é um golpe de força, pois, na maior parte do tempo, há oponentes a tal atitude). O general De Gaulle, ao recusar a Pétain uma sepultura com honras nacionais, coloca em destaque o caráter inexpiável da traição, cometida pelo chefe do governo de Vichy, e engrandece a si mesmo ao fazer-se portador de um valor sagrado supremo: "a honra de um país". Entram aqui em conflito o "dever de perdão" e o "dever da memória". O primeiro dever é uma incitação ao esquecimento, enquanto o segundo obriga a não esquecer (no campo de Drancy, conjunto de instalações onde os judeus que seriam deportados aguardavam seu destino final, entre os trilhos que levam a um vagão de deportados, pode-se ler: "lembra-te"). Recentemente, alguns políticos também foram tentados a fazer coexistir esses dois deveres:

> A reconciliação exige o fim do *apartheid* e das medidas que o sustentaram. Ela exige que dominemos as consequências desse sistema humano que sobreviveu em nossos comportamentos uns em relação aos outros, assim como na pobreza e na desigualdade que abateram milhões de seres [...]. Penso naqueles que o *apartheid* procurou encerrar nas prisões do ódio e do medo. Penso também naqueles a quem o *apartheid* deu um sentimento enganoso de superioridade para justificar suas atitudes cruéis para com os outros, também naqueles que foram alistados nas máquinas de destruição, que exigiram deles um pesado tributo do corpo e alma, dando-lhes um desprezo corrompido pela vida [...]. Os sul-africanos devem se lembrar do terrível passado de maneira a poder trabalhá-lo, perdoar quando o perdão for necessário, mas jamais esquecer. Lembrando-nos, nós nos asseguraremos que jamais uma tal barbárie nos matará, e eliminamos uma herança perigosa que permanece uma ameaça para nossa democracia.[271]

Tal atitude faz fundir, na mesma pessoa, o *ethos* de *soberania sagrada*, que lhe é atribuído pelo ato de arrependimento, e o de *autoridade humana*, que lhe é dado pelo caráter combativo daquele que lutou pela liberdade.

---

[271] Nelson Mandela, *Le Monde*, 7 de agosto de 1999.

Enfim, não se confundirá o ato de arrependimento e o ato de *redenção*, ainda que uma sobreposição entre os dois seja possível. O ato de redenção é fundado sobre um sacrifício voluntário de seu autor, sacrifício que faz com que este carregue uma falta coletiva – mesmo que ele próprio não a tenha cometido – e que lhe permite resgatá-la. É o esquema da redenção cristã: a expiação do pecado dos homens pela morte do Cristo na cruz. Ato de graça que não supõe nenhuma obrigação para com aquele que é o autor. No arrependimento não há sacrifício, mas os dois atos se encontram no efeito de salvação que eles produzem, ainda que de maneira diferente. A redenção salva a comunidade dos homens por meio do sacrifício consentido. O arrependimento age de maneira mais restrita, pois salva apenas uma comunidade definida, mas a salva duplamente: dela mesma, na medida em que, sem esse chefe, não teria havido a iniciativa, e a salva de uma parte dela mesma, daqueles que seriam contra essa iniciativa.

O *ethos* de "solidariedade"

O *ethos* de "solidariedade" faz do político um ser que não somente está atento às necessidades dos outros, mas que as partilha e se torna responsável por elas. A solidariedade caracteriza-se pela vontade de estar junto, de não se distinguir dos outros membros do grupo e, sobretudo, de unir-se a eles a partir do momento em que se encontrarem ameaçados. Aquele que é solidário não está em uma posição diferente da dos outros; ele partilha as mesmas ideias e os mesmos pontos de vista de seu grupo e vai ao encontro das ideias e dos pontos de vista dos outros grupos. A solidariedade não é compaixão. A primeira se quer igualitária e recíproca; a segunda caracteriza-se por um movimento assimétrico entre um indivíduo que sofre e outro que, apesar de não sofrer, está, no entanto, emocionado pelo sofrimento alheio.

No domínio político, a figura da solidariedade se constrói em uma relação de reciprocidade entre atos e declarações. Pode-se ser solidário de maneira silenciosa, ao associar-se a manifestações (a marcha branca na Bélgica, ocorrida em 20 de outubro de 1996 e que reuniu centenas de milhares de pessoas que assim demonstraram sua solidariedade aos pais das vítimas da pedofilia, com a exigência de providências urgentes do governo; as manifestações silenciosas contra o terrorismo do ETA no país basco espanhol); ao propor *slogans* ("Isso nunca mais!", "*Basta ya!*"). Para o político, ser solidário é mostrar que as opiniões (ou as decisões) dos membros de seu grupo são partilhadas e defendidas por ele. A questão que se coloca, então, é a de saber qual é a natureza desse grupo. De fato, um político pode ser levado a sentir-se solidário com seu partido, seu governo, sua família ideológica, seu país, ou mesmo além, em circunstâncias extremas, com sua cultura (latina, germânica, anglo-saxã, anglo-americana), com sua civilização (ocidental, oriental, asiática). Para que se manifeste essa solidariedade, é preciso, portanto, uma *ideia* a ser defendida, um *grupo* que se identifique como portador dessa ideia, *circunstâncias* (sobretudo quando o grupo está ameaçado) que desencadeiem esse movimento identitário. Todo movimento de solidariedade passa por um processo de identificação de um grupo por meio de uma ideia, um valor.

Vê-se manifestar esse processo identitário em reuniões eleitorais em que se demonstra, de maneira empática, a coesão do grupo em torno de determinado número de ideias fortes: declarações no rádio, na televisão ou na imprensa que afirmam a existência e a vontade de um grupo: "Nós, mulheres e homens de direita/de esquerda [...]", "Nós, os gaullistas, somos uma família de pensamento [...]", "Nós os herdeiros de Jaurès[*] [...]"; e *slogans* de rua como o famoso "Somos todos judeus alemães", de Cohn-Bendit, em 1968, frase que serviu de matriz para inúmeras variantes, até o "Somos todos americanos", após o atentado de 11 de setembro de 2001.

O político que quer parecer solidário terá interesse em mostrar-se consciente das responsabilidades que cabem a ele próprio e a seu governo, caso contrário, sua imagem como indivíduo poderá ser abalada. Na ocasião das inundações que atingiram certas regiões da França,[272] em janeiro de 2001, o eleito local, Alain Madelin, prefeito de Redon e, ao mesmo tempo, presidente da Democracia Liberal, declarou: "[...] a não ser que construamos uma muralha da China em torno da cidade, tudo bem vedado, não há nada que se possa fazer." Quis dizer, assim, entre outras coisas, que o poder local – assim como o Estado – nada poderia fazer diante daquela situação e deu mesmo a

---

[*] N.T.: Jean Jaurès (Castres, 1859 – Paris, 1914), jornalista e político francês. Pacifista, foi um dos principais líderes do socialismo na França, tendo lutado contra movimentos nacionalistas.

[272] Em Ille-et-Vilaine e no Finistère.

entender que, no futuro, nada poderia contra a força dos elementos naturais. O então primeiro-ministro, Lionel Jospin, encontrando-se no local para constatar os prejuízos – prestando, assim, um ato de solidariedade para com os habitantes das comunas sinistradas – adotou partido contrário ao declarar:

> É preciso tirar certo número de lições sobre as formas de urbanização, os bairros onde implantamos atividades, onde autorizamos construções. Ao mesmo tempo, há toda uma reflexão a ser feita também sobre a evolução da agricultura.[273]

Jospin deixava entender, assim, que o Estado tinha uma responsabilidade de solidariedade e que não deveria aceitar o "fatalismo" de um Estado liberal. O primeiro, sob a proteção do falar franco, mostrava-se partidário de um desengajamento dos poderes públicos em relação a certos acontecimentos da vida social, o segundo mostrava-se preocupado com o papel que deveriam desempenhar os poderes públicos nessas mesmas circunstâncias: ele mostrou-se solidário. Isso supõe, portanto, que o político "se põe a ouvir" seus administrados.

Ouvir é sempre valorizado, particularmente nas sociedades em que a palavra prolifera. "Escutar", "saber ouvir", "estar atento" são expressões que denotam uma atitude de consideração para com os outros, seus problemas, seu sofrimento, mas também para com suas necessidades. Essa atitude tem a virtude de mostrar que se respeita esse outro pelo que ele é, sem ter a pretensão de julgá-lo, mas conferindo-lhe sua legitimidade de ser. Assim pode-se dizer que: "ouvir é fazer existir".

Essa atitude manifesta-se fundamentalmente pelo silêncio, o que, evidentemente, é um problema para o político, que deve confirmar sua credibilidade pelo discurso. Ele deve saber gerir suas declarações imaginando, segundo as circunstâncias, o efeito que elas poderiam produzir. Inicialmente, em relação a ele próprio: falar demais pode ser a fonte de imagem negativa (o grande orador que não age, faz promessas e não as mantém, faz declarações tonitruantes, mas é impotente); mas não falar, falar muito pouco, apresenta o risco de fazê-lo desaparecer da cena política ou de atribuir-lhe

---

[273] Citado no *Le Monde*, 11 de janeiro de 2001.

uma imagem de impotência: justificar seu silêncio, afirmando que se trabalha de maneira eficaz no silêncio dos gabinetes ministeriais e que não há necessidade de se perder em grandes declarações, não apresenta sempre o melhor resultado em relação aos administrados que têm necessidade de serem tranquilizados.[274] Em seguida, em relação aos adversários: replicar imediatamente as declarações dos oponentes para não lhes deixar livre o terreno do comentário, para não deixar passar nenhuma de suas críticas, pode construir uma imagem positiva de combatividade, mas também negativa, a de político que se deixa arrastar por polêmicas estéreis da politicagem e que não demonstra nenhuma altivez. Entretanto, não replicar, deixar ao outro o campo livre para que ele exerça sua atividade crítica desenfreada, é assumir o risco de demonstrar submissão.[275]

Assim, o político é conduzido a dizer que ouve o povo: "Viajei pelo Canadá, e aqui está o que as pessoas me disseram",[276] que ele consultou as autoridades locais, colheu opiniões de associações de cidadãos etc.: "Um chefe de governo deve estar atento, não pode ficar imobilizado."[277] Deve afirmar que é levando em consideração a opinião pública, com conhecimento de causa, que ele decide realizar determinada política. Isso também pode ser destacado nos cartazes eleitorais como os de Jacques Chirac em 1988, cujo slogan – colocado acima do retrato do candidato que olha de frente e sorri – declarava: "Ele ouve".

De maneira geral, não há discurso político que não esteja pontuado de fórmulas como "Os franceses querem mais justiça", "Os franceses e as francesas pedem mais segurança", "A França tem necessidade de respirar" etc., fórmulas que não garantem que tenha havido consulta ao povo, mas que dizem "Eu os compreendi".

---

[274] Foi o caso de Lionel Jospin, que respondeu de forma desafiadora que ele e sua equipe "trabalhavam", e que ele não tinha obrigação de fazer grandes declarações. "Tenho a impressão de cumprir com honradez meu dever, de trabalhar pelo meu país, de pensar apenas nisso no exterior de tudo que inspira minha vida de homem" (*Le Monde*, 21 de outubro de 2001).

[275] Aqui também foi o caso de Lionel Jospin que, em uma situação de coabitação, devia resolver o problema de saber quando replicar e quando permanecer em silêncio. As réplicas frequentemente vinham de seu gabinete, para evitar que ele fosse presente demais como pessoa.

[276] Jean Charest, em debate eleitoral, citado por Martel (2000, p. 243).

[277] Entrevista de Lionel Jospin ao canal de televisão francês TF1, 19 de outubro de 2001.

Alguns procedimentos linguísticos

Empregamos o termo "procedimento" por comodidade. Não é preciso deduzir que os meios discursivos, com a ajuda dos quais é encenado o *ethos*, resultam de uma intenção e de um cálculo voluntários da parte do sujeito que fala. Ele os emprega de maneira mais ou menos consciente e são mais ou menos percebidos e reconstruídos pelo interlocutor ou pelo público.

Os procedimentos discursivos que contribuem para a fabricação do *ethos* são numerosos e diversos. Além disso, cada um deles só vale se combinado com os outros, podendo um único procedimento produzir ao mesmo tempo efeitos diversos: é capaz de construir uma imagem positiva do orador ou negativa do adversário no mesmo instante em que poderia tocar o afeto do auditório. Assim, as já citadas palavras de um Jean-Pierre Chevènement – "A Alemanha ainda não se curou do delírio que foi o nazismo em sua história" –, em reação a uma declaração do ministro alemão das Relações Exteriores, Joschka Fischer, que propunha a construção de uma Europa federal, ao mesmo tempo tocaram a fibra patriótica de alguns franceses, para os quais toda tentativa de federalismo é uma ameaça para a integridade da nação, chocaram os partidários da reconciliação alemã e de uma Europa predominantemente franco-alemã e construíram uma imagem de Chevènement de *fiel republicano*, para uns, de *provocador*, para outros, ou, para outros ainda, de *velho republicano antiquado*.

Acrescentaremos que não se devem confundir esses procedimentos com uma técnica de persuasão tal como ela é empregada no *marketing* político. Os procedimentos podem ser utilizados a qualquer momento, mas para poder julgar sua eficácia é preciso levar em conta o conjunto das circunstâncias que presidem seu emprego (valores da época, situação de comunicação, personalidade do orador etc.). Além disso, essa eficácia é, na maior parte do tempo, medida *a posteriori*. Diremos, por exemplo, que o *ethos* de "inteligência" que parecia mostrar Giscard d'Estaing (a brilhante e jovem raposa que sabe tudo, dá lições e assume uma posição de superioridade) foi-lhe favorável nas eleições presidenciais de 1974, no cara a cara com Mitterrand, e desfavorável em 1981, diante do mesmo candidato; e explicaremos que é porque o público era sensível a um *ethos* de "superioridade" em 1974, mas estava saturado dele em 1981. Do mesmo modo, constataremos que os discursos alarmistas que procuram tocar o público e nele inocular o temor em relação ao estrangeiro, dotando aquele que os pronuncia de uma imagem de chefe combativo e de salvador da pátria, não terão chances de atingir seu auditório senão em situações políticas de crise (desemprego, insegurança, quebras financeiras, mal-estar social).[278]

Não se trata aqui de fazer uma lista exaustiva desses procedimentos, nem de descrever uma espécie de retórica do discurso político, mas de colocar em evidência alguns dos modos de expressão capazes de produzir efeitos de *ethos*, sabendo que o resultado não pode ser garantido de antemão. Numerosas monografias existentes já se dedicaram a descrever alguns desses procedimentos,[279] e é nelas que nos apoiaremos para propor essa tipologia.

Os procedimentos expressivos

Trata-se aqui de caracterizar a enunciação da palavra em sua forma oral. Cada locutor tem uma maneira de falar que lhe é própria, mas que ao mesmo tempo depende de comportamentos e de papéis sociais bem repertoriados.

---

[278] Podemos observar que a audiência de um Jean-Marie Le Pen, exaltando "a preferência nacional", uma polícia autoritária ou a diminuição de impostos aumenta ou cai segundo essas situações de crise.

[279] Ver, entre outros, diferentes estudos da revista *Mots*, da Fundação de Ciências Políticas e das Éditions de l'ENS, de Lyon.

Assim, ouviremos dizer que alguém fala ora com um tom "autoritário, doutoral, açucarado, ou sedutor", ora como "professor, militar, camponês, jurista etc.". Evidentemente, constituem tanto julgamentos intuitivos quanto representações que, entretanto, estão fundadas em diversos fatores, entre os quais o caráter vocal das produções verbais, pois a maneira de falar de um locutor caracteriza-se sempre por certa *vocalidade*.

Como se sabe, a vocalidade pode ser estudada com a ajuda de diversos aparelhos acústicos, que permitem medir a velocidade da elocução (ou dicção, para falar de modo popular), a escansão da construção de frases, o ritmo, ou descrever a maneira de articular as sílabas, de acentuá-las, de fazer ligações e pausas entre o fim de uma palavra e o início de outra etc. No entanto, é sobretudo na percepção global ou empírica das características desses componentes que se apoia o sentimento popular para fazer (com erro ou acerto) esses julgamentos. É nesse sentimento popular que nós próprios nos apoiaremos para categorizar a vocalidade[280] dos políticos, distinguindo: o "bem falar", o "falar forte", o "falar tranquilo", o "falar regional".

O "bem falar"

O "bem falar" resulta da ideia que possui um grupo linguístico sobre o que deveria ser uma maneira de falar elegante, culta, que tem estilo. São tantos qualificativos que, longe de se referirem a um falar padrão, acabam por designar, ao mesmo tempo, as qualidades do orador e sua posição elevada na hierarquia social. O efeito do bem falar sobre o político pode ser variável. Se esse bem falar é percebido como testemunha de um elevado "capital cultural",[281] ele legitima também a posição de elite daquele que fala. O efeito junto ao público será, então, positivo, e este poderá identificar-se ou, ao menos, aderir ao discurso do orador. Mas se esse bem falar é percebido como denotando uma classe social contra a qual se luta ("Ele fala como um burguês"), como uma manipulação ("Ele fala muito bem para

---

[280] Assinalamos que Maingueneau (2000 e 2002) utiliza o conceito de "vocalidade" de maneira mais ampla, de modo a englobar o nosso.
[281] Segundo as noções de Bourdieu.

ser honesto") ou como uma marca de impotência ("Ele fala, fala, e é tudo o que sabe fazer"), então o efeito será negativo.

O bem falar é expresso com a ajuda de diversos procedimentos semiológicos, mas possui certas características de vocalidade: um *tom* de voz nem muito forte nem muito fraco (um político não deve apresentar marcas de timidez ou de temor); uma *dicção* lenta, índice de controle de si e de preocupação em ser entendido, não muito lenta, entretanto, para não parecer demasiado "professoral" e não ter o ar de quem infantiliza o público; um *ritmo* bem cadenciado na produção de frases, controlando pausas fortes e fracas com uma acentuação apropriada das sílabas para que nem elas sejam marteladas, nem o ritmo seja percebido como o de uma declamação (quem aprende e recita de cor pode ser suspeito de artificialidade); uma *articulação* das sílabas também estudada, que evita, de um lado, uma pronúncia martelada como a das ordens militares e, de outro, um relaxamento articulatório, que criaria obstáculos à compreensão e denotaria da parte do orador uma atitude de indiferença para com seu público, como uma pessoa que "fala para dentro"; enfim, uma *pronúncia* que convém a uma elocução bem cuidada, que também denota o controle de si e lembra, ao mesmo tempo, que se está diante de um orador culto e preocupado em se fazer compreender por seu público, com a condição, contudo, de evitar excessos, a ponto de fazer pronúncias "desastradas" que poderiam colocar o orador em uma posição ridícula.[282]

A vocalidade do bem falar contribui, portanto, para a fabricação de um *ethos* de elite culta e profissional. Todavia, pode haver contraexemplos. Poder-se-ia pensar que um homem (ou uma mulher) que tem voz fraca, monótona e apagada não teria nenhuma chance de obter sucesso na cena política, a qual exige que, pelo menos, se faça ouvir. O *ethos* seria aqui bastante negativo. Entretanto, viram-se muitos políticos fazerem sucesso com fracas qualidades oratórias. Esse foi o caso, na França, de Gaston

---

[282] Observemos o descompasso que pode surgir entre a percepção que a população tem da maneira de falar dos políticos e o que revela a análise técnica que pode ser feita desse falar. Um estudo mostrou que "as ligações entre o fim de uma palavra e o início de outra, em Jacques Chirac, nada tinham de exageradas (Afoutou e Renault, 1995, p. 56). Entretanto, os comentários sobre as "ligações tardias" de Chirac se espalharam rápido, a ponto de serem caricaturadas pelo programa de televisão "Les Guignols de l'info", apresentado por bonecos e marionetes que têm as feições dos políticos franceses mais conhecidos.

Defferre, que apesar de sua "pequena voz" foi um brilhante advogado e teve uma carreira política ainda mais notável, particularmente como prefeito de Marselha, governada por ele durante cerca de trinta anos, e depois como ministro do Interior. Na época, o jornal *Le Monde* dizia: "O homem que não brilha, mas que pesa." Ele produziu, portanto, uma reviravolta do *ethos* para que características *a priori* negativas fossem percebidas como positivas. O *ethos* de "potência" foi substituído pelo de "inteligência" e de "caráter", segundo o comentário da época: "O pequeno homem de sobretudo cinza e de chapéu de aba que sabe o que quer e que seduz." O passar despercebido e a modéstia podem se tornar garantias de vontade e de habilidade.[283] Poder-se-ia igualmente destacar o efeito perverso de características do "falar bem demais" quando estas são sentidas como resultado de um aprendizado sistemático e laborioso. Elas se voltam contra o orador político que então é julgado artificial e não autêntico. Foi o caso de Jean Lecanuet que, após ter causado sensação em 1965, na primeira campanha eleitoral à Presidência da República transmitida pela televisão francesa – pois o público não tinha ainda aprendido a decodificar a semiologia das apresentações televisivas –, foi desacreditado em seguida: sua gestualidade, suas mímicas, seu tom de voz foram mais percebidos como os de uma marionete que os de um político autêntico.

O "falar forte"

O "falar forte" evoca um imaginário de "potência". O orador deve, evidentemente, apresentar um físico considerável: um porte e certa corpulência capazes de demonstrar força (um personagem pequeno e franzino terá dificuldade em evocar força); uma gestualidade ampla e enérgica, assim como certa encenação do desempenho oratório (palanque, decoração, multidão etc.), tais como as que se pode ver nas imagens de certos comícios.

---

[283] Esse fato, em outro discurso diferente do político, lembra o escritor Patrick Modiano que quando entrevistado tinha dificuldade de articular três palavras de maneira coerente, mas que possuía uma escrita sólida. Uma pesquisa mostrou que as pessoas diziam: "Ele se exprime mal, mas como escreve bem!". Assim foi salvo por um *ethos* que se poderia pensar como negativo. Ao contrário, por outro lado, aquele que fala bem demais pode ser suspeito de frivolidade.

Mas é preciso ter também uma voz forte (de trovão) vinda do fundo do peito, bem timbrada, capaz de ocupar um grande auditório com ressonância (às vezes, a regulagem sonora ajuda). É preciso também que a dicção não seja nem muito lenta nem muito rápida. Pode ser relativamente acelerada, mas deve ser compensada por uma pronúncia bem articulada a fim de evitar que as palavras do orador se tornem inaudíveis. Conhece-se o caso de certos líderes latino-americanos, como Fidel Castro, cujos discursos em público podem chegar a oito horas de duração, sem interrupção, mas conhece-se também na França o caso de oradores como Jean-Marie Le Pen ou o ex-ministro e ator Bertrand Tapie (cuja teatralização é, entretanto, diferente). Isso mostra que os julgamentos sobre a vocalidade relacionam-se à cultura e que, ao mesmo tempo, o falar forte é percebido em todos os lugares como o contrário de um "falar frouxo":[284] ele constrói um *ethos* de líder político poderoso e combativo.

O "falar tranquilo"

O "falar tranquilo" pode evocar vários *ethé*: de "caráter", de "inteligência", de "chefe", para os quais é requerida uma força de alma interior. Ele se caracteriza por uma dicção lenta, mas acompanhada de um tom de voz que não é nem terno nem estrondoso. Ele se aproxima da conversação familiar, mesmo da confidência entre amigos. Entretanto, a articulação, sem ser exageradamente marcada, deve ser compreensível, o fraseado habilmente entrecortado de incisos, de parênteses, mas controlado de maneira a dar impressão de uma grande simplicidade natural e de modo a evitar o tartamudear. Políticos franceses como Georges Pompidou ou François Mitterrand eram exímios na arte dessa simplicidade natural. Para observá-la, basta ouvir de novo suas declarações na televisão e rever os debates televisivos dos quais participaram.

Essa vocalidade do falar tranquilo contribui para construir uma figura de *soberano paternal*. De fato, exprimir essa força tranquila remete à ideia de que uma pessoa seja capaz de controlar suas pulsões primárias e de que ela alimenta em seu íntimo uma força fora do comum, capaz de se encarregar dos problemas do mundo.

---

[284] Grupo Saint-Cloud (1995, p. 81).

O "falar regional"

O "falar regional" pode ser igualmente citado como procedimento expressivo, apesar de não poder ser fabricado voluntariamente (exceto pelos humoristas). É, provavelmente, por essa razão, portador de uma marca de autenticidade. Ao mesmo tempo em que revela o torrão natal ao qual pertence o orador, estabelece uma relação de proximidade com aqueles que participam dessa mesma origem.

Ele se manifesta pelo que se chama um *sotaque regional*, e seu emprego, não se limitando a evocar uma região de origem, lembra que o país (ou antes, a nação, pois outrora era a região que era chamada de país[285]) se compõe de diversas entidades regionais frequentemente ocultas ou esquecidas por "esses senhores da capital". Frequentemente, criticam-se estes últimos por negarem suas origens interioranas (a ponto de perderem o sotaque) e de dirigirem o país sem levar em conta as realidades regionais. Ao contrário, falar com forte sotaque regional pode trazer vantagens ao político. Assim é com um Charles Pasqua, cuja carreira política não sofreu entraves por causa de seu forte sotaque rococó, típico do sul da França. É verdade que esse falar local se combina com um falar forte, que o permitiu jogar habilmente com essa dupla vocalidade para construir para si uma figura de *defensor da soberania nacional*: a defesa dos valores primeiros da nação como valores de autenticidade do torrão natal.

É fato que o falar regional pode ter efeito contrário. Tudo depende do contexto cultural. Em um país como a França, cuja história é marcada por uma revolução que, pela preocupação igualitária – talvez excessiva –, laminou as diferenças regionais e por muito tempo condenou o uso de suas respectivas línguas, relegando-as ao nível de patoá, a identidade nacional é marcada por um superego republicano unitário. Diante desse fato, falar francês com sotaque do torrão natal foi por muito tempo considerado pouco sério, ao menos em certos meios. Posteriormente, isso foi admitido pelos artistas e pelos contistas porque "dá a cor local",[286] mas pouco recomendado para os

---
[285] "Volem viure al pais."

[286] Ainda que muitos comediantes e cantores tenham disfarçado seu sotaque quando "ascenderam à Paris" (conhece-se o caso do ator e cantor Yves Montand), eles puderam recuperá-lo no momento oportuno, depois de terem alcançado a notoriedade.

jornalistas do rádio ou da televisão (exceto para os apresentadores da previsão do tempo), para certos postos de responsabilidade na administração, e pouco aconselhado para os políticos eleitos que desejavam ter uma carreira nacional. Dir-se-á que, no que concerne à França, isso mudou bastante, mas não se dirá também que a cada vez que Charles Pasqua fala na televisão tem-se a impressão de ouvir o comediante Fernandel?* A vocalidade do falar local constrói um *ethos* ambíguo ora de "autenticidade", ora de "humanidade", ora de "malícia", ora, infelizmente, de "caipira".[287]

Os políticos que procuram convencer e seduzir o maior número de seus concidadãos não se furtam a utilizar todos os meios. Isso pode se traduzir no recurso a vários procedimentos expressivos para construir um *ethos* adequado à situação de comunicação: De Gaulle recorreu, conforme as circunstâncias, tanto a um bem falar, quanto a um falar forte ("a balbúrdia"); Giscard d'Estaing, a um bem falar simples e eficaz; Pompidou e Mitterrand, a um bem falar elegante e culto, um falar tranquilo, mas raramente um falar forte.

Os procedimentos enunciativos

Os procedimentos enunciativos permitem àquele que fala colocar-se em cena (enunciação "elocutiva"), implicar seu interlocutor no mesmo ato de linguagem (enunciação "alocutiva"), apresentar o que é dito como se ninguém estivesse implicado (enunciação "delocutiva").[288]

A enunciação "elocutiva"

A enunciação elocutiva é expressa com a ajuda dos pronomes pessoais de primeira pessoa acompanhados de verbos modais, de advérbios e de qualificativos que revelam a implicação do orador e descrevem seu ponto de vista pessoal: "*Eu* contesto", "*Eu estou certo* de que juntos venceremos",

---

* N.T.: Também natural do sul da França, Fernandel (Marseille, 1903 – Paris, 1971), foi um dos comediantes mais populares do cinema francês, citado, por exemplo, por Albert Camus em *O estrangeiro*.

[287] Talvez fosse o caso de dizer "jeca", dado o caráter desprezível desse julgamento.

[288] Para essas categorias, ver Charaudeau (1992, capítulo 14).

"*Nós somos* capazes de modernizar nosso país", "*Eu decidi* ser candidato", "*Eu confesso* a vocês que [...]", "Ao menos, é a *minha opinião*".

Algumas dessas modalidades elocutivas contribuem para fabricar um *ethos* correspondente às imagens e figuras anteriormente descritas. A modalidade do *compromisso*, por exemplo, coincide com a figura de *guia supremo*: "É a razão pela qual *eu desejo* reunir os franceses. *Eu* lhes *ofereço* uma grande ambição [...]";[289] "Se eleito, *irei empenhar-me* em reduzir os impostos"; "E de todas *minhas forças*, e de todo *meu coração*, quero fazer da França, para cada um de nós, um país mais forte, mais livre, mais justo, mais unido e mais fraterno."[290] A modalidade da *convicção* tem pontos em comum com o *ethos* de "virtude": "Quando se crê, como *eu creio*, na capacidade da França, não se pode aceitar, e *eu não aceito*, que um francês, homem ou mulher, permaneça à beira da estrada [...]";[291] "O primeiro desses objetivos é a Europa [...]. *Eu jamais deixei de acreditar*, jamais deixei de querer."[292] A modalidade da *confissão* pode evocar o *ethos* de "humanidade": "Eu gostaria, nesta noite, de lembrar-lhes *quem sou, o que faço*, e qual é o sentido de *meu* engajamento. [...] *Eu sou um homem* ponderado, tolerante, aberto."[293]

A enunciação elocutiva expressa com a ajuda do "nós" contribui frequentemente para a instalação de um *ethos* de "solidariedade" na convicção, no dever ou na ação: "Mas não haverá França unida, [...] a não ser que, ao mesmo tempo, lutemos contra as injustiças, que *nós corrijamos* as desigualdades e que *nós escolhamos* a solidariedade";[294] "Mas *nós não poderemos ganhar* juntos a não ser que a França reencontre seu lugar na Europa, pois é lá que se joga *nosso destino*."

A modalidade de *rejeição* (recusa ou retificação das palavras do outro, do adversário) evoca, ao mesmo tempo, o *ethos* de "sério", que se opõe à mentira; a figura do *combatente*, que afronta o adversário; o *ethos* de *chefe*, que não admite que o povo seja enganado. Essa modalidade é frequentemente

---

[289] Propósitos de Raymond Barre citados no Grupo Saint-Cloud (1995).
[290] Propósitos de Jacques Chirac citados no Grupo Saint-Cloud (1995).
[291] *Ibid*.
[292] Propósitos de François Mitterrand citados no Grupo Saint-Cloud (1995).
[293] Propósitos de Barre citados no Grupo Saint-Cloud (1995).
[294] Propósitos de Mitterrand citados no Grupo Saint-Cloud (1995).

empregada nos debates políticos: "[...] neste ponto, *eu contesto* suas palavras, mas deixo, uma vez mais, que os que nos escutam retifiquem-nas eles próprios"; "[...] para dizer a verdade, *eu não aceito*, eu o digo aos franceses que nos escutam, as recriminações das quais o senhor se fez intérprete [...]";[295] "[...] mas *recuso a demagogia*, os franceses são pessoas sérias, responsáveis, maiores de idade [...]".[296] Em várias ocasiões, no decorrer de um debate televisivo que opunha Jean-Marie Le Pen a Bernard Tapie, o apresentador do programa contestou os dados apresentados pelo primeiro, relativos ao número de imigrantes na França, e apresentava outros menos eloquentes. A todo momento, Le Pen retorquia: "*contesto*, [...] *contesto*, [...] *contesto* os números, [...]", para terminar com: "*Contesto* seus números que são de fato [...], que são os números oficiais do Ministério do Interior."[297]

A enunciação "alocutiva"

A enunciação alocutiva é expressa com a ajuda de pronomes pessoais de segunda pessoa, igualmente acompanhados de verbos modais, de qualificativos e de diversas denominações que revelam, ao mesmo tempo, a implicação do interlocutor, o lugar que lhe designa o locutor e a relação que se estabelece entre eles: "O senhor deve saber que...", "O senhor não pode não querer que...", "esteja certo que..." etc. Essa maneira de implicar o interlocutor tem, portanto, o efeito de fabricar, em contrapartida, determinada imagem do locutor. Aqui, também, diversas modalidades alocutivas contribuem para fabricar certas figuras de *ethos*.

Em primeiro lugar, as modalidades de *tratamento*[298] (ou de interpelação) que, ao identificarem o público como cidadão que participa da cena política, legitimam aquele que fala: "Meus caros compatriotas...", "Caros cidadãos...", "Francesas, franceses..." são tratamentos obrigatórios de toda declaração política. Às vezes, o termo especifica a filiação do orador a um

---

[295] Propósitos de Mitterrand citados por Trognon e Larue (1994).
[296] Propósitos de Chirac citados por Trognon e Larue (1994, p. 88).
[297] Propósitos de Le Pen citados por Trognon e Larue (1994, p. 81).
[298] Ver Charaudeau (1992, § 590).

grupo particular ou a um partido: "Caros camaradas..." para o partido comunista francês, "Caros companheiros..." para o partido gaullista. Trata-se de um *tratamento legitimador* que constrói uma figura de *chefe soberano*. Às vezes, o político é levado a interpelar seu próprio público para melhor fazê-lo aderir à sua argumentação: Madelin, quando de um debate com jovens da periferia, vendo que seu discurso não era entendido, interpelou diretamente um deles, tomando-o como exemplo: "Quando você se chama Ahmed Machin e diz que vem deste lugar, eu imagino que seu currículo não está no topo da pilha."[299] Nos debates, a modalidade de interpelação é, na maior parte do tempo, orientada para o adversário. Ela combina termos de tratamento e qualificativos sempre depreciadores para este último. Às vezes, ela toma formas atenuadas e indiretas, pois é preciso mostrar que se guarda o *controle de si* e que se sabe respeitar seu adversário: "Oh! Seja mais educado, senhor [...]";[300] "Mas [...] Sr. Mitterrand, refira-se ao que está publicado [...]";[301] e, às vezes, uma forma mais direta e agressiva, quando é preciso mostrar *caráter*: "Sr. Fabius, como sempre, os socialistas e o senhor têm a tendência de brincar com os números";[302] "[...] não diga uma enormidade como essa, e não me ameace fisicamente, Sr. Tapie, isso vai fritá-lo";[303] "[Chirac [...]] então, seja gentil, seja gentil e deixe-me falar, pare de intervir incessantemente, como uma matraca, não é [...]/[Fabius] Escute, eu o lembro que o senhor fala com o primeiro-ministro da França".[304] Às vezes, o emprego de certos termos de tratamento marca a natureza da relação de força que se estabelece entre os debatedores: de *autoridade*, de um lado, de *desafio*, de outro. Foi o caso no debate televisivo entre Jacques Chirac e François Mitterrand, quando das eleições presidenciais de 1988, ao qual já fizemos alusão. O segundo interpelava constantemente o primeiro com um "senhor primeiro-ministro"; em dado momento, o primeiro, contrariado por esse termo, repetido várias vezes, observa ao adversário que no debate não há

---

[299] *Le Monde*, 12 de dezembro de 2001.
[300] Debate televisivo Le Pen / Tapie, 8 de dezembro de 1989.
[301] Debate televisivo Chirac / Mitterrand, 28 de abril de 1988.
[302] Debate televisivo Chirac / Fabius, 27 de outubro de 1985.
[303] Debate televisivo Le Pen / Tapie, 8 de dezembro de 1989.
[304] Debate televisivo Chirac / Fabius, 27 de outubro de 1985.

nem primeiro-ministro nem presidente da República; ao que Mitterrand replica: "O senhor tem toda razão, senhor primeiro-ministro."

A modalidade de *solicitação*[305] do interlocutor pelo locutor aparece frequentemente sob a forma de uma interpelação retórica. Um questionamento que toma o auditório por testemunha e que permite, seja a valorização deste, seja a crítica ao adversário, seja a incitação do público para despertar sua consciência. Do mesmo modo, o orador poderá se ver creditado da imagem positiva daquele que não quer se deixar conter: "Francesas, franceses, o que é feito da democracia? Qual conceito se faz de vocês?"[306]

Mais frequentemente, as enunciações elocutivas e alocutivas se combinam. Ao utilizar "Eu", "Vocês", "Nós", "Os franceses", o orador faz uma espécie de apelo à confiança, fabricando, assim, uma figura de *guia*: "Quanto a mim, confio em sua inteligência, em seu senso de dever";[307] "Aí está o que lhes ofereço, meus caros compatriotas, em nome do imenso movimento de forças da juventude, das forças do trabalho e das forças de criação";[308] "É sua responsabilidade, e se vocês quiserem podemos reconstruir, juntos, a França [...]";[309] "Eu me dirijo à sua inteligência, à sua razão, ao seu coração, para que vocês possam, com todo conhecimento de causa, fazer a escolha que garantirá o futuro da França."[310]

A enunciação "delocutiva"

A enunciação delocutiva apresenta o que é dito como se a palavra dada não fosse da responsabilidade de nenhum dos interlocutores presentes e dependesse apenas do ponto de vista de uma voz terceira, voz da verdade. Dizer: "Estou certo de que o futuro de nosso país está nas mãos do povo" é enunciar uma certeza do ponto de vista daquele que fala, mas dizer: "[é evidente que] o futuro de nosso país está nas mãos do povo" é enunciar uma verdade que não

---

[305] Charaudeau (1992, § 598).
[306] Declaração de Georges Pompidou na televisão por ocasião do referendo para a Europa, 11 de abril de 1972.
[307] *Ibid.*
[308] Declaração de Mitterrand nas eleições presidenciais de 1988.
[309] Declaração de Le Pen nas eleições presidenciais de 1988.
[310] Declaração de Barre nas eleições presidenciais de 1988.

depende nem do *eu*, nem do *tu*, pois ela tem um valor em si. A enunciação delocutiva faz o auditório entrar em um mundo de evidência e, empregada no discurso político, paramenta o orador como se fosse um *soberano*, pois ele é colocado acima da massa e se faz portador de uma verdade estabelecida. É a razão pela qual o discurso político está entremeado de *slogans* e de "pequenas frases" que são retomadas pelas mídias: "A escolha da vida"; "A geração Mitterrand"; "A França unida"; "Chirac. A coragem, o ardor, a vontade".[311]

A enunciação delocutiva é expressa com a ajuda de frases que apagam todo traço dos interlocutores, para se apresentar sob forma impessoal: "[...] neste fim de século muito perigoso, a França corre grandes riscos"[312] (frase definicional); e "Por mais hábil que seja a apresentação, incentivar a abstenção é uma má ação [...]"[313] (frase infinitiva); "Há apenas uma palavra de ordem: modernizar [...]. Mas para modernizar o instrumento, é preciso formar aqueles que dele se utilizarão. Prioridade, portanto, para a educação nacional, a formação profissional, a pesquisa científica"[314] (frases infinitiva, impessoal, nominalizada, respectivamente). Assim expressa, sob forma afirmativa, o modo de enunciação é suscetível de construir uma figura de *grandeza* (acima da massa), mas pode também revelar uma distância, uma frieza altiva, uma posição de arrogância ou ainda um espírito dogmático da parte do orador. Expressa sob forma negativa, essa enunciação é suscetível de construir a figura de um enunciador *combativo*, que se eleva contra o que considera ser meias-verdades: "Não é preciso se deixar seduzir pelo canto de sereia do socialismo"; "Não se pode aceitar deixar nosso país se afundar no marasmo econômico."

Conclusão: o *ethos*, imagens versáteis

Assim, mostrar-se emocionado, tocado, transtornado, estupefato ou escandalizado, exprimir desgosto, alegria ou compaixão, parecer ouvir os outros, colocar-se acima da massa, defender valores históricos, ser conivente, contribuiriam para

---

[311] Alguns dos *slogans* dos cartazes da campanha eleitoral de 1988.
[312] Declaração de Le Pen nas eleições presidenciais de 1988.
[313] Declaração de Pompidou na televisão na ocasião do referendo para a Europa, 11 de abril de 1972.
[314] Declaração de Mitterrand nas eleições presidenciais de 1988.

construir um *ethos* de potência, de inteligência, de humanidade, de chefe etc. com o qual o público poderia identificar-se. Tentar atingir seu afeto dramatizando o discurso seria predispô-lo a aderir às ideias defendidas. Neste momento, não assistimos a uma deriva do discurso político? A influência que teria este último – importante em um regime democrático, uma vez que é o discurso que estabelece a ligação entre a instância do poder e a instância cidadã – passaria mais pelo afeto que pela razão; mais pelos sentimentos irracionais provocados no cidadão que pela reflexão; mais pela oferta de imagens pessoais que se faz circular no mercado político que pela oferta de argumentos que poderiam ser discutidos. Assim, o *ethos* teria uma função ofuscante que oculta o *logos* por seu jeito de evidência que não se discute.

Falar de desvio supõe que se tenha uma ideia fechada do que seria um discurso político de referência, idealmente organizado apenas segundo a razão e desprovido de todos seus ingredientes passionais. Ora, quando se observa o discurso político, não se encontra exemplo de *logos* puro. É que a comunicação humana e os discursos que lhe dão forma dificilmente separam, em sua realização empírica, a razão do afeto; o discurso demonstrativo do discurso de sedução; a imagem de si da imagem do outro. É por essa mesma razão que o indivíduo se põe às vezes a denunciar essa situação de fato e tenta se dar os meios para distinguir o que pertence à razão e ao afeto. Entretanto, isso depende da maneira como cada grupo social representa essas categorias do pensamento e de como elas podem ser configuradas em "modelos de uma conduta apropriada, coerente, elegante, e bem articulada".[315] Nesse momento, a questão que deve ser colocada não é mais a de um desvio, mas a de um jogo, ao qual se entrega o locutor, entre *ethos*, *pathos* e *logos*: qual o dominante, qual oculta os outros, qual se evidencia de acordo com as circunstâncias? A mesma observação se impõe ao discurso político: quando é que o político elide uma questão ou a refuta, colocando sua imagem diante da cena? Quando procura persuadir usando argumentos emocionais? Quando propõe, ao contrário, argumentos que parecem marcados com o timbre da razão? Dito de outra forma, como ele instala um jogo de máscaras que ora se substituem umas às outras, ora coexistem, ora se fundem?

---

[315] Goffman (1973, pp. 238-239).

O *ethos* pertence ao domínio das representações sociais, e sua valorização no domínio político depende das circunstâncias. Não é, portanto, de se estranhar que as diferentes figuras que o compõem se entrecruzem, coexistam, se reforcem ou mesmo se contradigam. Reforço entre as figuras de *fidelidade* e de *honestidade*, em nome do compromisso com si mesmo; de *orgulho* e de *comando*, em nome da potência combativa; de *força tranquila*, de *pastor* e de *profeta*, em nome da inspiração sobrenatural e da força de alma que devem habitar aquele que comanda. Superposição de diferentes figuras em um mesmo ato ou em uma mesma declaração: assistir à final de um campeonato de futebol ou de rúgbi é manifestar o espírito coletivo, sua *solidariedade* com o *orgulho* de seu povo, seu *gosto* pelo esforço, e até mesmo a *fidelidade* em relação ao seu próprio passado como esportista.

Infelizmente, houve na história das nações mais de um ditador que fabricou para si uma imagem de soberano absoluto ao assistir a diferentes cerimônias, ao fazer declarações que exaltavam os valores da família, da religião, da empresa, e mesmo a coragem e a grandeza de alma dos pobres. Há contradição entre os efeitos quando algumas dessas figuras adotam outro rumo e constroem um *ethos* negativo: as figuras de *virilidade sexual*, de *orgulho*, de *malícia*, do chefe, podem produzir, em certas circunstâncias políticas, um efeito de frivolidade, de arrogância, de hipocrisia ou de autoritarismo; efeitos inesperados quando, por exemplo, declarações desastradas, gafes, são interpretadas como marcas de *sinceridade*, de *simplicidade* e mesmo de *honestidade*.[316]

O *ethos* é uma faca de dois gumes. De um lado, para o político, pois ele pode perder por causa de seu próprio *ethos*; de outro, para o debate democrático, pois a força do *ethos* pode fazer com que os indivíduos adiram por fascinação – e de maneira quase cega – a pessoas e não as ideias. O debate público, lugar de troca e de oposição entre valores racionais, dá lugar a uma confrontação entre imagens de personagens políticos.

Aqui, constataremos o relativo sucesso de um político de extrema direita como Jean-Marie Le Pen, que, sabendo transformar o debate público em uma cena teatral polêmica, às vezes burlesca, consegue inocular o veneno

---

[316] Comentaristas políticos aventaram a hipótese de que alguns políticos americanos assim se beneficiaram de uma aura favorável por parte de seu povo (ver o artigo de Olivier Duhamel, *Le Monde*, 11 de novembro de 2001).

de suas ideias racistas, enquanto seu aliado de ontem, dissidente hoje, Bruno Mégret, que reivindica as mesmas ideias, não consegue colocar-se no centro da mesma cena. Acolá, constataremos que outro político, dessa vez de esquerda, Claude Allègre, ornando-se do *ethos* de coragem, de um falar franco, não demagógico, e usando fórmulas de impacto ("emagrecer o mamute"),* vê-se, entretanto, obrigado a deixar a cena política, pois esse *ethos* não corresponde àquele que o público espera de um ministro da Educação em exercício. Ainda, um outro político, igualmente de esquerda, Jean-Pierre Chevènement, também adepto da palavra forte ("os selvagens"),** atrai a ira de alguns de seus partidários de seu próprio campo e se vê constrangido a demitir-se de seu posto de ministro.

Além disso, não se pode esquecer o efeito das imagens levadas pelas mídias, as dos humoristas (Les Guignols de l'info, Le Bébête Show... etc.) e outros caricaturistas (Faizant, Plantu etc...). Evidentemente, aqui o *ethos* não é mais construído pelo próprio político, mas a imagem de si resulta tanto de estratégias dele próprio quanto da que lhe é atribuída pelo público, por boatos e pela mídia. Às vezes, essas imagens entram em contradição, como no caso de Michel Rocard ("o intelectual incompreensível"), outras vezes, elas se associam, como foi o caso de De Gaulle ("a grandeza altiva") ou de Mitterrand ("a esfinge astuta"). Às vezes, mesmo uma imagem negativa é tornada positiva por outra, como foi o caso de Chirac com certo *ethos* de "humanidade atrapalhada" e estratégias discursivas um tanto populistas, mas que se tornam simpáticas diante da caricatura do personagem simples, caloroso e direto que dele fazem os humoristas.

Não se pode negar a importância do *ethos* no discurso político, e apresentamos como prova o que se tem passado nas sucessivas eleições presidenciais da França, desde que elas se instalaram na cena política do sufrágio universal. Em todas as vezes aconteceram muitos acordos de bastidores, redes de alianças entre diferentes atores dos partidos envolvidos,

---

* N.T.: Segundo Allègre, a expressão dizia respeito à estrutura centralizada da educação na França, que impossibilitava as reformas tidas como necessárias, da escola maternal aos grandes centros de pesquisa. No entanto, a expressão foi compreendida, por parte da população, como crítica ao número de funcionários públicos na rede.

** N.T.: A respeito dos conflitos ocorridos na periferia de Paris, Chevènement utiliza essa expressão para se referir aos "jovens desestruturados", aos quais era preciso, segundo o então ministro, fornecer novamente "referências" para o convívio social.

com fortes ameaças e promessas, jogos aos quais o público jamais assiste: De Gaulle afastou Georges Pompidou do poder, o qual, por sua vez, agradeceu a Jacques Chaban-Delmas, gaullista e primeiro-ministro, e a Mitterrand, por terem-no livrado do também socialista Rocard. Em todas as vezes vemos emergir imagens que teriam contribuído para o sucesso dos eleitos: nas eleições de 1959, a imagem de *grande chefe salvador da França* do general De Gaulle se impôs à de líder do povo, de esquerda, proletário e internacionalista, que representava Mitterrand, imagem um tanto inquietante para os poderosos do dinheiro. Em 1969, a imagem, ao mesmo tempo, de *herdeiro* e de *pai protetor*, de que se beneficiou Pompidou – o pacificador das desordens de maio de 68 –, tranquilizava a opinião que ficara um tanto chocada com aqueles acontecimentos. Em 1974, a imagem do *jovem e brilhante* aluno da prestigiosa Escola Nacional de Administração Pública da França (ENA), com que se havia ataviado Valéry Giscard d'Estaing, diante de uma imagem um tanto quanto *passadista* que ele atribuíra a seu adversário, Mitterrand; imagem de dinamismo que tinha a vantagem de oferecer aos antigaullistas uma revanche sobre o partido então dominante e de flertar com uma opinião média em busca de modernidade. Em 1981, a imagem de *força tranquila*, que evocava o *Front Populaire* de 1936, construída com todas as peças por Mitterrand, que após um longo percurso e muitas artimanhas políticas, apresentava-se como a possível realização de um sonho de alternância para alguns e de ascensão ao poder dos valores de esquerda para outros, diante de uma imagem de *arrogância* com que acabou por se revestir Giscard d'Estaing. Em 1988, a imagem de líder de uma geração para o mesmo político, "A geração Mitterrand", diante de uma imagem combativa, mas de *jovem rebelde*, não confiável, que Chirac havia assumido ao fim de um período de coabitação. Posteriormente, a imagem de "simplicidade, de anti-intelectualismo e de proximidade cidadã" será favorável a Chirac, contrastando com a imagem um pouco monárquica e distante deixada por Mitterrand em 1995.

Para surtirem efeito, os *ethé* dependem da conjugação das estratégias empregadas pelo ator político com certa demanda social (vaga e inconsciente) por *ethos*, de forma que esta última possa reconhecer-se no espelho que lhe é mostrado. Em alguns momentos são os *ethé* de credibilidade que têm forte impacto, em outros, os de identificação; e foi com os últimos que se ataviou Giscard d'Estaing, em 1974, ocasião em que tiveram certo impacto. Já em 1981, foram os *ethé* de identificação que prevaleceram e asseguraram o sucesso de Mitterrand. Do mesmo modo, os de credibilidade sobre os quais se apoiaram Édouard Balladur, em 1995, e Lionel Jospin, em 2002, não foram sólidos o suficiente diante da força dos *ethé* de identificação que propunham, cada um à sua maneira, Le Pen e Chirac. Em contrapartida, foi o *ethos* de credibilidade que ajudou Bertrand Delanoë a conquistar a prefeitura de Paris, talvez pelo fato de a opinião local estar saturada dos *ethé* de identificação com os quais haviam jogado Chirac e Jean Tiberi e sobre os quais se apoiava Paul Seguin. Teremos observado, enfim, que um *ethos* de identificação mal construído pode ser destruidor: foi esse o caso da imagem de homem *de esquerda, indiferente ao povo*, que terminou por se ligar a Jospin, quando de sua campanha eleitoral de 2002 e que certamente contribuiu para provocar a dispersão de vozes na esquerda no primeiro turno, causa de sua derrota. Há um tempo para os *ethé* de credibilidade e outro para os de identificação. Mas quem pode prevê-lo?

Os imaginários de verdade do discurso político

"A sociedade deve definir sua 'identidade'; sua articulação; o mundo, suas relações com ele e com os objetos que contém; suas necessidades e seus desejos [...]. O papel das significações imaginárias é o de fornecer uma resposta a essas perguntas, reposta que, evidentemente, nem a 'realidade' nem a 'racionalidade' podem fornecer [...]."
Cornelius Castoriadis, *A instituição imaginária da sociedade*, 5. ed., Trad. Guy Reynaud, Rio de Janeiro, Paz e Terra, 2000, p. 177.

Da ideologia aos imaginários sociodiscursivos

O PROPÓSITO COMO IDEAL DOS FINS

Em todo ato de discurso, o *propósito* é aquilo de que se fala, o projeto que se tem em mente ao tomar a palavra; o que é, afinal, proposto. Ele corresponde, de certa forma, ao tema do discurso, como quando falamos do tema (ou do assunto) de uma discussão. Por mais que se fale (ou escreva) com a finalidade essencial de estabelecer uma relação entre si e o outro e de influenciá-lo, tentando persuadi-lo ou seduzi-lo, essa relação seria vazia de sentido se não tivesse por objeto certa visão que trazemos do mundo, isto é, o conhecimento que se tem da realidade e os julgamentos que dela se fazem. O homem é tomado tanto por um desejo de inteligibilidade do mundo quanto de troca com o outro.

Propósito e situação de comunicação

Os conhecimentos que temos do mundo, assim como os julgamentos que dele fazemos, são múltiplos e variados. Por isso, é necessário decompô-los, ordená-los e classificá-los para que se possa apreendê-los conceitualmente. É a isso que se dedica o espírito humano conforme o tipo de sociedade na qual se vive. Cada sociedade determina os objetos de conhecimento, classifica-os de certa maneira em domínios de experiência, atribui-lhes valores. Isso se faz mediante a atividade de linguagem que *tematiza* esses objetos e esses domínios, *problematiza* a maneira como se deve considerá-los, precisa o *posicionamento* daquele que fala: dizer do que se trata, qual questão se coloca e eventualmente o que responder. Enunciar "É preciso acabar com a corrupção" é dizer que lidamos com um fenômeno social que concerne à prática de certos indivíduos em relação ao dinheiro e ao bem público (tematização), que o que está em questão é a honestidade ou a desonestidade (problematização), que é preciso se levantar contra um comportamento desonesto (posicionamento).[317]

Entretanto, o sujeito que fala não é totalmente livre para tematizar seu discurso. Ele depende, como já foi dito, da situação de comunicação na qual se encontra quando fala e que impõe, a ele e a seu interlocutor, certo número de restrições da qual faz parte o propósito comunicativo. Toda situação de comunicação determina de antemão, em seu dispositivo, um campo temático, uma espécie de "macrotema" que lhe é próprio e que impede que esta situação seja confundida com outra. Ao entrar em um bar, um consumidor não pode pedir um medicamento; ao entrar em um consultório, um paciente não poderá pedir ao médico um conselho para a compra de um móvel de determinado estilo (a menos que esteja se dirigindo ao amigo e não ao profissional); ao entrar no anfiteatro da faculdade para dar uma aula, um professor de literatura não poderá discutir o teorema de Pitágoras (a menos que isso tenha algo que ver com o romance ou o poema que está no programa); o leitor de um cartaz publicitário sabe que este fala das qualidades de uma mercadoria e não de política ou de moral (mesmo que esta seja objeto de uma alusão de maneira subjacente[318]). O sujeito que fala, se é verdade que quer comunicar-se com seu interlocutor ou seu auditório, deve considerar o campo temático que é determinado pela situação na qual comunica. Isso não o impede, entretanto, de introduzir, por sua vez, outros temas, mas com a condição de que estejam

---

[317] A respeito dessa questão, ver nosso artigo "L'argumentation n'est peut-être pas ce que l'on croit" (1998).

[318] A menos que isso seja feito de maneira explícita, como a Benetton, marca italiana de roupas, faz em suas campanhas publicitárias.

relacionados ao macrotema imposto pela situação: ele é sobredeterminado pelo propósito, ainda que permaneça livre para tratá-lo de uma maneira que lhe é própria – a menos que ele procure subvertê-lo ou transgredi-lo. Por sua vez, o interlocutor espera ver tratado certo propósito de acordo com a situação de comunicação na qual se encontra, o que faz com que não se possa confundir o propósito do discurso político com os dos discursos publicitário, didático, científico, jurídico, religioso etc., apesar das afinidades que poderiam existir entre uns e outros.

O propósito do conceito político

No que consiste o propósito do discurso político? Concerne a tudo o que toca à organização da vida em sociedade e ao governo da coisa pública. Ora, viu-se, quando da descrição do dispositivo, que o que define o contrato do discurso político é a partilha entre a instância política e a instância cidadã de um mesmo ideal de sociedade: a primeira o propõe; a segunda o reivindica. O objeto de busca da ação política é um "bem soberano" que une essas duas instâncias em um pacto de reconhecimento de um "ideal social" que é preciso querer atingir e para cuja obtenção é preciso dar-se os meios. A tarefa do discurso político é, portanto, determinar, de acordo com seu propósito, esse ideal dos fins como busca universal das sociedades.

Entretanto, sabe-se bem, os indivíduos que vivem em um mesmo território são diferentes e não têm *a priori* os mesmos interesses nem os mesmos objetivos: "a política se funda em um fato: a pluralidade humana",[319] afirma Arendt, acrescentando: "a política trata da comunidade e da reciprocidade de seres diferentes. Os homens, em um caos absoluto ou então a partir de um caos absoluto de diferenças, organizam-se segundo comunidades essenciais e determinadas".[320] Portanto, a questão é: como definir um ideal que faça essa pluralidade viver em conjunto em um espaço determinado e que, ao mesmo tempo, possa pretender a universalidade? Paradoxo que marca a ferro todo discurso político, do mesmo modo que todo discurso de verdade

---

[319] Arendt (1995, p. 39).
[320] Arendt (1995, p. 40).

é marcado com esse mesmo ferro entre seu alcance local, particularizante, e o geral, universalizante. O discurso político pretende ser, em seu propósito, um discurso de verdade que diz qual é o sistema de valores em nome do qual deve se estabelecer o elo social que une essa diversidade.

Nesse momento, como abordar a descrição dos sistemas de valor? Podemos fazê-lo no quadro de uma filosofia política, perguntando o que caracteriza os diversos regimes políticos (monarquias, democracias, totalitarismos); no quadro de uma sociofilosofia que descreva os grandes movimentos ideológicos surgidos no mundo (socialismo, marxismo, anarquismo, capitalismo, liberalismo, globalização); ou, ainda, no quadro de uma antropologia social que estude, como propõe Legendre, "a ordem das leis" e o que sustém as instituições, o que "fabrica o fundamento da vida humana, a razão de viver e a razão imediata na cena da cultura", e define o Estado como cena de teatro na qual é encenado o desejo da unidade e perenidade humanas "por meio de gerações de indivíduos devotados até a morte".[321]

No que nos concerne, tentaremos descrever os "imaginários de verdade" do discurso político. A verdade relaciona-se com o discurso. Não se pode dizer que ela é apenas discurso, mas não se pode representá-la senão por meio da linguagem, pois é a linguagem que ao mesmo tempo funda e configura os sistemas de valor. Entramos aqui em uma nova problemática, a das *representações sociais*. É uma vasta questão que temos evocado diversas vezes nos capítulos anteriores e que aqui trataremos do ponto de vista da linguagem, tentando discernir diferentes noções (teoria, doutrina, ideologia) para propor *in fine* uma definição do que chamamos "imaginários sociodiscursivos".

O OBSTÁCULO DA IDEOLOGIA

O homem tem tanta necessidade da realidade para significá-la quanto a realidade tem necessidade do homem para ser significada. Foucault tratou dessa questão ao recusar colocar o homem e o mundo em um face a face em que um seria exterior ao outro. De fato, de um lado, o homem é dominado por um

---

[321] Entrevista publicada na *Télérama* n° 2555, de 30 de dezembro de 1998 (p. 10).

mundo que se impõe a ele, mas, de outro, é pelos sistemas de representação que ele o apreende, sistemas que o próprio homem constrói e que dependem ao mesmo tempo de sua vivência. Ao sentir a realidade, o homem é mobilizado por essa experiência: ele constrói seu saber sob a dependência da realidade, pois não pode pensar a si próprio senão mediante as representações que ele se dá. O homem é, portanto, ao mesmo tempo, sujeito e objeto, conhecedor do mundo e por este conhecido, "soberano súdito, espectador observado".[322]

Uma proliferação de noções

Paralelamente, nas ciências sociais, nasceu a ideia de que era preciso estudar a maneira como o homem representa o mundo com o intuito de compreendê-lo, nele estabelecer-se e agir. Proliferam-se, assim, estudos e teorias para tentar dar conta desses sistemas de representações, particularmente das representações coletivas, diversamente nomeadas segundo as disciplinas e os pontos de vista: sistemas de conhecimento, sistemas de crenças, sistemas de ideias, sistemas de valores e ainda: teorias, doutrinas, ideologias etc. É difícil localizar-se nessa massa de denominações, pois as distinções propostas não são claras em todas as ocasiões e as hierarquias que se estabelecem entre essas noções são sempre controversas. Às vezes, é proposto distinguir sistemas de conhecimentos e de crenças, uma vez que os últimos são portadores de valores; mas nos primeiros jamais haveria valores? Sistemas de ideias e sistemas de pensamento são denominações que recobrem o mesmo conceito ou são diferentes? E segundo quais critérios? Às vezes, são distinguidas teorias, doutrinas e ideologias, mas não se diz também que as ideologias funcionam como doutrinas e que certas teorias se convertem em doutrinas ou ideologias, como o marxismo e a psicanálise?[323] Poderíamos nos ater a uma dessas noções, a ideologia, dado o sucesso que ela encontrou até os anos 80 na filosofia, na sociologia, nas ciências políticas, e, consequentemente, na análise do discurso político. Mas também aqui se vai

---

[322] Foucault (1996).

[323] A esse respeito, ver Moscovici (1976).

de encontro a problemas de validade de sua definição. A filosofia marxista propôs uma definição que foi dominante por um tempo, depois criticada e que ainda é discutida no momento atual.

A ideologia questionada

Duas posições se enfrentam. Uma vê o mundo da vida social como o lugar em que os indivíduos vivem, agem e se comportam motivados por uma coerência inconsciente, dissimulada. Esse lugar é o do real. Mas, ao mesmo tempo, esses indivíduos sentem a necessidade de produzir discursos de racionalização para explicar as razões de ser desse real e de seu funcionamento. Assim se construiria um segundo lugar de coerência significativa que mascararia o primeiro.[324] Por meio desses discursos de representação, os indivíduos se reconheceriam como pertencentes a um grupo-classe por um jogo de identificação e de exclusão, e desse modo construiriam para si próprios uma "consciência social" que seria alienada pelos discursos dominantes que provêm de diversos setores da atividade social (direito, religião, filosofia, literatura, política etc.), constituindo uma *ideologia dominante*. Nessa perspectiva, a ideologia é um modo de articulação entre significação e poder, que tem quatro fundações: uma legitimação, que consiste em racionalizar sua própria legitimidade para justificar-se e significar sua posição de dominação; uma *dissimulação*, uma vez que essa atividade de racionalização acaba por mascarar as relações de dominação; uma *fragmentação*, uma vez que essa dissimulação acarreta a oposição dos grupos entre si; enfim, uma *reificação*, uma vez que essa racionalização tende a naturalizar a história como se ela fosse atemporal.[325]

A outra posição critica o postulado da divisão social em dois sistemas significantes, o qual propõe que atrás da construção discursiva racionalizante se encontre o real único, pré-construído, que tem sua própria verdade. A questão que se coloca é: o próprio papel social não é uma construção simbólica, uma representação? Consequentemente, conforme afirma Ricoeur,

---

[324] Esse lugar se une, *mutatis mutandis*, ao que Freud denomina o "conteúdo manifesto".
[325] Ver Lefort (1986) e Thompson (1984).

seria "absolutamente vão procurar derivar imagens de qualquer coisa que fosse anterior e que seria o 'real'".[326] A partir desse momento, o conhecimento do social passaria necessariamente por sistemas de representação que o construiriam como real. Seria preciso, portanto, estudar como funcionam os *processos de ideologização* ao final dos quais se produz uma simbolização do social de maneira local e fragmentada.

Van Dijk dedicou uma obra à discussão dessa questão,[327] propondo, no quadro de sua análise crítica do discurso, definições muito interessantes e pertinentes. Tratando as ideologias como um fenômeno de cognição social e definindo-as como "crenças sociais partilhadas pelas coletividades sociais específicas ou 'grupos'", ele propõe distingui-las das crenças culturais comuns a todos os grupos de uma dada cultura[328] e opera uma diferenciação entre ideologias *profissionais, sociais* e *políticas*. Mas a partir do momento em que se atenta para os exemplos dados, destinados a ilustrar essas distinções, tem-se dificuldade em discerni-las: o *racismo*, considerado uma ideologia social, não seria também profissional e político? Não pode ser comum aos diferentes grupos de uma mesma cultura e ao mesmo tempo próprio dessa cultura? Nesse momento, qual é seu grau de generalidade e/ou de especificidade? É bem da noção de racismo que se trata ou de outras noções conexas, umas mais gerais como o *igualitarismo* ou a *escravidão*, outras mais particulares como o *antissemitismo*, ou *antinegrismo*, ou *antiarabismo*? Para retomar o léxico da psicologia social, as ideologias fazem parte do *sistema central* ou do *periférico*? É necessário para a análise do discurso definir esses sistemas de crenças ou entidades categorizadas, ao passo que o que as caracteriza é sua extrema fluidez discursiva, que aparece e circula nos diferentes grupos, revestidas de formas diversas?

Parece-nos difícil empregar essas definições tais quais, não sendo nosso quadro de análise do discurso totalmente idêntico ao de Van Dijk. Mas é evidente a coincidência de alguns desses pontos de vista com os de outras disciplinas. Para o que nos interessa, abordaremos a questão partindo da noção de representação social como fenômeno cognitivo-discursivo geral, que

---

[326] Ricoeur (1997).
[327] Van Dijk (1999, p. 71).
[328] *Op. cit.* (p. 63).

engendra sistemas de saber nos quais se distinguem os *saberes de conhecimento* e os *de crença*. Depois nos interrogaremos sobre a necessidade de operar uma distinção entre *teorias*, *doutrinas* e *ideologias* para atingir o que constitui o fundamento desses sistemas de saber: os *imaginários sociodiscursivos*.

Representações sociais e sistemas de pensamento

O conceito de *representação social* é relativamente recente na história da Filosofia e das Ciências Sociais. Inicialmente, foi preciso aceitar que além da lógica formal existia outra natural;[329] aceitar que a lógica da demonstração matemática, construída independentemente do sujeito e do contexto social, não era a única possível e que existia uma lógica que emanava do sujeito e do "pensamento social, em larga medida determinado pelo contexto social no qual se inscreve".[330] Em seguida, foi preciso questionar o esquema estímulo-resposta que por muito tempo prevaleceu em Psicologia para explicar o comportamento animal e humano (behaviorismo). Em se tratando do comportamento humano, esse esquema foi considerado insuficiente para explicar a defasagem que se produz entre os processos de transmissão da informação e os resultados do aprendizado. Defasagem que seria decorrente do fato de todo aprendizado depender de conhecimentos prévios e de saberes adquiridos ao longo da socialização do sujeito, pois basta que estes últimos se modifiquem para que, inalterado o processo de transmissão, os resultados se alterem. A partir desse momento podia nascer a ideia de que entre a realidade e o potencial de percepção que um sujeito dela tem existe um processo de interpretação pelo qual a realidade é construída em função da posição do mesmo sujeito e das condições de produção que provêm do contexto social em que ele se encontra. Com isso, desenvolveram-se diferentes pontos de vista: o dos teóricos marxistas da ideologia, para quem as representações constroem crenças que se materializam na linguagem e desempenham o papel de mascarar a realidade, sobredeterminando completamente o sujeito; outro, mais subjetivista, de uma ideologia que se interroga sobre as repre-

---

[329] Ver os escritos de Grize (1995).
[330] Guimelli (1999, p. 3).

sentações que podem desempenhar um papel de orientação das condutas da comunidade para explicar as resistências dos grupos sociais à mudança ou sua oposição às inovações; outro, ainda mais cognitivista, iniciado por Piaget e continuado por Moscovici, que se interessa pelas modalidades de conhecimento e que tende a mostrar que o sujeito se constitui nas e pelas representações com fins de adaptação ao seu meio ambiente e de comunicação com o outro.

A questão é muito vasta e os pontos de vista muito diversos para que se entre aqui em uma discussão aprofundada. Iremos nos limitar a alguns pontos dessas diferentes perspectivas para integrá-los em uma problemática do discurso.

a) De acordo com o primeiro desses pontos, o indivíduo encontra-se preso entre *práticas sociais* concretas, nas quais é levado a fazer trocas com outros, e uma atividade de *conceituação*, que tem por finalidade tornar o mundo inteligível ao atribuir-lhe valores. Essa atividade de conceituação funda-se ao mesmo tempo sobre uma consciência afetiva, que decorre da relação de desejabilidade que o sujeito mantém com os objetos do mundo, e sobre uma consciência racional, oriunda dos discursos de justificação relativos à experiência de mundo que ele produz, apoiando-se sobre os conhecimentos adquiridos e sobre os julgamentos herdados. É aqui que as representações sociais comportam uma tripla dimensão: cognitiva (organização mental da percepção), simbólica (interpretação do real) e ideológica (atribuição de valores que desempenham o papel de normas societárias).

b) Não se podem separar as representações sociais de uma *teoria do sujeito*. Sujeito individual ou sujeito coletivo, este é sobredeterminado – ao menos em parte – pelas representações do grupo ao qual ele pertence ou deseja pertencer. Todo ato de comunicação, sendo um ato de troca entre dois ou mais parceiros, cria um elo social que parte de normas de comportamentos e estabelece representações necessariamente partilhadas. Isso explica por que estas podem variar de um grupo a outro e mudar no interior de um mesmo.

c) As representações têm por função "interpretar a realidade que nos cerca, por um lado mantendo com ela relações de simbolização; por outro, atribuindo-lhe significações".[331] Elas são constituídas pelo "conjunto

---
[331] Guimelli (1999, p. 64).

das crenças, dos conhecimentos e das opiniões *produzidos* e *partilhados* pelos indivíduos de um mesmo grupo a respeito de um dado objeto social".[332] Para a Psicologia Social, essa definição resulta de um mecanismo que compreende um duplo processo: de "objetivação", que consiste em depreender da experiência um conjunto de informações previamente selecionadas e filtradas para descontextualizá-las e construir uma significação global sob a forma de um *nó figurativo*;[333] de "ancoragem", que assegura "o enraizamento da representação no sistema de pensamento preexistente"[334] para chegar a uma categorização que permita ao grupo reconhecer-se em um conjunto de semelhanças e de diferenças. Assim, as representações sociais organizam os esquemas de classificação e de julgamento de um grupo social e lhe permitem *exibir-se* através de rituais, de estilizações de vida, de signos simbólicos.

Os tipos de saber

A Psicologia Social, por prudência ou por tradição, parece reduzir o alcance das representações ao caso do "conhecimento do sentido comum"[335] pelo grupo que as produz a propósito de um dado objeto social. No entanto, por um lado é difícil fazer a separação entre o sentido que seria comum e um sentido que não o seria[336] e, por outro, o mecanismo das representações que acabam de ser descritas mostra que elas têm um alcance mais geral, pois dependem de uma organização mental que tem por função interpretar os acontecimentos do mundo e suas relações com o sujeito, segundo um princípio de coerência elaborado pelo grupo de filiação. Assim procederemos com o substrato cognitivo a partir do qual são construídos os sistemas de saber. É possível que as representações tenham campos de aplicação diferentes: de ordem *praxeológica*, quando se trata de compreender e memorizar os

---

[332] *Op. cit.* (p. 63).
[333] "Este comportará somente algumas noções que, ordenadas de determinada maneira, constituirão o essencial da representação" (*op. cit.*).
[334] *Op. cit.* (p. 67).
[335] *Op. cit.* (p. 63).
[336] O sentido "não comum" seria o sentido "erudito"?

esquemas de ação normalizados (os *scripts*);[337] de ordem *do acontecimento*, quando se busca ordenar as informações em torno de um domínio de experiência (um crime); de ordem *institucional*, quando se procura julgar a pertinência do contexto no qual se fala e se age. Mas quando a finalidade é dar tratamento a essas representações em termos de interpretação criadora do sentido, parece-nos que isso passa sempre por um saber que é simultaneamente constituído e instalado. Assim formulamos a hipótese de que essas representações constituem *maneiras de ver* (discriminar e classificar) e de *julgar* (atribuir um valor) o mundo, mediante *discursos* que engendram *saberes*, sendo que é com esses últimos que se elaboram sistemas de pensamento, misturas de conhecimento, de julgamento e de afeto.

Nessa perspectiva, os saberes não são categorias abstratas da mente, mas *maneiras de dizer* configuradas pela e dependentes da linguagem que ao mesmo tempo contribuem para construir sistemas de pensamento. Eles podem ser reagrupados em dois tipos.

Saberes de conhecimento e saberes de crença

Os *saberes de conhecimento* visam a estabelecer uma verdade sobre os fenômenos do mundo. Eles são oferecidos como existindo além da subjetividade do sujeito, pois o que funda essa verdade é algo exterior ao homem. Esses saberes dizem respeito aos fatos do mundo e à explicação que se pode dar sobre o porquê ou o como desses fenômenos. Eles participam, portanto, de uma *razão científica* que constrói uma representação da realidade que vale pelo conhecimento do próprio mundo. Essa razão científica tem, pois, necessidade de fiadores: ela utiliza instrumentos de visualização (microscópio, lunetas, telemática), sistemas de medida ou de cálculo (estatística, informática), procedimentos de figuração codificada (cartografia) e define conceitos e modos de raciocínio que podem ser utilizados pela coletividade, portanto, que escapam à singularidade do indivíduo. Assim se constrói um discurso que não pertence à pessoa enquanto tal, que seria a realização

---
[337] Ver Schank e Abelson (1977).

de um terceiro impessoal (a ciência ou aquilo que ocupa esse lugar), que é independente de todo ato de enunciação pessoal e que desempenharia, ao mesmo tempo, o papel de referência e de verificador do saber. É consenso que esses saberes de conhecimento dependem das culturas nas quais nascem, mas não se trata aqui de discutir sua validade. O que conta é que se afirmarmos que "dois mais dois são quatro", temos a impressão de recorrer a um enunciado que se apresenta como uma verdade provada e incontestável.

Os *saberes de crença* visam a sustentar um julgamento sobre o mundo. Referem-se, portanto, aos valores que lhe atribuímos e não ao conhecimento sobre o mundo, que é um modo de explicação centrado na realidade e que, supostamente, não depende de julgamento humano (como no enunciado "a Terra gira em torno do Sol"). Os valores são procedentes de um juízo não relativo ao conhecimento do mundo (a questão não é saber se é bom ou mal que a Terra seja redonda), mas aos seres que habitam o mundo, seu pensamento e seu comportamento (debate-se se é bom ou mal, razoável ou irracional ir até a Lua, comparecer a determinada manifestação, mostrar-se solidário a tal ação etc.). Os saberes de crenças são procedentes de um movimento de avaliação, findo o qual o sujeito determina seu julgamento a respeito dos fatos. Agora é o sujeito que vai ao mundo e não este que se impõe àquele. Deve-se, portanto, admitir a existência de vários julgamentos possíveis. O sujeito que fala faz sua escolha segundo uma lógica do necessário e do verossímil, na qual pode intervir tanto a razão quanto a emoção.[338] E já que existem vários julgamentos sobre o mundo, eles são objeto de confrontação ou de divisão. Todo juízo de crenças está fundado sobre uma partilha, pois se pode dizer que ele tem também uma função identitária (o que não acontece necessariamente com o saber de conhecimento).

Assim, saberes de conhecimento e saberes de crença estruturam as representações sociais. Os primeiros, ao construírem representações classificatórias do mundo;[339] os últimos, ao darem um tratamento axiológico às

---

[338] A fé é uma dessas formas que se caracteriza por um movimento de crença na existência de um além, fonte de graça; movimento que resulta de uma mistura de afeto e de razão.

[339] Para mais detalhes sobre esta questão, ver Charaudeau, "Tiers, où es-tu? À propos du tiers du discours", in La voix cachée du tiers. Des non-dits du discours, L'Harmattan, Paris, 2004.

relações do homem com o mundo. Mas a fronteira entre esses dois tipos de saber é porosa, ainda mais em virtude de muitos sujeitos jogarem com essa porosidade com fins estratégicos, apresentando um tipo de saber em lugar e posição de outro. É o caso do discurso político, que procura erigir, como norma universal que depende do conhecimento, o que não é senão norma moral que depende da crença: ele procura fazer com que uma verdade de crença se passe por verdade de conhecimento.

Os sistemas de pensamento

Levando em conta essa distinção, diremos que os *sistemas de pensamento* resultam de determinado ordenamento de saberes em sistemas de conhecimento e de crença, com o objetivo de tentar fornecer uma explicação global sobre o mundo e o ser humano. Pode-se dizer que o mundo se apresenta sob uma aparência sensível ilusória, sendo a verdadeira vida "ideal" (Platão); pode-se dizer que são os arquétipos do inconsciente que governam o homem (Jung), ou que este é significado enquanto ser social pelos mitos que seu grupo produz e pensados por eles próprios (Lévi-Strauss); pode-se dizer ainda que o conhecimento do mundo resulta de uma produção da mente, que constrói sistemas intelectivos segundo princípios de coerência – nós sempre o devemos a certo ordenamento do saber. Assim sendo, se tomarmos como critério de base os tipos de saber sobre os quais se fundam os sistemas de pensamento, poderemos distinguir teorias, doutrinas e ideologias.

As *teorias* são constituídas de saberes de conhecimento que podem ser chamados de "saberes científicos". Eles caracterizam-se por uma forma de discurso que é centrado em um núcleo de certezas constituído por um conjunto de proposições que têm valor de postulados, de princípios ou de axiomas, dos quais dependem os conceitos, os modos de raciocínio e o instrumental metodológico. Nesse aspecto, pode-se dizer que lidamos com um saber fechado sobre ele mesmo. Mas na medida em que é discutido, ele pode ser objeto de refutações; na medida em que é confrontado com proposições contrárias ou com resultados contraditórios, pode-se dizer que é aberto, pois aceita o questionamento pela observação ou crítica. Essa acepção do questionamento é condicionada pelas relações de poder que se instalaram entre os atores do campo teórico (Bourdieu), mas, nesse caso, diremos que os saberes de conhecimento cedem a vez aos de crença.

As *doutrinas* são constituídas em parte pelo saber de conhecimento e em parte pelo de crença. Diferentemente das teorias, caracterizam-se por uma forma de discurso exclusivamente fechado. Na realidade, trata-se de um saber de opinião que é maquiado como saber de conhecimento e que termina por tomar o lugar deste. De fato, as doutrinas se autojustificam fazendo referência a uma palavra fundadora transmitida pela tradição oral ou consignada nos textos que têm um valor mais ou menos sagrado. Às vezes, ela é levada por um mediador que possui ele próprio um caráter mais ou menos sagrado (um Cristo, um profeta, um sacerdote como em certas religiões, o guru, nas seitas). Essa palavra tem a função de transmitir uma revelação em relação à qual não há outra atitude possível senão a adesão ou a rejeição em bloco, uma vez que tal revelação tem valor transcendental. Mas encontramos também uma versão menos sagrada dessa palavra quando a adesão a um sistema de pensamento absoluto é supostamente fundada na razão, como o marxismo em sua versão endurecida pelo aparelho de Estado. Tanto em um caso quanto em outro, as doutrinas servem de modelo de pensamento e de comportamento para os indivíduos que vivem em sociedade. Elas são insensíveis às contradições que a experiência poderia suscitar; recusam a crítica, e diante dela reagem apenas de maneira dogmática, por anátemas, excomunhões ou outras formas de exclusão. Elas são fechadas e não sofrem contestação porque no fundo repousam sobre um discurso moral que não afirma o conhecimento do mundo, mas a dimensão transcendental do ser: a salvação no além ou a alegria absoluta aqui e agora.

As *ideologias* constituem "um conjunto de representações sociais efetivamente reunidas em um *sistema de ideias genéricas*. Elas seriam a base de tomadas de posição, mais ou menos antagônicas, fundadas sobre *valores* irredutíveis e *esquemas de conhecimento* tidos por universais e evidentes".[340] Essa definição, vinda da psicologia social, afirma que as ideologias são sempre uma tentativa de conduzir a uma explicação total ou globalizante da atividade humana. Sob esse título, participam de um saber de conhecimento e podem

---

[340] Chabrol, "Le tiers du discours dans l'espace idéologique", in *La Voix cache du tiers. Des non-dits du discours, ibid.*

assim pretender constituir um sistema de explicação do mundo (desse modo se instituiu o positivismo). Entretanto, na medida em que as ideologias estão "na base das tomadas de posição mais ou menos antagônicas fundadas sobre os valores irredutíveis",[341] elas participam também de crenças cuja aceitação ou rejeição deve ser feita em bloco. Vê-se que as ideologias têm muitas coisas em comum com as doutrinas. Nós as distinguiremos, contudo, afirmando que uma ideologia se funda em um sistema de valores de natureza afetiva e normativa que tende a definir as aspirações humanas ao afirmá-las como princípios e organizá-las em um discurso de racionalização autojustificativa. Quando uma ideologia se endurece, ela tende a tornar-se uma doutrina (marxismo, capitalismo); quando é fluida, permanece um simples sistema de crenças (socialismo, liberalismo).[342] No caso das doutrinas, o sistema de valores é configurado em um texto imutável que serve de dogma; no caso da ideologia, existe apenas uma massa de discursos de geometria variável quanto à sua configuração. Em tal perspectiva, a ideologia não é um sistema de valores que tem por função mascarar o real. Trata-se, antes, se podemos conservar esse termo, de um *processo de ideologização* que constrói um conjunto de crenças mais ou menos teorizadas sobre a atividade social e que tem por efeito discriminar as identidades sociais. Esses processos constituem bem o jogo das relações de poder; entretanto, não é preciso confundi-los. O poder é um estado de fato que resulta de uma conquista e é exercido em uma relação de dominação variável, mas que a todo o momento pode encontrar um possível contrapoder. A ideologia é um sistema de pensamento mais ou menos fechado sobre ele próprio e que é construído em torno de valores de um grupo social que se impõe. Ideologia e poder encontram-se em seguida para determinar múltiplos lugares de soberania parcial e provisória, podendo essas soberanias ser majoritárias em um grupo, mas minoritárias em relação a outro mais amplo que engloba o primeiro.

Tal ponto de vista sobre essas noções permite, graças à sua flexibilidade, explicar os movimentos que se operam com o tempo em certos sistemas de pensamento. Por exemplo, o marxismo pode ser considerado ora uma teoria, em função de sua tentativa de explicar sociopolítico-economicamente

---

[341] Cf. Chabrol, *op. cit.*
[342] Ainda que "socialismo" e "liberalismo" tenham seus doutrinadores e teóricos.

as sociedades ocidentais (o materialismo crítico), ora uma doutrina, na medida em que podia se referir a textos e a um pai fundador ("uma religião da salvação", afirma Morin, com seu profeta, Marx), ora uma ideologia, na medida em que respondia a aspirações humanas e afirmava princípios de vida (uma sociedade igualitária, sem classes). A psicanálise também é considerada uma teoria, uma vez que é objeto de discussões científicas, e uma doutrina, quando é objeto de polêmicas que acabam constituindo campos de poder, na verdade, cenáculos nos quais não se pode entrar senão por investidura e dos quais não se sai senão por exclusão. Há igualmente teorias econômicas que se convertem em novas ideologias ou mesmo em doutrinas, e constataremos que um sistema de valores como o dos "direitos do homem" termina por se erigir em doutrina que justifica as intervenções humanitárias e os tribunais internacionais para julgar os crimes contra a humanidade. No mais, com uma definição extensiva e fluida de ideologia, torna-se possível aplicá-la a diferentes domínios e falar, por exemplo, tanto das ideologias *economista, tecnológica, tecnocrata, ecológica* ou *midiática*[343] quanto de sistemas de crenças que respondem a modelos de opinião cujas características convêm descrever.[344]

Nosso propósito não é descrever as teorias, doutrinas ou ideologias que aparecem no campo do conceito de política; mas determinar os saberes de crença que aí circulam e se configuram em diversos "imaginários sociodiscursivos", deixando a outros estudos, mais filosóficos, o cuidado de dizer a qual tipo de sistema de pensamento eles pertencem.

Imaginários sociodiscursivos

A definição e a classificação dos sistemas de pensamento não dependem exclusivamente da análise do discurso: a Filosofia, a Antropologia Social, a Sociologia, a Psicologia Social contribuem cada qual com sua parte. Entre-

---

[343] Ver um aspecto da ideologia do discurso de informação televisado, in Charaudeau (2001, "Conclusão geral").

[344] Observamos que Van Dijk (1999) distingue diferentes tipos de ideologias: "profissionais", "sociais" e "políticas". Porém, é difícil atribuir os exemplos dados a apenas uma dessas categorias. No mais, o autor propõe distinguir o que ele chama de *commun ground*, espécie de "base geral que organiza as atitudes" (ex.: o cristianismo), e as ideologias relativas ao grupo (ex.: o integralismo); mas, aqui também, é difícil distingui-los.

tanto, nenhuma delas é suficiente para esgotar a questão; o ponto de vista de pertinência de cada uma deve ser completado pelo das demais. É somente em uma interdisciplinaridade a ser construída que serão encontradas explicações satisfatórias. Assim, gostaríamos de nos situar onde a análise do discurso pode trazer de maneira operacional sua pedra para este imenso edifício. Esse lugar é o da organização dos saberes em que é realizada a demarcação das ideias e dos valores colocados como epígrafe sem prejulgar o sistema de pensamento ao qual eles poderiam corresponder. À medida que esses saberes, enquanto representações sociais, constroem o real como universo de significação, segundo o princípio de coerência, falaremos de "imaginários". E tendo em vista que estes são identificados por enunciados linguageiros produzidos de diferentes formas, mas semanticamente reagrupáveis, nós os chamaremos de "imaginários discursivos". Enfim, considerando que circulam no interior de um grupo social, instituindo-se em normas de referência por seus membros, falaremos de "imaginários sociodiscursivos".

O imaginário social

O imaginário social não é, como dão a entender seu emprego corrente e a primeira acepção do dicionário, aquilo que se opõe à realidade, que é completamente inventado: "que não existe senão na imaginação, que é sem realidade. irreal; fictício. *Animais imaginários. Fabuloso. Seres imaginários.* Legendário, mítico. *Romancista que criou um personagem imaginário. Perigo imaginário*" (*Le Nouveau Petit Robert: dictionnaire alphabétique et analogique de la langue française*). O imaginário é efetivamente uma imagem da realidade, mas imagem que interpreta a realidade, que a faz entrar em um universo de significações. Ao descrever o mecanismo das representações sociais, aventamos com outros a hipótese de que a realidade não pode ser aprendida enquanto tal, por ela própria: a realidade nela mesma existe, mas não significa. A significação da realidade procede de uma dupla relação: a relação que o homem mantém com a realidade por meio de sua experiência, e a que estabelece com os outros para alcançar o consenso de significação. A realidade tem, portanto, necessidade de ser percebida pelo homem para significar, e é essa atividade de percepção significante que produz os imaginários, os quais em contrapartida dão sentido a essa realidade.

O *imaginário social* é um conceito que foi introduzido por Castoriadis entre os anos 60 e 70. Ele o discute longamente em *A instituição imaginária da sociedade*.[345] Em um primeiro momento, ele opõe "o imaginário" ao "percebido" e ao "racional" como constituindo um conjunto de significações específicas, sempre reconhecendo que existe entre esses três conceitos "relações íntimas".[346] Depois ele termina por fundi-los em uma mesma noção, na medida em que "esse imaginário não desempenha somente a função do racional, ele já é uma forma, ele a contém em uma indistinção primeira e infinitamente fecunda em que se podem discernir os elementos que pressupõem nossa própria racionalidade".[347] Dessa longa exposição, reteremos essencialmente duas coisas:

• O imaginário social é um universo de significações fundador da identidade do grupo na medida em que é "o que mantém uma sociedade unida, é o que cimenta seu mundo de significação".[348] Nós introduziremos, entretanto, uma nuança, pois Castoriadis parece dar como garantia dessa "consolidação" a instituição, ao passo que se pode considerar que esta é apenas a parte visível do superego social regulamentado, que constrói (e é construído por) todo grupo social. De fato, um grupo é constituído pela soma das relações que os indivíduos estabelecem entre si, relações que, ao se autorregularem, terminam por construir o universo de valor, portanto, imaginários comuns.

• O sentido que está investido nesse imaginário não é "nem verdadeiro nem falso, nem verificável ou falsificável em relação aos 'verdadeiros' problemas e à sua 'verdadeira' solução [...]".[349] Parece de fato que, uma vez que ele reflete a visão que o homem tem do mundo social, o imaginário é da ordem do verossímil, isto é, do que sempre é possivelmente verdadeiro. Entretanto – e aqui está o paradoxo do imaginário –, como considerar que o homem construiria percepções significantes sobre o mundo se ele não as tivesse por verdadeiras? Isso nos faz, portanto, acrescentar às proposições de Castoriadis que o imaginário não pode não pretender testemunhar uma

---

[345] Castoriadis (2000).
[346] *Op. cit.*
[347] *Op. cit.*
[348] *Op. cit.*
[349] *Op. cit.*

verdade e que, consequentemente, todo imaginário é um *imaginário de verdade* que essencializa a percepção do mundo em um saber (provisoriamente) absoluto. O imaginário resulta de uma dupla interação: do homem com o mundo, do homem com o homem.

No cruzamento dessa dupla interação, produzem-se "implicações complexas em que os gestos, as pulsões, as práticas, os atos, as representações se misturam e se instruem mutuamente".[350] Isso leva a pensar que os imaginários não são todos conscientes. Alguns podem ser racionalizados por discursos-textos que circulam nas instituições (escolas, constituições de Estados, religiões, justiça etc.), lugares de ensino desses imaginários com fins identitários (assim circula na nação francesa o imaginário de *laicidade*). Outros circulam nas sociedades de maneira não consciente, sendo encontrados nos julgamentos implícitos veiculados pelos enunciados, pelas maneiras de falar, pelos rituais sociolinguageiros, pelos julgamentos de ordem ética, estética etc., que estão de tal modo assimilados pelos membros do grupo social que funcionam de maneira natural, como uma evidência partilhada por todos (a sociedade francesa está impregnada do imaginário político do *centralismo jacobino*, que durante a Revolução Francesa defendia a administração centralizada do Estado em oposição ao federalismo). Esses imaginários podem ascender à consciência quando uma situação parece questioná-los e, sobretudo, quando se trata de defini-los em relação ao outro estrangeiro: a confrontação com a alteridade provoca sempre uma tomada de consciência. Outros imaginários estão ainda submersos no que se chama inconsciente coletivo, pois todas essas implicações complexas são tecidas ao longo da história, constituindo uma memória coletiva de longo termo que na prática é identificável apenas por uma abordagem histórica e antropológica (assim é com o imaginário de *pureza da raça*).

Isso nos leva a concluir que os grupos sociais encontram-se em uma situação paradoxal: eles não cessam de produzir, de reinterpretar, na verdade, de questionar os imaginários, e, ao mesmo tempo, não podem se furtar a essencializá-los, pois esses imaginários só valem por sua pretensão à universalidade: os massacres

---

[350] Farge, in *Libération* de 2 de junho de 1994, citado por Bayart (1996, p. 183).

de populações, os genocídios e outras purificações étnicas não poderiam ser realizados sem o suporte de imaginários com pretensão universal.

O imaginário sociodiscursivo

Trata-se de um conceito que propomos para integrar a noção de imaginário ao quadro teórico de uma análise do discurso. Efetivamente, para desempenhar plenamente seu papel de espelho identitário, esses imaginários fragmentados, instáveis e essencializados têm necessidade de ser materializados. Isso acontece de diferentes maneiras: nos tipos de comportamentos (os ritos sociais da vida cotidiana), nas atividades coletivas (aglomerações, manifestações, cerimônias) que têm por efeito dar corpo aos imaginários; na produção de objetos manufaturados e de tecnologias que dão ao grupo o sentimento de possuir e dominar o mundo (a televisão e a internet dão a impressão de dominar o espaço e o tempo); na construção de objetos emblemáticos que, erigidos como símbolos, "objetualizam"[351] e exibem até a exaltação e, às vezes, até mesmo o fetichismo, os valores identitários aos quais os membros do grupo aderem por assunção mais ou menos voluntária (as bandeiras, as insígnias, os *slogans*, como a foice e o martelo, a cruz gamada, o *"Black is beautiful"* etc.).

Mas essa mesma materialização tem necessidade de ser sustentada por uma racionalização discursiva, sem que se saiba de fato quem precede quem, nem se a segunda desempenha um papel de promoção ou de justificação da primeira. Os grupos sociais produzem discursos de configuração diversa que dão sentido a essas materializações. Uns se fixam em textos escritos (ou na tradição oral) de maneira mais ou menos imutável e assim podem ser transmitidos de geração em geração: as doutrinas religiosas, as teorias científicas, os manifestos políticos ou literários. Outros circulam nas comunidades sob configurações variáveis, às vezes mais estáveis, como os provérbios, as máximas e os ditados, às vezes menos, como os torneios de linguagem ou as frases circunstanciais, mas cuja variedade não altera seu sentido de base contido em uma espécie de núcleo semântico mais estável; há, por

---

[351] Bourdieu (1982).

exemplo, várias maneiras de exprimir o imaginário de *potência* no discurso político, como se viu nas categorias de *ethos*. Esses textos, ditados, *slogans*, enunciados diversos, são apresentados de maneira simples, pois devem ser compreendidos pela maioria, e desempenham diversos papéis de apelo, de manifesto, de acusação, de polêmica, de reivindicação. Daí o qualificativo "discursivo" para caracterizar esses imaginários sociais.

Os imaginários sociodiscursivos circulam, portanto, em um espaço de interdiscursividade. Eles dão testemunho das identidades coletivas, da percepção que os indivíduos e os grupos têm dos acontecimentos, dos julgamentos que fazem de suas atividades sociais. No espaço político, por exemplo, circulam imaginários sobre o comportamento que o político deve adotar, conforme a situação em que se encontre: campanha eleitoral, alocução televisiva, debate, reunião etc., imaginários relativos ao *ethos* que ele deve construir para si em função de uma expectativa coletiva dos cidadãos, imaginários de opinião que sustentam os programas eleitorais, as profissões de fé ou os escritos analíticos. Frequentemente, esses imaginários se sobrepõem e constroem espécies de arquétipos coletivos inconscientes.[352]

Tal definição do imaginário sociodiscursivo encontra duas das características do imaginário em geral, que Bayart destaca:

> A função do imaginário é indissociável da ordem da materialidade: é em virtude dessa propriedade que ela é estruturante e que os processos políticos ou econômicos são traduzidos em sua dimensão. Em termos de corolário, só se pode enfocar uma materialidade em sua relação com o imaginário.
> Enfim, em uma dada sociedade, o imaginário não representa uma totalidade coerente, uma vez que engloba uma galáxia de figuras heterogêneas, em fuga perpétua. As produções imaginárias não são, portanto, necessariamente isomorfas. Além disso, são, por definição, enquanto produções simbólicas, polissêmicas e ambivalentes. É a esse título que elas contribuem para o "consolidar" de

---

[352] Diversas expressões e maneiras de falar que circulam na sociedade francesa testemunham essa superposição: "ser direito", "a retidão", "o falar franco", "a dureza necessária da sinceridade" que se opõem a "sinceridade oblíqua", "falta de jeito", "não ser autêntico", "ser tortuoso" etc. Bourdieu diz que com a expressão "mantenha sua faca na mão direita" transmite-se toda a moral da virilidade; na oposição entre a direita e a esquerda, a direita é "naturalmente" a reverência da virtude como virtude do homem (*vir*).

uma sociedade, sem que "a consolidação de seu mundo de significações" jamais possa ser demonstrada, nem mesmo postulada de maneira demonstrável. [353]

Descrever os imaginários é contribuir para a construção de epistemes, essas "grades de inteligibilidade do campo social" de que falava Foucault.[354] Veremos que no campo do discurso político esses imaginários são frequentemente instrumentalizados com fins de persuasão.

---

[353] Bayart (1996, p. 231).
[354] Foucault (1976, p. 122).

Alguns imaginários de verdade do conceito de política

Qualquer que seja a variedade dos propósitos de que trata o discurso político, estes devem se referir aos valores da vida em comunidade, os quais devem, evidentemente, ser apresentados de maneira positiva, uma vez que concernem ao bem-estar social do indivíduo. Mas como esses valores encontram-se em concorrência com os certamente positivos defendidos pelos adversários, a questão não é mais tanto a de sua existência nem a de sua credibilidade, mas, principalmente, a de sua *força de verdade*: uma força que deve ser superior à do adversário ou do contraditório; na verdade, superior à de qualquer outro que em algum momento poderia a ela se opor.

Consequentemente, coloca-se uma série de questões: como medir essa força de verdade? Tal força encontra-se na própria essência da verdade ou no efeito que ela produz junto ao público que a recebe? No primeiro caso, isso significaria que há verdades que *por natureza* seriam superiores a outras, que se apresentariam como evidências independentemente dos sujeitos que as proclamam; no segundo caso, a verdade não seria mais um "ser verdadeiro", mas um "crer verdadeiro" que dependeria não mais de evidência, mas da convicção dos sujeitos que se encontram confrontados nesse momento. Podemos igualmente nos interrogar, como faz Badiou, sobre o problema de saber se a *ação* não se oporia à *opinião*, portanto, se a verdade não estaria antes do lado da primeira do que da segunda. É o ponto de vista que ele defende ao dar como exemplo o "ato de resistência" acerca do qual afirma: "Ela [a resistência] não é uma opinião. Muito pelo contrário, é antes uma ruptura lógica com as opiniões circulantes e dominantes."[355] A partir daí, a escolha subsequente do político "se apresenta como separada da coerção das coletividades e como resultado de uma decisão pessoal. [...] na realidade, a escolha não encontra sua inteligibilidade nem no coletivo objetivo nem em uma subjetividade de opinião. Ela tem sua inteligibilidade nela mesma, num processo sequencial da ação [...]".[356]

Badiou tem talvez razão, se considerada sua perspectiva. De fato, ele procura pensar a política do ponto de vista dos atores cujas declarações e intervenções se inscreveriam como a "prescrição de uma possibilidade em ruptura com o que existe",[357] o que o conduz a romper "com a 'filosofia política' no sentido de Arendt".[358] Nosso ponto de vista não é o mesmo, mas o de uma análise dos discursos que circulam no espaço de discussão e de deliberação do campo político. Alguns deles permanecem na pura confrontação de opiniões; outros, em contrapartida, terminam por se ligar à decisão e ao engajamento, para retomar os termos de Badiou. Convém, portanto, demarcar esses discursos como produtores de um efeito de verdade. Ora, esses efeitos de verdade dependem eles próprios das representações construídas por cada grupo social, portanto, dos imaginários que estruturam. Reagruparemos esses discursos de valor (liberdade, justiça, benevolência, sociabilidade, igualdade, harmonia, equilíbrio, tradição etc.) segundo sua filiação a grandes tipos de imaginários sociodiscursivos. Dentre eles, enfocaremos os que nos parecem mais recorrentes e propícios a alimentar a dramaturgia política: a "tradição", a "modernidade", a "soberania popular".

---

[355] Badiou (1998, p. 14).
[356] *Op. cit.* (p. 15).
[357] *Op. cit.* (p. 34).
[358] Ibid.

O IMAGINÁRIO DA "TRADIÇÃO"

O imaginário da "tradição" é sustentado por discursos que se referem a um mundo longínquo no tempo, no qual os indivíduos teriam conhecido um estado de pureza. Esse mundo é evocado como um paraíso perdido (a idade de ouro da Antiguidade, o Éden da Bíblia) ao qual seria preciso voltar para reencontrar uma origem, fonte de autenticidade. É então descrita a história da comunidade em questão, uma história às vezes inventada, mas necessária para estabelecer uma filiação com os ancestrais, com um território ou uma língua. Os descendentes seriam os herdeiros, o que lhes imporia um dever de "retorno às fontes", de recuperação da origem identitária. Esses discursos reclamam para si uma verdade que exige uma busca espiritual de retorno a um estado primeiro, fundador de um destino.

Uma busca pela origem

Compreende-se que os discursos que sustentam esse imaginário tenham sido capazes de mobilizar as massas. Eles frequentemente convertem essa busca espiritual em cruzada armada e justificam não somente as guerras étnicas e os genocídios, mas igualmente os excessos cometidos nestes atos como sendo "sacrificiais", necessários à consumação de uma purificação. Desenvolvem-se, então, discursos de apelo à erradicação do que poderia representar uma "nódoa": discursos fóbicos contra o outro, bárbaro, infiel ou simplesmente outro (mas inferior) que viria destruir uma identidade; discursos que justificam as medidas de represálias (expulsões, eliminações massivas) ou as guerras civis. Outros discursos estigmatizam os malefícios dos movimentos de imigração e pregam a rejeição das populações, reclamando uma "preferência nacional" para preservar a integridade de uma população dita "de cepa".

É feito igualmente apelo a esse imaginário quando se trata de defender os valores que, em um tempo passado, foram fundadores da comunidade e pelos quais seus membros deveriam sentir-se responsáveis. É para rememorar esses valores que servem os monumentos homenageantes e outras cerimônias, manifestações e reuniões comemorativas,[359] como se fosse preciso a todo custo manter uma espécie de "linha de crença" que transcendesse à história.[360] Assim se passa, na França, com os valores da República que nasceram no sangue da Revolução Francesa, que foram ora confirmados, ora redefinidos ao curso da história, e defendidos tanto à esquerda quanto à direita do tabuleiro político com as mesmas expressões: "A escola da República", "A República una e indivisível" etc. Quando se perpetuam, esses valores se inscrevem no que alguns nomeiam o condão do povo: "Quando se crê, como eu creio, no condão da França, [...]";[361] em todo caso, eles deveriam servir para manter o elo entre gerações, como diz muito bem Marc Augé:

> A relação com o passado é talvez a que permita ao indivíduo perceber mais facilmente, mediante os efeitos de reconhecimento retrospectivo, sua relação com a coletividade e a história. As experiências vividas no passado, é notório, adquirem com o tempo uma aura particular, mas, sobretudo, criam a identidade e a diferença: identidade entre aqueles que as partilharam, seja qual for a natureza delas (Guerra da Argélia, Maio de 68 na França), diferença – e mais ainda, alteridade – em relação às gerações para as quais esses fatos já são históricos. A palavra política é, em um sentido, responsável pelo passado e mais precisamente por sua relação com o presente na medida em que, ao dirigir-se a todos, deve prevenir as rupturas de sentido entre as gerações.[362]

Enfim, e de maneira mais minimalista, o recurso a esse imaginário serve para tranquilizar as populações diante da ameaça que poderia representar esse outro imaginário que é a "modernidade" em seu aspecto anti-histórico: a modernidade não teria por horizonte senão o progresso tecnológico, fuga para o futuro que nos faria dar as costas ao passado e às nossas origens, ocasionando uma subversão dos modos, que faria as populações perderem sua identidade (o anonimato da internet, a urbanização crescente e a perda do torrão). Voltaremos ao tema mais adiante.

---

[359] Isso é verdade tanto para a missa quanto para o 1º de maio.
[360] Expressão que Danièle Hervieu-Léger (1993) utiliza a propósito da memória religiosa coletiva.
[361] Jacques Chirac, declaração na campanha eleitoral de 1988.
[362] Augé (1994).

Um discurso de retorno às fontes

O imaginário da tradição é perpassado pelos discursos, estreitamente ligados uns aos outros, que valorizam esse ou aquele aspecto particular de retorno às fontes: a *natureza*, a *pureza*, a *fidelidade*, a *responsabilidade*. A natureza é celebrada como virtude, quando se trata de lembrar ao homem que ele é governado por leis que o aproximam das espécies animais e que, tal como elas, ele deve pensar, em primeiro lugar, em defender seu próprio território:

> [...] somos criaturas vivas. Posto que fazemos parte da natureza, obedecemos às suas leis. As grandes leis das espécies governam também os homens apesar de sua inteligência e, às vezes, de sua vaidade. Se violarmos essas leis naturais, a natureza não tardará a fazer sua revanche sobre nós. Temos necessidade de segurança. Temos necessidade, como os animais, de um território que no-la assegure.[363] (Jean-Marie Le Pen)

A *pureza* é dada como causa e fim de uma busca de identidade: o indivíduo, como o grupo, não cessa de procurar saber donde vem e qual foi seu estado de origem. É sempre no surgimento dos seres e do mundo, no momento de criação, de passagem do nada a qualquer coisa (criação do mundo em sua versão bíblica ou científica do Big Bang, nascimento das espécies vivas, irrupção da obra de arte) que se encontraria o estado de pureza absoluto; nada tendo tido tempo de vir macular esse estado de graça (transparência). A *fidelidade* é dada como um valor moral, um dever de assumir a origem. Nessa subida em direção ao passado, o grupo encontra os ancestrais, descobre sua voz e a recebe como herança, sente-se depositário dessa voz cuja responsabilidade assume sem transformar sua significação, seguindo-a, se possível, ao pé da letra. Com essa herança moral, somos investidos, portanto, de *responsabilidade*, pois nos sentimos obrigados a nos tornarmos porta-vozes dessa voz, com a missão de transmiti-la por nossa conta em uma longa cadeia de filiação e de solidariedade histórica, a fim de conservá-la na memória. É em nome dessa responsabilidade, dessa fidelidade à origem pura, que surge, em qualquer que seja o momento da história, em qualquer

---

[363] Discurso proferido na festa do "Azul Branco Vermelho", 21-22 de outubro de 1991.

país, o discurso do "Nunca mais!", como uma recusa ao que manchou uma pureza original: "Nunca mais!", após o massacre dos armênios em 1915, "Nunca mais!", após o genocídio judaico, "¡*Nunca más!*", após os excessos cometidos pelos militares na Argentina etc. A descoberta de nossa origem determinaria nossos engajamentos.

Vê-se que esse imaginário da tradição pode servir tanto para justificar ações violentas de eliminação do outro, que maculam a pureza identitária (maneira negativa de resolver os problemas devidos à presença do outro em um território), quanto para temperar os efeitos nefastos da fuga para adiante que os progressismos cegos representariam. De uma maneira ou de outra, o imaginário da tradição supõe "um operador simbólico que, mediante a filiação, remete a uma paternidade primordial, arquetípica, que confere uma legitimidade em decorrência da origem".[364] É nesse imaginário que nasce a noção de "soberania sagrada", em nome de uma origem divina que lhe dá um caráter absoluto, que só pode ser transmitido por filiação natural e que não tem de prestar contas a seu próprio passado.[365]

O IMAGINÁRIO DA "MODERNIDADE"

Não se trata da Modernidade no sentido que os historiadores deram a essa noção mediante a expressão "tempos modernos", que designa uma época na história da Europa que se opõe à Antiguidade. Nem do sentido dado pela Revolução Francesa, que marca a passagem de uma soberania monárquica de origem divina para uma popular de origem laica, confirmada pelo triunfo da razão trazida pelas Luzes. Nem tampouco do sentido, nascido mais tarde, conferido à época do desenvolvimento industrial, que celebrava a máquina em uma organização do trabalho centrada na rentabilidade (taylorismo). Enfim, não se trata também do sentido que as artes e as letras atribuíram a essa noção por meio da expressão "arte moderna", designando um momento

---

[364] Wunenburger (2002, p. 105).

[365] Lembramos que Pierre Vidal-Naquet ironicamente havia dado a seu livro o título *Face à la raison d'État*. A obra reúne importante *corpus* de documentos e testemunhos sobre o que foi a repressão francesa na Argélia durante os anos negros da colonização. A reedição é da editora francesa La Découverte (2002).

de ruptura na história da arte, uma "revolta estética contra o passado [...]. Antirracionalismo, anticlassicismo, antirrealismo, antinaturalismo; a arte moderna na França prolongava a grande rebelião lírica de Baudelaire e de Rimbaud".[366] Não se trata dessas modernidades estabelecidas por aqueles que, examinando a história das sociedades, procuram assinalar para cada setor de atividade (político, econômico, literário, artístico) o início de uma era que rompe com a precedente, mesmo que a questão dos limites e das fronteiras continue a ser objeto de discussões entre os especialistas.

Trata-se aqui de um imaginário, isto é, de um conjunto de representações que os grupos sociais constroem a propósito da maneira como percebem ou julgam seu instante presente, em comparação com o passado, atribuindo-lhe um valor positivo, mesmo quando o criticam. Pode-se, portanto, aventar a hipótese de que, a cada momento presente de sua história, os grupos sociais se dotariam de um imaginário de modernidade, sempre tomando como base a época precedente e procurando legitimá-la: a cada vez está em jogo a legitimidade de uma maneira de ser e de viver, uma visão nova do mundo. Assim, poder-se-ia falar da modernidade da Grécia clássica em relação à Grécia arcaica, de uma Roma moderna em relação a uma Roma clássica, da Renascença em relação à Idade Média (ela própria dividida em vários períodos de modernidade[367]) etc., até a nossa época, quando se discute a modernidade de uma era "pós-industrial" em relação à era anterior dita "industrial" (ela própria moderna em relação à anterior). A questão remete, portanto, à possibilidade de descrever esses imaginários de modernidade sucessivos apoiando-se nos discursos e nas práticas que constroem as sociedades. Colocaremos em evidência alguns traços gerais.

A modernidade contra o passado e o sonho

Esse imaginário se define inicialmente contra um passado que seria percebido sempre como uma era, senão de obscurantismo, ao menos de um saber menor,

---

[366] Milan Kundera no *Le Monde*, 4 de julho de 2001.
[367] É o que mostram os trabalhos do grande especialista em Idade Média, Jacques Le Goff.

de um saber "de uma outra idade". O tempo presente se beneficiaria de um estado de saber superior, primeira caução dessa modernidade. Do mesmo modo, esse estado de saber permitiria a libertação do peso da herança legada pela época anterior, liberação mais ou menos iconoclasta, ela própria criadora de novos modos, modelos de pensamento e de comportamento. Nisso, o imaginário da modernidade se opõe ao da tradição. Segue-se uma produção de discursos destinados a justificar e valorizar essas novidades. É assim, em nosso período pós-industrial, com os discursos que justificam e valorizam o imediatismo da comunicação e o estabelecimento de redes comunicacionais entre as pessoas que se encontram afastadas umas das outras (internet).

Em função dessa ruptura com os valores do passado, plena dessa crença nos superpoderes do saber da época presente, o imaginário da modernidade se define como um desafio às potências do além, que a época precedente não teria sabido conjurar por falta de saberes e de meios técnicos. São celebradas, portanto, a ação do homem e sua capacidade de transformar o mundo com seu pensamento (criação conceitual), sua mão (criação manufatureira) e as novas ferramentas que ele produz (criação tecnológica). É, portanto, como se o imaginário da modernidade dissesse que a cada vez o homem se libera um pouco mais do domínio das potências obscuras (religiosas ou mágicas) que o governariam, em benefício da laicização, de uma racionalização, do controle cada vez maior que ele tem da natureza e de seu próprio destino.

Consequentemente, esse imaginário se inscreve contra o que poderiam ser os sonhos das construções utópicas do homem, julgados desmobilizadores: sonhar impediria de agir. Produz-se nesse momento uma mudança de problemática que concerne à busca de felicidade, à maneira de atingir o bem-estar do homem e das sociedades: um deslize se opera do fim em relação aos meios. Não que "o fim justifique os meios", adágio um pouco cínico do ponto de vista da moral e da virtude, mas é que não é útil sonhar com um fim ideal se não temos os meios de atingi-lo. Isso explica por que o imaginário da modernidade engendra discursos que celebram a *eficácia* da ação humana que torna os sonhos concretos e que resultaria da conjunção de uma competência e de uma vontade de agir: a competência como condição para que o homem aja de maneira eficaz, a vontade sem a qual nenhuma empresa pode obter sucesso. Não é suficiente querer o bem, trata-se de se dar os meios de fazê-lo triunfar, conjugando saber, saber-fazer e poder de ação. Não é, portanto, de se espantar que esses discursos sejam encontrados no domínio político: "Todo mundo lhes fala de justiça social [*o fim*], isso é bom, mas para realizá-la é preciso que a França crie as riquezas necessárias, portanto, que ganhe a batalha econômica na qual me engajo há dois anos (*os meios*)";[368] ou ainda: "Se a capacidade de agir frequentemente falta ao sul, ao norte falta ainda mais frequentemente a vontade de agir."[369] Esse imaginário é, portanto, portador de uma crença na existência do progresso necessário à realização do bem-estar do homem e das sociedades:

> Desde a Segunda Guerra Mundial, e por todos os lados, o estado do mundo melhorou. O progresso da agricultura permitiu alimentar um maior número de homens, enquanto a população mundial era multiplicada em quase três vezes. Numerosas doenças foram erradicadas, a esperança de vida foi prolongada, houve forte expansão da alfabetização, imensos avanços nas condições de vida dos países "desenvolvidos" e "emergentes"; foram colocados à disposição da comunidade saberes e tecnologias que favorecem as trocas e que nos dão uma capacidade, extremamente rica e historicamente inédita, de dominar nossa vida e nosso meio ambiente [...].[370]

Mas para atingir esse progresso, foram impostas muitas condições: que fosse definida a relação que o homem deve manter com a organização da vida coletiva e suas possibilidades de produção; que fosse definida sua relação com natureza e a ação que ele pode ter sobre ela. Essas mesmas condições engendram, no interior do imaginário de modernidade, dois tipos de discursos: um centrado na *economia*, o outro na *tecnologia*.

Modernidade e economismo

É preciso entender a economia não como o setor de atividade que regula o comércio de bens e o mercado financeiro, nem como a disciplina que os

---

[368] Jacques Chirac, declaração nas eleições presidenciais de 1988.
[369] Jacques Chirac na conferência de Haia em novembro de 2000 (*Le Monde*, 21 de novembro de 2000).
[370] O "Manifesto para um desenvolvimento sustentável" (*Le Monde*, 31 de janeiro de 2002).

estuda, mas como o modo de uma sociedade representar para si a legitimidade das maneiras de gerir a vida coletiva do ponto de vista da produção e da repartição de riquezas.

A partir do momento em que foi constatado que a natureza não mais podia fornecer o que era necessário à sobrevivência do homem, produziu-se uma mudança na relação entre um e outro. A natureza não mais representava uma riqueza em si e esta só poderia ser proveniente da exploração que o homem faria da natureza, utilizando-a e transformando-a. Mudança progressiva que engendra ao fim e ao cabo de seu desenvolvimento novos problemas, pois os indivíduos não são igualmente produtores de riquezas e não têm o mesmo acesso às riquezas criadas. Nesse momento, em que a vida em coletividade ganhou importância ao organizar-se e hierarquizar-se, coloca-se a questão da gestão do bem comum, ornada de alguns fatores anexos contraditórios: fazer aceitar que os que não produzem têm o direito de consumir; fazer consumir o maior número para aumentar a circulação das riquezas; dar os meios de adquirir riquezas àqueles que não possuem (ou possuem pouco) poder de compra; e dar os meios de aumentar a produção àqueles que produzem riqueza, pois o consumo exige sempre mais produção. Daí a necessidade de uma regulação social para tentar estabelecer o equilíbrio entre produção e consumo.

Frequentemente é dito que esse imaginário produz poucos mitos[371] porque ele implica que a sociedade seja responsável por ela própria, sem recorrer a nenhuma transcendência, e que para fazê-lo ela deve funcionar segundo um princípio de realidade que a obriga a apoiar-se na razão e a banir a paixão: uma ordem da *gestão* que se oporia a uma ordem da *utopia*. Entretanto, quando se observam os discursos que configuram esse imaginário, percebe-se que eles reivindicam valores que são organizados em sistemas de crenças – em ideologia, pode-se dizer aqui – tão idealizadas quanto as outras. Há, portanto, uma *ideologia da economia* enquanto tal, lugar de uma verdade que concerne à gestão da vida coletiva em geral, e, no interior desta, outras verdades que se opõem à maneira de gerir essa vida coletiva. Por exemplo,

---

[371] "O 'discurso empresarial' usa de sua reserva mítica com parcimônia e ignora, contudo, a privação de sentido que, à sua maneira, aqueles a quem se dirige não deixam de exprimir" (Augé, 1994, p. 114).

veem-se opor a propósito da gestão do encadeamento (produção de riquezas à repartição de riquezas à produção de novas riquezas à etc.) dois tipos de discursos: o discurso de "regulação controlada" e o discurso de "autorregulação natural". Utilizamos essas expressões para evitar que a explicação seja levada ao terreno das clivagens políticas entre um socialismo estatal e um liberalismo econômico, pois os discursos de imaginários não correspondem necessariamente às imagens políticas (em todo caso, não à clivagem direita/esquerda).

O discurso de "regulação controlada" está fundado no reconhecimento de que em qualquer sociedade existem dominantes e dominados. Os primeiros seriam os possuidores, produtores de riquezas, os segundos seriam os executantes, explorados pelos primeiros. Existe, portanto, uma desigualdade que impede estes últimos de participarem da "repartição dos frutos da produção e do crescimento" como se ouve frequentemente nas declarações políticas. Ora, como as sociedades não podem se regular sozinhas, é preciso que o Estado soberano intervenha na organização do trabalho, da produção e do consumo. Ele cria para si nesse momento uma espécie de mística do serviço público, que teria por missão aperfeiçoar não somente as engrenagens da máquina de fazer circular as riquezas, mas igualmente os homens, quer sejam ordenadores, responsáveis, executantes ou consumidores. Daí os discursos sobre a responsabilidade do Estado e a legitimidade de suas intervenções para organizar sob seu controle os serviços públicos tais como a educação e a saúde, permitir que cada um tenha um trabalho (luta contra o desemprego, assegurar "a formação ao longo da vida"[372]), para aumentar o poder de compra dos menos favorecidos (redução de impostos, salário mínimo, assistências sociais diversas etc.) e melhorar a qualidade de vida reduzindo a duração da jornada de trabalho.

Há um risco, o de cair no excesso. Se, por exemplo, sob o pretexto de que o Estado tem o dever de dirigir a *res publica* (ao menos a partir do século VIII, na França), seu intervencionismo toca a todos os setores da vida social (lazeres, arte e cultura, infância, e mesmo os setores mais íntimos da vida privada), e ele não é mais um simples regulador, mas um ordenador todo-poderoso.

---

[372] Programa de Lionel Jospin (*Le Monde*, 19 de março de 2002).

Esse excesso só é possível com o consentimento mudo de grande parte da população, na qual se encontram tanto reformistas quanto conservadores que aderem ao mesmo credo administrativo-econômico e aceitam – talvez sem ter consciência total disso – que o Estado termine por se transformar em um Estado policial. Os indivíduos, qualquer que seja a classe social a que pertençam, encontram-se, então, em uma relação de "dominação legítima", para retomar a ideia de Max Weber, em relação a uma soberania estatal abstrata e burocrática; talvez o socialismo de Estado tenha morrido disso.

O discurso de "autorregulação natural" funda-se na ideia de que em toda sociedade as relações de força são inevitáveis e que elas são mesmo uma garantia de dinamismo, com cada um tentando fazer melhor que o seu vizinho; ou pior, puxando a brasa para sua sardinha. É preciso, portanto, deixar correr essa "natureza social" que no plano da gestão econômica se manifesta por uma livre concorrência entre produtores de riquezas e que deve fazer crescer o consumo: "*Laissez-faire, laissez-passer*". Trata-se aqui da lógica da dupla causalidade natural: toda a criação de riqueza acarreta a aparição de novas riquezas, e a multiplicação das riquezas termina por atingir o maior número de indivíduos. É assim com o que se chama nos países ocidentais o *desenvolvimento*:

> a ideia de desenvolvimento sempre implica uma base técnico-econômica, mensurável por indicadores de crescimento e renda. Ela supõe de maneira implícita que o desenvolvimento técnico-econômico seja a *locomotiva que promove naturalmente na sequência um "desenvolvimento humano"* cujo modelo completo e acabado é o dos países tidos por desenvolvidos ou, dito de outro modo, *ocidentais*.[373]

Basta ter confiança em uma economia de mercado cujo interesse – bem entendido, o dos produtores e consumidores – se realizaria por ele próprio. Essa autorregulação é o que legitima tal doutrina. Daí nascem os discursos que criticam o intervencionismo de Estado e outros que se pronunciam em favor de uma facilitação da atividade empresarial (diminuição da carga tributária, direito de patentes, contribuição voluntária para proteção social, desburocratização do Estado etc.).

---

[373] Morin, no *Le Monde*, 26 de março de 2002. Os destaques são nossos.

Essas duas posições, concernentes à gestão econômica da sociedade, opõem-se radicalmente, às vezes até a caricatura. Mas cada vez mais os discursos políticos fazem delas uma composição heterogênea, nem sempre evitando a armadilha de certas contradições. É por isso que temos dito que essas posições não coincidem necessariamente com as dos partidos. Trata-se antes do que poderia se chamar "culturas políticas": *estatizantes* de um lado, *liberais* de outro. Assim, teremos notado que na França sempre houve uma forte tendência à centralização; monárquica inicialmente, republicana depois, o que faz com que tanto no discurso de direita quanto no de esquerda escute-se frequentemente essa tradição jacobina que celebra um Estado forte e instituições estáveis para melhor regular a sociedade, aí incompreendido o domínio econômico.

Quer se trate de regulação controlada ou livre, assiste-se em nossos dias a uma hipertrofia do "economismo" na medida em que em nome da eficácia consumista todos os setores da sociedade, outrora um pouco à margem, são hoje objeto de propostas públicas de compra: o esporte pela via do desenvolvimento do patrocínio; as crianças pela via da publicidade dos bens de consumo ou mesmo pela via da educação; os lazeres organizados em grande escala, que não poupam da especulação uma sombra na praia, um pedaço de terreno, uma viagem, um quarto de hotel; as artes, que se tornam objeto de sobrelanços que fazem com que se confundam valor de mercado e valor artístico. O índice mais notável desse economismo é o das pesquisas, que consistem em interrogar uma amostra da população – construída segundo critérios individuais (idade, sexo), socioprofissionais (renda), e de ponto de vista (opinião) – sobre questões destinadas a revelar as apreciações ou opiniões relativas a uma dada situação social e cujos resultados são tratados estatisticamente. Porém, ao serem tornadas públicas, as pesquisas transformam-se em um discurso, o da *propaganda* que não se afirma enquanto tal, que se esconde pudicamente sob os hábitos nobres da informação, dando-se ares de cientificidade. Seus resultados, largamente difundidos pelas mídias que nesse momento os simplificam ainda mais, testemunham as grandes tendências consumistas, oferecem – na realidade, impõem – modos de comportamento: a oferta se apresenta como um modelo a seguir e cria uma demanda, deixando crer que esta é que vem primeiro. Pode-se dizer que se a publicidade invadiu completamente o espaço privado, ela, ao menos, se apresenta como um discurso de sedução com fins comerciais.

Assinalemos, entretanto, que neste século XXI que está começando emergem discursos que testemunham uma conscientização dos efeitos negativos desse economismo e que, paralelamente, surge a ideia de que é preciso buscar para esse fenômeno uma resposta que ultrapasse o simples antagonismo entre liberalismo e estatismo:

> No presente momento, nossa sociedade de consumo e a lei que ela dita no mundo engendram catástrofes humanas. Elas criam as desigualdades que conhecemos. A renda *per capita* dos 20% mais ricos da população mundial era, em 1992, 74 vezes mais elevada do que a dos 20% mais pobres; em 1960, esse número não era superior a 30 [...]. Se o homem é certamente o responsável por esse desvio do mundo, uma fração da humanidade tem a maior responsabilidade. Trata-se de nós, os mais ricos, os que estamos no lado bom desse fosso cujas bordas se afastam: aqui, aqueles cuja vida tem um preço econômico elevado; do outro lado, aqueles para quem esse preço é muito baixo e que, nada tendo a perder, estão eventualmente dispostos a tudo [...]. Acreditamos que, em uma reviravolta vital, os homens podem retomar o destino em suas mãos. Eles podem fazer cessar a deriva do mundo.[374]

Modernidade e tecnologismo

Os discursos sobre a tecnologia testemunham uma representação social sobre a maneira de enfocar o mundo e a técnica do ponto de vista de seu valor. Eles são portadores de um imaginário de verdade que está estreitamente ligado às noções de eficácia, competência e vontade de agir das quais falamos anteriormente; consequentemente, ele está relacionado à gestão da economia. De fato, supõe-se que a técnica constrói ferramentas que permitem gerir da maneira mais eficaz possível a criação e a circulação de riquezas, o que supõe competência e vontade de agir por parte de seus atores. Assim, reciprocamente, a preocupação com a eficácia faz buscar novas técnicas que estimulam a vontade de agir, fazendo crescer a competência de modo

---

[374] O "Manifesto para um desenvolvimento sustentável" (*Le Monde*, 31 de janeiro de 2002).

que o progresso técnico engendraria o progresso social. Esse discurso, enquanto representação, constrói imaginários de verdade que correm em paralelo com o desenvolvimento técnico que as sociedades conhecem.

A história desse desenvolvimento está por ser feita, mas pode-se fazer uma ideia dela mediante certos estudos que fornecem uma visão inicial, dos quais faremos aqui um breve resumo.

A Idade Média, lembra Antoine Picon, foi a época das catedrais e das fortificações em cuja edificação era empregada a competência dos *geômetras*. As catedrais foram edificadas como um desafio permanente às leis do equilíbrio (entre o peso das abóbadas interiores e a sustentação exterior pelos arcobotantes), de modo a procurar obter a maior altura possível. Apoiados no contexto religioso da elevação espiritual, podemos arriscar dizer que o imaginário técnico foi o de *geometrização vertical*. Já as fortificações foram construídas em um espírito totalmente diverso, o da proteção de um espaço de soberania contra as agressões do inimigo, as quais resultavam de lutas intestinas entre senhores feudais ou de invasões de exércitos estrangeiros. O desafio aqui era duplo: o de resistência (resistência dos materiais e espessura das construções) e de ordenação estratégica das diferentes partes das fortificações (multiplicação das perspectivas sobre os arredores). Pode-se pensar que o imaginário correspondente era o de *geometrização espacial*. Tanto em um caso quanto em outro, a concepção arquitetural resultava da "intuição geométrica"[375] e a mão do homem não se separava de seu espírito. Paralelamente, o mundo social e político era concebido como um conjunto de relações de força entre dominadores que dispunham de potência militar (ou religiosa) e dominados coagidos a fazer o juramento de obediência e fidelidade ou a se rebelarem. Trata-se ainda de uma visão ao mesmo tempo vertical e horizontal das relações humanas.

No Renascimento surgiram os engenheiros que, com os arquitetos, começaram a fazer emergir um saber-fazer conceitual: projeção mental no interior de espaços e de volumes habitados, percepção de um mundo organizado em proporções, a atividade de classificação das formas e das espécies. Engenheiros

---

[375] Picon (2001, p. 26).

e arquitetos "imaginam o mundo como um grande edifício ordenado e construído cuidadosamente de forma proporcional, a exemplo de uma igreja ou de um palácio. [...] Tudo se passa como se o engenheiro ou o arquiteto apenas reproduzissem em pequena escala os princípios da criação [...]".[376] Segue-se, então, uma dessacralização da natureza, uma vez que o homem pode tomar emprestado seu modelo para reproduzi-lo e aplicá-lo, inclusive para melhor dominar a organização social que então é objeto de uma "aritmética política".[377] O imaginário aqui é de *proporcionalidades e ordenamentos*.

O Século das Luzes faz triunfar o movimento sobre o imobilismo classificador da época precedente: "[...] o pensamento das Luzes estabelece o potencial produtivo da natureza e os movimentos de todas as ordens que são sua expressão no coração da realidade",[378] entendendo esse movimento como um princípio de vida purificador. Um modo de pensamento conceitual e abstrato, dito "analítico e funcional" (decomposição em unidades mínimas e recomposição de conjuntos segundo regras combinatórias), substitui as categorias essencializadas e cristalizadas que o precediam. Paralelamente, a organização da sociedade passava de uma concepção vertical e hierarquizada a uma concepção horizontal dinâmica, que devia promover a circulação e as trocas de bens, de pessoas e de ideias, e isso mesmo além dos territórios:

> À mobilidade dos elementos naturais deve responder a dos homens, das ideias e das mercadorias. Lutar contra os preconceitos, fluidificar a sociedade e as trocas da qual ela é a sede, tais são os novos imperativos do tempo.[379]

Encontramos a doutrina liberal do "*Laissez-faire, laissez-passer*". O imaginário aqui é de crença na onipotência do dinamismo purificador e crítico do pensamento, portanto, do *movimento*.

Com a industrialização, aparece uma nova relação entre o homem e a natureza e paralelamente novas relações entre os homens. Parecia evidente na

---

[376] *Op. cit.* (p. 27).
[377] *Op. cit.* (p. 27).
[378] *Op. cit.* (p. 30).
[379] *Op. cit.* (p. 31).

época que a natureza era uma espécie de mãe nutridora de quem apenas se podia esperar uma simples oferta de matérias em estado bruto que deviam ser transformadas em riquezas. Somente o homem com seu condão conceitual e seu trabalho podia estar em condições de operar tal transformação. Essa foi, portanto, a época em que se desenvolveram paralelamente: uma tecnologia da máquina-ferramenta para explorar as riquezas (o carvão, por exemplo), o que obriga as empresas a integrar em sua planificação orçamentária o que chamaremos doravante equipamentos; uma racionalização, dita científica, do trabalho, que separa claramente a concepção da execução e organiza a última de maneira a obter a maior rentabilidade possível com a maior economia de gestos – é o início da automatização; um mercado consumidor em que tudo passa a ser adquirido no jogo da oferta e da demanda, sendo que a primeira domina como caução de desenvolvimento. Nesse imaginário de produtivismo tecnológico, o homem que o executa não passa de um peão que pode ser manipulado no tabuleiro do comércio internacional. Ele não é mais nem mesmo aquele que com suas mãos fabrica diretamente objetos e bens de consumo, mas a máquina que é preciso aperfeiçoar sem cessar. Quer essa exploração da mão de obra se faça em uma organização coletivista de planificação do trabalho (socialismo estatal), quer se faça em um modelo concorrencial e oportunista (*laissez-faire, laissez-passer*), ela participa de um imaginário que foi fortemente criticado pelos intelectuais e artistas do mundo ocidental, sendo o filme *Tempos modernos*, de Charlie Chaplin, um dos mais belos manifestos a esse respeito.

Nossa época (fim do século xx e início do século xxi) é marcada pela tecnologia da comunicação, pela fabricação de modos de transmissão sofisticados (eletrônicos, digitais) e por uma organização das conexões em rede que permitem ao mesmo tempo fazer circular a informação em um tempo próximo daquele da palavra oral e colocar em contato direto pessoas que se encontram muito distantes umas das outras. Segue-se a emergência daquilo que Patrice Flichy chama "imaginário cooperativo",[380] que se funda em três crenças: *domínio total do saber*, existência de uma *comunidade virtual*, possibi-

---
[380] Flichy (2001, p. 57).

lidade de uma *autorregulação total*. A primeira corresponderia à impressão de que todos podem ter acesso a todas as informações que circulam no mundo e que estas seriam imediatamente compreendidas por todos; não haveria, portanto, razão para distinguir um saber erudito de um saber popular, tornando-se a vulgarização o único saber possível ao qual todos teriam igual acesso. A segunda crença seria oriunda da acumulação desses tipos de troca interativos imediatos: a constituição de grupos de discussão e, mais além, de opinião, formando assim espécies de diásporas comunitárias em torno da posição assumida em relação a acontecimentos do mundo (é assim com os *chats* e os fóruns de discussão na internet). A terceira crença resultaria da conjunção das duas precedentes: uma vez que as relações estabelecidas entre indivíduos que se encontram distantes constituem comunidades virtuais, que mais nenhuma instituição pode aplicar sanções e que ninguém dispõe de poder sobre os demais, se instalaria, então, uma autorregulação fora das relações de autoridade. Os discursos produzidos tanto por aqueles que concebem essas técnicas de comunicação quanto pelos usuários testemunham a emergência desse imaginário:

> Numerosos textos [...] mostram o internauta deixando seu corpo para viver uma nova vida não corporal em diferentes mundos virtuais; outros apresentam o ciberespaço como um espaço social completamente independente da sociedade "real", capaz de se autorregular sem nenhuma intervenção, nem do Estado, nem mesmo do mercado; outros, enfim, imaginam que a circulação da informação nas redes mundiais produz uma reviravolta completa nas regras da economia.[381]

Evidentemente, os discursos produzidos nesse imaginário de tecnologia tendem a celebrar os efeitos positivos e a mascarar os negativos, pois se trata aqui de legitimar as novas tecnologias.

A cada época corresponde um imaginário relativo à tecnologia, o qual repercute na organização social e econômica do grupo social que o produz.

---
[381] *Op. cit.* (p. 65).

O IMAGINÁRIO DA "SOBERANIA POPULAR"

Esse imaginário é sustentado pelos discursos que se referem a um mundo, atual ou em construção, onde o povo reina como responsável por seu bem-estar. Aqui está o ponto de transcendência divina, ponto de origem,[382] mas uma transcendência "apesar de tudo", que coloca o ideal do julgamento social em lugar e posição de um terceiro mítico que governaria o destino dos homens. É o mito da democracia. O povo é, então, erigido em entidade abstrata de razão, representante de uma opinião coletiva consensual resultante de uma deliberação ao longo da qual foram confrontados pontos de vista diferentes e tomadas decisões contrárias. Assim impõe-se a todos uma opinião dita majoritária. Isso faz com que – contrariamente ao imaginário da tradição, que propunha uma busca espiritual em direção a uma luz de origem – esse imaginário imponha uma luz pela vontade de um grupo, mesmo que este seja guiado por elites que se beneficiam dessa situação, pois a maioria jamais nasce espontaneamente. É preciso criar esta luz, investi-la de poder para que ela possa tomar lugar desse terceiro mítico. Assim se explica a verdade revolucionária, que partindo do questionamento do poder fundado sobre uma autoridade sagrada ou pessoal, pretensamente intocada, constitui-se na rua pela presença ou pela ação mais ou menos insurrecional de grupos que, minoritários no princípio, terminam por tornarem-se uma massa que se imagina por um tempo "a senhora do mundo". Depois vem o tempo da construção de uma mediação social, pois uma vez tomado o poder é preciso gerenciar essa vontade de viver junto, o que não pode ser feito sem que essa vontade seja esclarecida por uma luz do espírito, sem que seja guiada por um ideal supremo que funda a identidade e o destino do grupo, que serve de referência aos que, sendo representantes do povo, receberam delegação para aplicá-la: "Eu creio que, *naturalmente*, o povo é o depositário da soberania."[383]

---

[382] Salvo quando se trata de evocar um passado fundador, momento de recurso ao imaginário da tradição para consolidar o da soberania popular.

[383] Declaração de Jean-Pierre Chevènement, em um debate direto com o ministro de Assuntos Estrangeiros do governo alemão (*Le Monde*, 21 de junho de 2000). O destaque no enunciado é nosso.

Mas agora, no lugar de uma luz de origem divina, no lugar de um ideal de um outro mundo, uma e outro são de ordem temporal e humana. É o reino da justiça e da lei. Os grupos humanos só podem viver juntos "inventando, acima de suas relações sociais espontâneas, instituições e modelos de ação, que impõem regras de conduta, relações comuns, de decisão, direitos e deveres recíprocos".[384] Pode-se dizer que essa mediação só funcionaria "com a ajuda de um pouco de autoridade divina",[385] que não é mais que a substituição de uma figura de poder espiritual por outra.[386] Isso não impede os discursos constituintes desse imaginário de reclamarem valores, diremos nós, laicizados, originários de uma "contratualização social". Existe a crença em uma transcendência, mas esta não é exterior ao homem, que a constrói para si em uma busca de unidade que considera a diversidade:

> Uma República viva, que leve em conta os movimentos da sociedade e as aspirações dos cidadãos de hoje. Uma República mais democrática, que acorde mais poder ao povo e destaque melhor a responsabilidade do eleito. Uma República una e indivisível. Mas que recusa confundir unidade e uniformidade. Que recusa assimilar, à indivisibilidade, o esquecimento, o desdém ou a negação da diversidade. Uma República que se afirma no centro de uma Europa unida. Mas no centro de uma Europa das nações que respeita identidade de cada uma delas.[387]

Três discursos correlatos se inscrevem nesse imaginário: o discurso do direito à identidade, o do igualitarismo e o da solidariedade.

O direito à identidade

O discurso do direito à identidade repousa, em seu próprio fundamento, sobre uma ambiguidade: de qual grupo se trata? Efetivamente, os grupos sociais têm essa característica de se constituírem e se desconstituírem com os eventos aleatórios (ou os lógicos) da história: ora se reagrupam e mesmo

---

[384] Wunenburger (2002, p. 9).
[385] *Op. cit.* (p. 68).
[386] O que justifica uma vez mais a expressão utilizada por Durkheim, "divino social".
[387] Declaração de Lionel Jospin ao *Le Monde*, 5 de setembro de 2000.

se fundem a outros sob o efeito de relações de dominação, ora desaparecem, ora ressurgem, ora coexistem com outros em suas relações de inferioridade ou de superioridade.

Se admitirmos que em um grupo social estão em conflito permanente uma consciência do "eu social" e uma do "eu individual", no nível dos grupos estão em conflito o eu de um grupo local e o eu de um grupo que o engloba. Isso acontece no interior dos Estados-nações com as regiões que estão em seu interior, assim como nas relações entre os primeiros e as entidades que os englobam, tal como a União Europeia. Coloca-se, então, a questão de saber se as relações que os grupos mantêm entre si devem ser de integração ou de assimilação das diferenças em proveito de um corpo social mais abstrato, mas julgado superior na simbologia comunitária, criando, assim, uma identidade coletiva reconhecida pelas instituições (a nação), ou se as relações devem ser de defesa do grupo local e de preservação de sua identidade (a região). São sempre essas duas concepções que engendram dois pontos de vista antagônicos. Um prega a assimilação para criar um homem novo pela fusão das diferenças, fazendo com que sejam abandonadas as especificidades de cada um e perdida a memória das origens. Outro reivindica as diferenças, opondo-se a toda integração em um corpo social superior e chegando ao ponto de provocar dissidências e separatismos acompanhados mesmo de atos de violência, como nos mostrou o fim do século XX (País Basco, Córsega, Bálcãs etc.).

De fato, tudo se passa como se se opusessem duas soberanias com seus aspectos positivo e negativo. Uma, *a priori* aberta à presença do outro, tolerante em nome de princípios universalistas, mas que procura assimilar as diferenças e tornar o estrangeiro semelhante ao modelo dominante (foi o caso das colonizações). A outra, mais fechada, com um grupo que se sente ameaçado por um outro que desejaria assimilá-lo; essa soberania é impulsionada pela força das querelas locais que procuram defender seu domínio de influência identitário e às vezes até reivindica um retorno à sua identidade de origem em nome de princípios de identidade, de autenticidade étnica, histórica, religiosa. Diante da ameaça que representam outros grupos ou um grupo dominante, essa soberania pode tornar-se intolerante, excludente, chegando à eliminação física do outro (genocídios). Entre essas duas soberanias que podem ser chamadas uma de "universalista" e a outra de "diferencialista", para retomar os termos de Todd,[388] há uma terceira que tenta fazer com que grupos diferentes coexistam pacificamente em nome de princípios cujos valores simbólicos são suficientemente abstratos para que tais grupos (cujo antagonismo poderia ir até o ódio) possam assumi-los mesmo vivendo de maneira separada: essa soberania repousa sobre uma organização segregada do espaço público em nome de um valor de tolerância[389] (o *melting-pot* americano).

No momento atual, no debate que se instaura entre os países da Europa, vê-se esses diferentes discursos oporem-se na boca de diversos políticos. A propósito de uma possível união europeia, alguns pregam uma ligação forte sob formas mais ou menos fusionais de federalismo dos Estados-nações, enquanto outros pedem uma união que preserve a especificidade destes, fustigando os projetos federalistas que representariam "um grande risco para a democracia que, na Europa, vive nas nações".[390] Essa oposição é atestada por este diálogo franco-alemão:

> Fischer: Eu não compreendo por que vocês são tão hostis ao federalismo. Para vocês uma Europa centralizada deveria ser o verdadeiro pesadelo. Se nós estamos de acordo que a Europa vai se construir, porque ela deve se fazer, como deve ela ser, senão federal? A alternativa é simples: Europa federal ou Europa centralizada [...]. Ou Europa nenhuma, o que é a pior perspectiva.
> Chevènement: Nós podemos ter uma associação política de Estados-nações que de uma certa maneira...
> Fischer: Isso não é a Europa!
> Chevènement: [...] A união europeia existe e não se pode criar no interior da União Europeia, em meu entendimento, um núcleo duro que seria federal. Podem-se criar cooperações reforçadas [...].[391]

No interior desses mesmos Estados-nações, os partidários de uma soberania nacional e os de soberanias regionais estão em oposição. Os primeiros

---

[388] Ver Todd (2003).
[389] Não se trata mais aqui da tolerância que assimila em nome de princípios universais, mas de uma tolerância que compõe entre as diferenças e as faz coexistir.
[390] Chevènement, no *Le Monde*, 21 de junho de 2000.
[391] *Le Monde*, 21 de junho de 2000.

estimam que as regiões que compõem a nação têm dever de fidelidade e de obediência para com o Estado e suas instituições, ainda que aceitem que alguns poderes de gestão autônomos lhes possam ser transferidos, às vezes no quadro de uma centralização, às vezes indo até a autonomia (Espanha), mas não aceitam uma independência. Os últimos reclamam a possibilidade de exercer a soberania plena e inteira no interior de seu território, cuja geografia e história justificariam uma independência (os independentistas corsos, catalães ou bascos). Entre essas duas atitudes, outros discursos defendem uma posição média:

> Não, a República, que é o nosso bem comum, não está em perigo. Não, a nação à qual estamos profundamente ligados não está ameaçada. Nós pensamos, ao contrário, que o processo em curso é o melhor meio de inscrever o futuro da Córsega na República. Uma República que tem uma história, que não está congelada em uma rigidez temerosa, mas que transcende as adversidades sem destruí-las [...].[392]

Depois, em escala mundial, coloca-se a questão do tratamento global das forças econômicas, o que chamamos globalização. Aqui também se enfrentam os discursos dos que a defendem e o de seus oponentes. Para os primeiros, a globalização é um meio de produzir riqueza sem a qual não haveria nada a repartir, e um meio de evitar os *crashes* econômicos e financeiros que são nocivos para todos os países do planeta. Os segundos se elevam contra os malefícios de tal globalização da produção e da circulação de bens econômicos e culturais, recriminando-a por cavar um fosso ainda maior entre ricos e pobres, e de fazer desaparecer as especificidades identitárias dos povos e das culturas sob uma única e mesma razão econômica.

De maneira mais geral, pode-se dizer que duas concepções de soberania estão em oposição: uma que pode ser denominada *popular*, no sentido de que os indivíduos se reconhecem como pertencentes a uma massa social de trabalhadores que não possui nenhum poder institucional ou econômico (o de direção do mundo empresarial), soberania que é mantida por um discurso que abole as fronteiras nacionais ("Trabalhadores de todo o mundo,

---

[392] Réplica de Lionel Jospin às críticas de Jean-Pierre Chevènement, no *Le Monde*, 5 de setembro de 2000.

uni-vos!"³⁹³), e que encontramos agora nos movimentos antiglobalização; e outra da *preferência nacional*, fundada sobre o passado histórico, sustentada pelos discursos de especificidade identitária ("Um povo, uma língua, uma nação"), que pode ir até uma concepção quase tribal da nação: "A nação francesa é um povo, portanto, uma comunidade de mulheres e de homens unidos por laços de solidariedade e de fraternidade, comparáveis, em menor grau, aos que existem em uma família",³⁹⁴ e que pode engendrar, como acabamos de ver, discursos de exclusão: "Sim, somos a favor da preferência nacional pois somos pela vida contra a morte, pela liberdade contra a escravidão, pela existência contra o desaparecimento."³⁹⁵

A isso é preciso evidentemente acrescentar que estando o conceito de soberania ligado ao de identidade coletiva, seu sentido varia conforme a maneira como os grupos sociais definem a noção de comunidade. Constatar-se-á, por exemplo, que essa noção não é concebida da mesma maneira na Inglaterra, onde há uma tradição mutualista e territorializante; na Alemanha, em que a tradição é federalista; e na França, em que a tradição é centralizadora. Nesse momento, a relação entre o povo e as elites não é concebida da mesma maneira em um país ou em outro e a noção de soberania será sentida como mais ou menos universalizante.³⁹⁶

O igualitarismo

O discurso do igualitarismo prega uma sociedade fundada na (ou que procura atingir a) justiça absoluta. Isso implica o apagamento de certas diferenças entre os indivíduos que vivem em uma mesma comunidade, ao menos no que diz respeito à sua identidade e à sua possível ação em relação às instâncias que os governam.

---

[393] *Slogan* da III Internacional Comunista.

[394] "A questão sobre o social", carta de Jean-Marie Le Pen, 1º de setembro de 1989.

[395] "Imigração: a Europa em primeira linha", carta de Jean-Marie Le Pen, 15 de maio de 1991.

[396] As coisas não são simples: na Inglaterra, por exemplo, o sufrágio universal foi rejeitado e substituído por um colégio eleitoral, privilégio dado a um grupo socialmente identificado. Em contrapartida, na França, o direito ao voto para as mulheres foi proibido por muito tempo, pois era considerado uma intrusão de um direito universal em um comunitário.

Igualdade do ponto de vista do poder econômico, que faça com que nenhum indivíduo conheça o estado de miséria: "É preciso que cada francês tenha sua justa parte nos frutos do crescimento."[397] De acordo com o sistema de ideias a que se referem, os discursos políticos vão desde a reivindicação de uma repartição perfeitamente igualitária dos bens comuns até uma distribuição proporcional, quando se admitir que a repartição não pode ser perfeitamente igualitária. Mas, evidentemente, no último caso, apresenta-se o problema da determinação dos critérios que permitiriam avaliar essa proporcionalidade. Por essa igualdade econômica seria assegurada a dignidade humana e, além dela, a possibilidade de cada indivíduo satisfazer a maioria de suas necessidades por bens de consumo: "É preciso manter a proteção social e dar a todos, jovens e menos jovens, pela educação e pela formação, a primeira dignidade do homem: ter um trabalho."[398] Em tal perspectiva, não é de se espantar que surjam enunciados como "É preciso reduzir, neste país, a fratura social", "É preciso sustentar a França dos que pouco têm" ou apareçam declarações populistas, que denunciam o confisco do dinheiro por uma casta de bem-nascidos que governariam o mundo econômico, e que conhecem um sucesso popular imediato, sobretudo em um período de desemprego crescente ou de recessão econômica, e isso tanto junto aos setores mais desfavorecidos da população quanto junto aos mais favorecidos, que pregam uma sociedade igualitária.[399]

Igualdade do ponto de vista da identidade cidadã, que deveria abolir a diferença de tratamento que poderia se dar em função da pertença dos indivíduos a uma raça, etnia, religião, um sexo, uma idade etc. Trata-se aqui de um princípio de não discriminação que se encontra explicitamente formulado em diferentes Constituições ou cartas comunitárias como a da União Europeia:

CAPÍTULO 1: IGUALDADE

> Artigo 20: igualdade de direitos
> Todas as pessoas são iguais perante a lei.

---

[397] Declaração de Jacques Chirac, em campanha presidencial de 1988.

[398] Declaração de Jacques Chirac, em campanha presidencial de 1988.

[399] Foi assim que nas eleições presidenciais de 1995 os intelectuais de esquerda pediram votos para Jacques Chirac.

Artigo 21: não discriminação
1. É proibida toda discriminação fundada notadamente no sexo, na raça, na cor, nas origens étnicas ou sociais, nas características genéticas, na língua, na religião ou nas convicções, nas opiniões políticas ou em qualquer outra opinião, na pertença a uma minoria nacional, na fortuna, no nascimento, na deficiência, na idade ou na orientação sexual.
2. No domínio da aplicação do tratado que institui a Comunidade Europeia e do tratado sobre a União Europeia, e sem prejuízo das disposições particulares dos referidos tratados, é proibida toda discriminação fundada na nacionalidade.

Artigo 22: diversidade cultural, religiosa e linguística
A União respeita a diversidade cultural, religiosa e linguística.

Artigo 23: igualdade entre homens e mulheres
A igualdade entre homens e mulheres deve ser assegurada em todos os domínios. [...] Esse princípio não impede a adoção de medidas que concedam vantagens específicas em favor do sexo sub-representado.

Artigo 24: direitos da criança
1. As crianças têm direito à proteção e aos cuidados necessários ao seu bem-estar. Elas podem exprimir sua opinião livremente. Esta é considerada para os assuntos que as concernem, em função de sua idade e de sua maturidade. [...]
3. Toda criança tem direito de manter regularmente relações pessoais e contatos diretos com seus dois pais, salvo se isso for contrário a seu interesse.

Artigo 25: direito das pessoas idosas
A União reconhece e respeita o direito das pessoas idosas a levar uma vida digna e independente e a participar da vida social e cultural.

Artigo 26: integração das pessoas deficientes
A União reconhece e respeita o direito das pessoas portadoras de deficiência de beneficiarem-se de medidas visando a assegurar sua autonomia, sua integração social e profissional e sua participação na vida da comunidade.

Ao pretender-se multiétnica e multirreligiosa, essa igualdade cidadã somente pode se fazer ao preço da neutralização daquilo que constitui, por

outro lado, a especificidade do indivíduo, a qual, no entanto, é necessária à existência de uma consciência de si. Coloca-se de novo a questão de saber se esse igualitarismo deve se fundar em um processo de integração-assimilação das diferenças ou de preservação das diferenças em uma vida de coexistência.

Igualdade também ao olhar da lei que deveria reconhecer os mesmos direitos e os mesmos deveres a todos os cidadãos em relação à justiça, que deveria abolir todo privilégio daqueles que estão investidos de uma responsabilidade institucional; estaria aqui a tarefa suprema à frente do Estado. É aqui reclamada uma igualdade entre as elites e o povo, de maneira que a justiça seja igual para todos, sendo as pessoas "todas iguais perante a lei". Assim se propagam certos discursos reivindicatórios: o direito de certas categorias sociais de serem reconhecidas institucionalmente (os homossexuais, os casais não casados, as prostitutas); direito das mulheres de ocupar os mesmos postos de responsabilidade que os homens (na política, na empresa) etc.

Talvez seja dada a essas reivindicações uma resposta em termos de cotas ou de paridade. Em contraponto a essas reivindicações, os partidos extremistas – e mesmo aqueles que o são em menor grau –, tanto de esquerda quanto de direita (ao menos em certo número de países como a França e a Itália), denunciam as elites como responsáveis pelas desigualdades. Agora são denunciados a burguesia, os patrões, a Bolsa, as grandes empresas: "Combatemos [os transgênicos] não apenas pelas consequências em matéria de saúde, mas também para impedir que as multinacionais atentem contra as espécies e cartelizem o mundo como um todo";[400] aqui são questionados os "cambalachos", os "acordos espúrios" e outros "comportamentos mafiosos" por parte das elites que estão no poder; ainda são os arcanos burocráticos nas mãos de um punhado de burocratas atrás dos quais se refugiam essas mesmas elites, tomando decisões às cegas e decidindo o futuro de todos, longe das preocupações do povo, que aqui são alvo das críticas. Além disso, na maior parte do tempo, todos esses fatores, simultaneamente, é que são objeto das condenações feitas por certos partidos: "Não à Europa fascista,

---

[400] Noël Mamère em seu programa, *Le Monde*, 5 de março de 2002.

não à esquerda nazista!",[401] exclama Umberto Bossi, secretário-geral da Liga do Norte, na Itália, "Protejamo-nos dos demônios da política",[402] declara Jean Saint-Josse, representante dos caçadores e pescadores.

A esse imaginário do igualitarismo se ligam os discursos sobre a *segurança*: todo cidadão tem direito a uma proteção que preserve seus bens e sua vida. Para fazê-lo, é preciso que a lei seja aplicada, pois somente ela pode garantir o direito à existência e à igualdade entre os membros da sociedade. Essa opinião é largamente partilhada por todos os políticos, qualquer que seja sua filiação partidária, e seus discursos repetem à exaustão que em um país democrático é preciso que a "força permaneça com a lei". Mas é sobre a maneira de conceber essa "força" que se operam as clivagens, sobretudo em período de crise social. De um lado, será reclamado que a lei seja aplicada com todo seu rigor, portanto, que se dê à força policial e à justiça os meios de exercer esse poder. Os discursos são, então, antes centrados na *sanção*:

> o problema é a impunidade. É preciso lutar contra a impunidade. [são necessários, portanto] mecanismos que permitam a sanção que sozinha possibilita a dissuasão. [...] A chegada da polícia é o princípio da sabedoria. Se a polícia não sanciona, não há mais polícia.[403]

Do outro lado, reconhecendo "que não há impunidade para os delinquentes, [que] toda ação, se delituosa, merece uma sanção [...]",[404] serão propostas ações que melhoram as condições de vida dos delinquentes potenciais, e os discursos serão mais centrados na *prevenção*.

A solidariedade

O discurso da solidariedade está estritamente ligado ao da igualdade. É como se, tomando consciência de que a igualdade cidadã está longe de

---

[401] *Le Monde*, 5 de março de 2002.
[402] *Le Monde*, 20 de março de 2002.
[403] Declaração de Jacques Chirac, em uma reunião em Mantes-La-Jolie, março de 2002.
[404] Declaração de Lionel Jospin, ao canal de televisão France 2, em 5 de dezembro de 2001.

reinar em todos os grupos sociais, fosse preciso contribuir para promovê-la por toda parte. Aqui reapareceu por uma outra porta o movimento de globalização identitário, pois a ação de repartir um bem que possuímos com o outro ou com aqueles que nada têm só pode ser justificada em nome de uma identidade comum: a humanidade. Nesse momento, a partilha torna-se um dever em relação ao outro que sofre, que reclama seu direito e que deve ser considerado um irmão:

> Não basta que a coletividade alivie sua consciência distribuindo auxílios sociais, é preciso ir até aqueles que necessitam de nós e ajudá-los a encontrar, ou a reencontrar, totalmente, seu lugar em nossa sociedade.[405]

Assim são justificados pelo discurso os engajamentos nas guerras ditas de libertação em relação a um opressor e que acontecem em um território estrangeiro (as brigadas internacionais durante a guerra civil espanhola, as alianças de países ocidentais durante a Guerra do Golfo) e, mais recentemente, o "direito de ingerência" nos conflitos étnicos no interior de uma soberania nacional e estrangeira (guerras na Bósnia e em Kosovo). De fato, os discursos fazem a noção de solidariedade deslocar-se de um "direito de intervenção" para um "dever de intervenção" em virtude de uma causa humanitária. E é a esse imaginário de solidariedade humana a que também se uniu o discurso ecologista que reivindica "um dever de proteção da natureza", não apenas para ela própria, mas por uma grande harmonia e bem-estar de toda a humanidade.[406]

É em referência a esse imaginário de solidariedade que se produzem os grandes movimentos contra a globalização (Fórum Social Mundial de Porto Alegre), contra os atos terroristas (manifestações na Espanha e nos EUA), contra a pusilanimidade da justiça (a "Marcha branca" na Bélgica). Se expressa aqui uma vontade cidadã de fraternidade, marca de uma consciência social que se sonha soberana. É igualmente recorrendo a esse imaginário que se proclamam os atos de arrependimento de que já falamos:[407] a instância política

---

[405] Declaração de Jacques Chirac, na campanha presidencial de 1988.
[406] Por detrás desse discurso, encontra-se seu contrário: o discurso do homem arruína sua própria felicidade, em razão da destruição da natureza.
[407] Ver adiante: "O *ethos* de identificação".

pela voz de seu responsável supremo assume a consciência coletiva, instaura-se como representante de um povo solidário e pede perdão publicamente por uma falta cometida contra outro povo. É também em nome desse imaginário que se criam e se realizam movimentos de defesa dos grupos desprotegidos: as crianças espancadas ou exploradas no trabalho; mulheres que sofrem castigos cruéis (lapidações), mutilações (excisões), privações de direito (separação dos filhos em favor de um dos pais ou perda da guarda dos filhos), práticas frequentemente justificadas pelos costumes, regras ou ritos ancestrais.

Há uma outra forma de solidariedade, mais política, que diz respeito à gestão dos negócios sociais e econômicos e que consiste em promover o encontro dos atores sociais para que, juntos, estabeleçam acordos. Não se trata mais de uma solidariedade no sentido único do Estado para com os desprovidos, nem dos bem-nascidos para com os pobres, mas de uma concepção da gestão dos negócios que preconiza que os parceiros no desenvolvimento de um setor de atividade sejam solidários na vontade de alcançar uma solução comum. Na gestão dos negócios políticos, sociais e econômicos, essa forma de solidariedade leva o nome de *parceria, negociação* ou *diálogo social*: "[...] dar mais espaço aos parceiros sociais, [e] permitir-se optar pelo caminho de negociação".[408]

É igualmente em nome desse ideal de soberania popular que se praticam os atos de *insubmissão*. Isso pode parecer contraditório, uma vez que a soberania popular se sustenta em um movimento coletivo majoritário, e que a insubmissão é sempre praticada por uma minoria. Entretanto, esses movimentos se autojustificam, e discursos produzidos no momento o atestam, ao colocar em prática os valores que eles defendem, mostrando que são valores supremos da humanidade (recusar-se a matar, a humilhar o outro, a agir de maneira contrária aos interesses do povo); além disso, eles consideram que lhes cabe falar pelo povo, pois este não saberia ou não poderia dizer que é explorado ou enganado. Esse ato de solidariedade para com um povo que sofre e que não se dá conta disso seria uma maneira de salvá-lo; isso aparece em textos como os *manifestos*.[409]

---

[408] Lionel Jospin, em reunião em 21 de março de 2002 (*Le Monde*, 22 de março de 2002).

[409] Lembremos o *Manifesto dos 121*, que em 1961, em plena Guerra da Argélia, foi uma declaração sobre o direito à insubmissão durante o conflito.

Os desvios do soberanismo

Ao ser interpretado de maneira extremista, esse imaginário de soberanismo popular pode apresentar desvios. O desvio do *protecionismo* em nome da defesa dos interesses do grupo: efeito de fechamento sobre si (querelas locais) contra o efeito da abertura; por exemplo, quando o direito de voto é negado às populações estrangeiras que residem e trabalham no país.[410] O desvio do *poder pessoal*, quando em nome da ignorância das massas lhes é imposta uma política que serve apenas aos interesses particulares de uma pessoa, de seu grupo ou do aparelho de Estado com seus *apparatchiks*. Nesses casos, mesmo que o poder se paramente dos adereços da absoluta soberania popular, é subtraída do povo qualquer possibilidade de fazer ouvir uma voz, portanto, de participar seja da maneira que for da governança do país. Igualmente, o desvio da *exclusão*, que longe de procurar integrar as diferenças, procede à sua eliminação por massacres, extermínios de populações, seleções eugênicas, tudo em nome de uma cruzada contra o impuro, o infiel, o imigrante invasor, em nome de um retorno à pureza étnica e religiosa: ao direito de ingerência opõe-se, então, o direito de uma soberania étnica ou religiosa. Nesse momento, produz-se uma perversão do imaginário da soberania popular, pois no lugar de se fundar sobre uma vontade coletiva de partilha e de viver junto, ele se funda no retorno às origens, um estado de pureza original ou a um estado fundador do grupo. O outro é então negado em sua diferença ou na reivindicação desta: "Os nacionalistas corsos são antes de tudo antifranceses. Por esse título, eles merecem ser combatidos."[411] Quando o direito à soberania dominante encontra-se, supostamente, ameaçado, surge o discurso do *complô*: na extrema esquerda, o complô internacional da burguesia proprietária contra o povo explorado; na extrema direita, o complô internacional contra a "preferência nacional" ou a "raça europeia".[412] Nesse caso, o imaginário da tradição substitui o da soberania popular, mas deixando crer que é sobre este que se apoia

---

[410] Mas aqui haverá sempre contradição entre a tolerância da abertura e o preço a pagar, que é frequentemente a assimilação, portanto, a perda de sua identidade.

[411] Jean-Pierre Chevènement, entrevista concedida ao *Libération*, 4 de setembro de 2000.

[412] *Slogans* de Le Pen.

o exercício do poder. Assim foram justificados os totalitarismos modernos: é proposto ao povo devolver-lhe uma identidade perdida para que reencontre uma soberania de povo eleito como foi o caso do nacional-socialismo. O totalitarismo "repousa geralmente sobre uma negação da diferença, da heterogeneidade do real [...]".[413]

O recurso ao imaginário de soberania popular, qualquer que seja o desvio, repousa sobre uma ideia – uma ideologia, poderíamos dizer – já antiga, descrita por Maquiavel: as massas não podem saber nem conhecer tudo, portanto, devem ser influenciadas para o seu próprio bem. Seu suposto estado de não competência, aliado à indeterminação, na verdade, à heterogeneidade de opiniões que elas encerram, as tornam manipuláveis, e a luta para adquirir uma posição de soberania ou para exercê-la torna-se, nesse momento, a arte de manipular as massas. Evidentemente, isso não pode ser dito explicitamente; nenhum político poderia se valer de tal ideologia, dado o risco de se ver desacreditado.

É verdade que em oposição a essa ideia pode-se alegar que o termo manipulação é muito forte, que ele não vale senão para os regimes totalitários, que as massas não são tão amorfas quanto essa ideologia quer sugerir, à qual se pode opor, além disso, a das Luzes, que exigiria que os Estados se desenvolvessem por meio da educação, da consciência cívica e política dos cidadãos. Às vezes acontece mesmo de as massas serem muito ativas, como testemunham as revoltas e insurreições citadinas que a história tem conhecido desde o século XVIII. Isso não impede que permaneça a ideia de que a soberania se apoia nas relações não ditas entre dominantes e dominados, no poder dos governantes e na submissão dos governados, no saber e na competência de uns e na ignorância e impotência de outros. Apesar do discurso que nega essa ideologia, tanto em relação aos governantes quanto aos governados, apesar do fato de os governantes ou outros chefes de Estado considerados tiranos ou ditadores terem sido derrubados por movimentos insurrecionais, esse discurso que concerne às massas permanece latente em qualquer sociedade, seja qual for o regime político.

---

[413] Wunenburger (2002, p. 85).

O DISCURSO POLÍTICO E A CONJUNÇÃO DE IMAGINÁRIOS OPOSTOS

A arte do discurso político é a arte de dirigir-se ao maior número de indivíduos para fazê-los aderir a valores comuns. Sempre foi assim, mas sabe-se que a própria maioria se compõe de grupos de opinião diferentes, que mudam ao longo do tempo. Quem quiser tentar atingi-los deve, então, perguntar-se quais são os imaginários que os caracterizam, quais poderiam ser seus pontos comuns e como fazê-los coexistir a fim de construir uma *opinião média*. É por isso que o discurso político oscila frequentemente entre duas posições contraditórias: se defende uma posição ultratecnicista, cai em contradição com o imaginário da tradição, se defende uma opinião antitecnicista, cai em contradição com o imaginário da modernidade.

No primeiro caso, o político será taxado de tecnocrata frio e desumano, que vê apenas o desenvolvimento tecnológico em detrimento do fator humano, além de se tornar suspeito de querer a internacionalização e, pior, a globalização das relações econômicas, que causa a perda de toda identidade das comunidades existentes. Ele suscitará o descontentamento dos adeptos do trabalho artesanal, do comércio local, da defesa da natureza e da soberania das comunidades nacionais e se privará do apoio das forças conservadoras mais ligadas ao imaginário da Tradição.

No segundo, ele será taxado de passadista, incapaz de compreender e de se adaptar às exigências do desenvolvimento tecnológico, condição do progresso social e garantia de independência nacional (o que pode parecer contraditório, mas não é). É esse mesmo discurso que sustenta o desenvolvimento de armas de guerra e, mais recentemente, da força nuclear, destacando para os civis os impactos positivos dessa tecnologia – apresentada como garantia de independência em relação a outras potências. Outros, em contrapartida, denunciam os efeitos negativos que causam a destruição da natureza. Esse discurso é empregado apenas quando se trata de chamar para a guerra, armada ou econômica, e de mostrar sua superioridade mundial. Foi o caso, no passado, de Ronald Reagan com a "guerra nas estrelas" e recentemente de George W. Bush, que aumentou o orçamento da defesa para lutar contra o terrorismo mundial. Na França, em contrapartida, onde parece que o desenvolvimento tecnológico é aceito mais como um fato dado do que desejado, constata-se que os discursos dos políticos raramente celebram o progresso técnico e que se referem antes ao bem-estar da tradição: um presidente da República que involuntariamente revelou sua ignorância em matéria de informática (ele chamou o *mouse* de "ratazana") foi objeto da zombaria dos humoristas, mas nem por isso foi menosprezado pelo cidadão.

O discurso do compromisso

O político, sobretudo em período eleitoral, deve também se mostrar prudente. Por exemplo, na ocasião da campanha eleitoral para a presidência da República de 2002, na França, ouviram-se declarações que se entregaram a esse exercício:

- Discursos que tentaram casar os dois imaginários antagônicos de Tradição e de Soberania popular: manter um equilíbrio entre uma definição do povo fundada em uma identidade de origem e em valores transmitidos de geração em geração, e uma definição fundada em seu poder de escolher livremente seus representantes. Para esse fazer, um discurso reivindica um consenso herege, mas em uma soberania renovada que leva em conta o presente. A Jean-Pierre Chevènement, que propõe ao país "três grandes causas nacionais [...], três revoluções legais, a França redescoberta, a cidadania ressaltada, o trabalho revalorizado",[414] Lionel Jospin, seu ex-aliado, opõe "O pacto republicano [...], nem nostálgico, nem passadista, mas fundado nos valores de hoje".[415]

- Discursos que tentaram conciliar o particular e o universal do imaginário de soberania: "Imaginemos um continente pacífico, liberto de suas barreiras e de seus entraves, em que a história e a geografia sejam enfim reconciliadas, permitindo assim a todos os Estados da Europa construir em conjunto seu futuro, depois de ter seguido caminhos separados no Oeste e no Leste. Um espaço de liberdade e de oportunidade, em que

---

[414] *Le Monde*, 1º de março de 2002.
[415] "O tempo de responder", *Le Monde*, 1º de março de 2002.

cada um poderá se deslocar, conforme sua preferência, para estudar, trabalhar, empreender e completar sua cultura. [...] Mas também um espaço onde subsistam e se desenvolvam fortes identidades culturais, ao mesmo tempo conscientes de sua origem, e curiosas em relação às trocas que podem estimulá-las."[416] E ainda: "É preciso definir em conjunto uma política de imigração que respeite ao mesmo tempo nossa identidade nacional e, claro, os direitos do homem",[417] tentativa para fundir o nacional ao universal.

- Discursos que tentaram compatibilizar no mundo da economia moderna uma gestão de tendência estatal e outra da livre troca. Efetivamente, essa oposição remete a outra ainda mais fundamental ao olhar do ideal social: é possível ser ao mesmo tempo a favor de uma soberania estatal, que responda a forças centrípetas que conduzem os povos a definirem-se identitariamente no quadro dos Estados-nações, e a favor de uma economia liberal, que responda a forças centrífugas que provocam uma fragmentação identitária e obrigam os Estados a se dobrarem às exigências das leis mundiais? Daí os discursos que tentaram conjugar esses dois ideais: "Um espaço que se identifica pela maneira como conseguirá realizar a síntese entre o dinamismo da criação, a necessidade de solidariedade e a proteção dos mais fracos e dos mais desprovidos".[418] Essa é a posição expressa de outro modo por um sociólogo: "Necessitamos não de mais Estado ou de mais mercado, mas de menos Estado e de menos mercado e de mais iniciativa, negociações, projetos, conflitos propriamente sociais."[419] Há também discursos que procuram promover uma gestão econômica que tenha por finalidade confessa a produção, sem, no entanto, abandonar a preocupação com o igualitarismo: "A lógica do lucro não deve ser exercida em detrimento do emprego",[420] ou "É preciso revalorizar o gosto pelo risco, estimular a criação, lutar contra as

---

[416] Discurso pronunciado em uma quinta-feira, 28 de fevereiro de 2002, por Valéry Giscard d'Estaing, diante da Convenção sobre o futuro da Europa.

[417] Jacques Chirac, declaração na campanha presidencial de 1988.

[418] *Ibid.*

[419] Touraine (1999).

[420] Declaração de Lionel Jospin na saída do seminário do governo, 31 de março de 2001.

desigualdades no momento em que elas são criadas. É preciso instaurar um socialismo de produção."[421] Esse mesmo posicionamento foi defendido por um homem de direita em outro continente: "Nós não cremos no neoliberalismo aplicado segundo a prática cega do mercado, que, na América Latina, gerou tanta marginalização e pobreza [...], mas também não cremos num velho estatismo."[422] Trata-se aqui de unir modernidade à tradição, de conciliar um princípio de igualdade, como perspectiva de redução das desigualdades e da exclusão, alicerçado em um sistema de repartição das riquezas (que atenua os efeitos de um sistema fundado unicamente em uma lógica do lucro), e um princípio de concorrência, como perspectiva de desenvolvimento da produção, fundado em um sistema de capitalização pessoal em função do mérito.

- Enfim, e como coroamento das declarações precedentes, tentar não opor as exigências da modernidade, com seu séquito de globalização econômica, desenvolvimento tecnológico e fabricação perversa de novos pobres, às exigências de igualdade social que passam por um controle regulador do Estado: "[...] modernizar nossas empresas para tornar nossa indústria e agricultura ainda mais competitivas. [...] Mas não haverá França unida, França forte, França dinâmica, a não ser que, ao mesmo tempo, lutemos contra as injustiças, corrijamos as desigualdades, escolhamos a solidariedade",[423] o que mais tarde será chamado de "modernidade partilhada".[424]

Às vezes, o discurso político conjuga vários imaginários de verdade, como atesta essa profissão de fé de um candidato francês à presidência da República, a qual tenta reunir várias soberanias:

> Uma República viva, que leve em conta os movimentos da sociedade e as aspirações dos cidadãos de hoje. Uma República mais democrática, que para isso conceda mais poder ao povo e defina melhor

---

[421] Dominique Strauss-Kahn em entrevista, *Le Monde*, 23 de janeiro de 2002.

[422] Vicente Fox, então candidato à presidência da República mexicana e pertencente ao conservador Partido da Ação Nacional (PAN), em entrevista concedida ao jornal *El País*, 1º de julho de 2000.

[423] Alocução de François Mitterrand, 11 de abril de 1988.

[424] Lionel Jospin, *Le Monde*, 6 de março de 2002.

a responsabilidade do eleito (soberania popular). Uma República una e indivisível (soberania nacional), mas que recuse confundir unidade e uniformidade, que recuse assimilar o esquecimento, o desprezo ou a negação da diversidade à indivisibilidade (soberania nacional e local). Uma República que se afirma no centro de uma Europa unida (soberania supranacional), de uma Europa das nações, que respeite a identidade de cada uma delas (soberania nacional).[425]

Pode ser que isso não traga nada de novo e que se trate aqui apenas da emergência periódica de dois ideais já definidos na Antiguidade pelos gregos: de um lado, "o bem viver" ligado ao "interesse público" e à "preocupação com o cidadão", que responde ao imaginário da soberania popular; de outro, "o bem-estar" ligado ao "interesse privado" e à "preocupação com o consumidor", e que responde ao imaginário da modernidade.

---

[425] Discurso de encerramento de Lionel Jospin, na universidade de verão do Partido Socialista, domingo, 3 de setembro de 2001 (La Rochelle).

Balanço
Uma questão em debate: degenerescência do discurso político ou nova ética?

"Nenhuma sociedade pode economizar [o valor político], pois é pela política que ela afirma uma vontade própria. A ausência do conceito político coletivo conduz ao sofrimento: é pela política que se pode, ao contrário, dominar o curso da história e lhe dar um sentido. A política é a mais elevada atividade de uma sociedade, sua atividade suprema."
René Rémond, *Une memoire française*, Paris, Desclée De Brouwer, 2002.

Ouve-se dizer, aqui e ali,[426] que a política não é mais o que era, que não há mais grandes causas a serem defendidas, que não há mais projetos de transformação da sociedade, que não há mais desejo de um viver junto como faria supor toda democracia. Frequentemente, é dado como prova não haver mais debate público – nem mesmo na televisão, local sagrado, nos anos 70 e 80, de enfrentamento de ideias e de projetos da sociedade –, e que as ideias foram substituídas pelas imagens e pelos aparelhos políticos, pelos especialistas em comunicação. Chega-se a ponto de dizer que a classe política, qualquer que seja a tendência, está doravante separada do povo, quando não se diz que ela é corrupta. Além disso, acrescenta-se, ela é totalmente impotente para governar, pois são administrações, entidades burocráticas e tecnocratas frias que, colocadas nos lugares supranacionais, fazem a lei. Eis os propósitos que anunciam abertamente a degenerescência do conceito político. Ao enunciado "degenerescência do conceito político" associa-se frequentemente outro: "aumento do populismo". Entre os dois é estabele-

---

[426] Discursos que circulam nas conversas, nos cafés, nos comentários dos jornalistas nas rádios e na imprensa, nas questões que são colocadas nas entrevistas em debates televisivos e, em algumas ocasiões, pelos próprios atores políticos.

cida, com a ajuda de comentários jornalísticos e de análises de especialistas, uma relação de causalidade principal: "É por causa da degenerescência do conceito político que há aumento do populismo", ou vice-versa. É bem difícil ser peremptório. É verdade que há outros[427] – com mais autoridade, mas com menos audiência – que concluem, ao final de determinada análise, pela permanência, na verdade, pelo retorno do conceito político, mas isso não impede a aparição de discursos que tendem a declarar o fim do conceito político (como fizeram outros ao anunciar o fim da história).[428]

O que se passa exatamente? É difícil dizer. Seria preciso um maior recuo na história para distinguir claramente entre o que se mostra como discurso dominante e a maneira como efetivamente funcionam nossas sociedades. Além disso, tal recuo só seria possível se fosse feito apelo às diferentes disciplinas (Sociologia, Antropologia, Ciências Políticas, Ciências da Linguagem etc.) que poderiam trazer qualquer resposta razoável a essa questão, uma vez que, já foi dito, o conceito político é o resultado de uma interação complexa entre discursos, ação e poder, que se manifesta em diferentes lugares do espaço público, mediante diferentes dispositivos comunicativos (jurídicos, religiosos, administrativos, científicos), os quais frequentemente se recortam e que são colocados em circulação por diversas instâncias: a política, conduzida por uma busca de sedução e de justificação; a midiática, prisioneira de sua lógica de dramatização; e a cidadã, refém de sua própria pulsão reivindicativa.

Mas nos parece importante destacar um ponto: o discurso político não é apenas obra dos atores da governança; é o resultado, nos regimes democráticos, de um encontro entre o olhar de influência da instância política e o olhar de reivindicação da instância cidadã. Isso quer dizer que, em virtude da assimetria existente entre essas duas instâncias, não é certo que as intenções da primeira coincidam com as interpretações da segunda, nem que as demandas da última sejam consideradas pela primeira: algumas dessas intenções não são ouvidas, outras são interpretadas de maneira divergente, outras, no entanto, têm a felicidade de serem bem compreendidas. Ana-

---

[427] Rémond (2002).
[428] Fukuyama (1992).

lisar o discurso político não consiste, portanto, em interessar-se somente pelo que é fabricado por atores que têm responsabilidade na vida política; é preciso igualmente olhar o que é fabricado pela opinião pública, pois o que ela fabrica condiciona o sentido dos discursos que circulam em uma sociedade, em dada época.

Assim, gostaria de encerrar esta obra fazendo algumas observações sobre o que chamarei de "efeito de interferência" que afeta a opinião pública devido às transformações produzidas nos imaginários de verdade, por meio do funcionamento das mídias e dos discursos sustentados pelos políticos, todos igualmente considerados índices de uma mudança da consciência cidadã de nossa época, o que a longo prazo deveria incidir sobre a consciência política dos governantes.

As interferências na opinião pública

Inicialmente, retornaremos à noção de opinião pública, pois ela encontra-se no centro da constituição do discurso político como alvo visado pelas instâncias políticas e midiáticas.

A opinião pública, contrariamente ao que poderia dar a entender o termo "opinião" (julgamento racional ou opinião argumentada), é construída sobre os afetos que são em seguida racionalizados. Pode-se mesmo dizer que quanto mais a opinião é generalizada e partilhada por um grande número de indivíduos, maior é sua capacidade de atração e mais sua racionalização se torna sutil.

A opinião pública é construída entre a *essencialização* e a *fragmentação*. *Essencialização* por causa desse mecanismo que converte uma opinião relativa, passível de discussão, em uma opinião coletiva absoluta, fazendo-o em nome de uma razão identitária. Esse mecanismo é alimentado ao mesmo tempo pelos comentários das mídias (que são acompanhados de muitas pesquisas e narrativas dramatizadoras) e pelos políticos que exacerbam as paixões. *Fragmentação* decorrente da multiplicação – às vezes, da superposição – de opiniões coletivas que entram em conflito e criam antagonismos muitas vezes exemplificados pela história: as divisões e os cismas religiosos, as lutas de classes, as guerras étnicas etc., conflitos que a memória coletiva frequentemente retém como o fundamento das grandes causas históricas.

A opinião política oscila entre a opinião coletiva e a opinião relativa, a ponto de ser difícil falar de *uma* opinião pública. É melhor falar de opiniões públicas, cada uma acreditando ser a única verdadeira. Isso explica o que os comentaristas e as pesquisas chamam de os "indecisos" ou os "sem opinião", que terminam por passar para um campo ou outro, conforme a capacidade de atração da imagem de opinião que se apresenta a eles e da qual têm necessidade para se constituírem identitariamente. Assim se pode explicar o chamado "voto de protesto", a saber, o deslocamento de uma parte do eleitorado para partidos extremistas cujo discurso é sempre fortemente atrativo. Na ausência desse recurso possível, surge uma grande abstenção, exceto em uma situação de crise social que una as opiniões diferentes e opostas para, em um elã provisoriamente fusionista, defender um desses valores que desempenham o papel de mediador social e de fundador do grupo: a nação, a pátria, a República, a democracia. Foi assim com a França no segundo turno da eleição presidencial de 2002, quando mais de 80% dos eleitores votaram em favor do candidato de direita, Jacques Chirac, "para salvar a República".[429]

Entretanto, a história das democracias é marcada por um esforço constante para neutralizar essa radicalização das opiniões emotivas e desenvolver um espaço de debate e de deliberação no qual as opiniões contrárias podem se reencontrar e os enfrentamentos podem ser regulados. Ocorre que essas opiniões não são todas de mesma natureza. Há as que são mais ou menos gerais, mais ou menos abstratas; as que se contentam em permanecer puras opiniões, desempenhando o papel de troca conversacional, de discussão; aquelas que, ao contrário, puxam votos ou se fazem acompanhar de ações concretas. Não é preciso, portanto, reduzir a opinião pública ao que resulta do comportamento do eleitorado nem mesmo confundi-la com o cidadão. Em uma primeira abordagem, distinguimos opinião pública e opinião política; depois, ao observar como a palavra política circula na sociedade, constatamos que o que estava em jogo dependia dos grupos que a faziam circular, o que nos conduziu a distinguir dois tipos de sociedade no inte-

---

[429] Relegitimando os partidos de direita que, entretanto, não tinham a preferência da maioria dos franceses (míseros 20% no primeiro turno).

rior da instância cidadã: *civil*, de um lado, *cidadã* e *de grupos militantes*,[430] de outro. Formulamos a hipótese de que a cada uma corresponde um tipo de opinião.

Essas categorias foram pouco estudadas pela Filosofia Política e frequentemente as duas primeiras são confundidas quando se faz alusão a elas: "Hoje em dia a justiça ocupa na França um espaço crescente tanto na sociedade civil quanto na sociedade política."[431] Lembremo-nos que definimos a sociedade civil como um lugar de pura opinião, relativo à vida em sociedade, mas que não implica engajamento cidadão, e a sociedade cidadã como um subconjunto da precedente, caracterizada, ao mesmo tempo, por um engajamento cidadão determinado pelo seu papel de mandante e pela consciência de ter uma função a desempenhar na boa marcha da vida política. Os grupos militantes, que fazem parte dessa sociedade, vão até o ponto de envolverem-se em uma ação que visa à transformação de uma situação em nome de uma causa superior. Do ponto de vista do discurso, essas categorias definem-se de acordo com os tipos de imaginários que as estruturam. A opinião correspondente à sociedade civil está fundada em *imaginários societários*, relativos a valores morais que dizem respeito à vida em sociedade ("estar junto"), tanto em seu aspecto público quanto privado. Nesse caso, o desafio é expressar sua opinião nas trocas linguageiras que não exigem a persuasão do outro: pode-se contentar-se apenas em exprimir seu ponto de vista. A opinião correspondente à sociedade cidadã está fundada em *imaginários políticos*, que afetam mais particularmente a organização da vida em sociedade ("viver junto"). O desafio é persuadir o outro em discussões ou debates que exigem um engajamento na defesa e no esclarecimento de suas ideias: não se pode contentar-se apenas em exprimir seu ponto de vista; deve-se tentar obter a adesão do outro. A opinião correspondente aos grupos militantes está fundada ao mesmo tempo em dois *imaginários*: o *político* e o de *protesto*, que dizem respeito à organização da vida em sociedade, a qual agora é percebida como um "agir junto" pelo qual os cidadãos procuram obter o que os eleitos não lhes deram ou o que tardam a lhes dar. Trata-se

---

[430] Ver neste livro "As condições dos discursos políticos", As restrições dos discursos políticos.
[431] Thomas Ferenczi, *Le Monde*, 27 de janeiro de 2000.

da reivindicação que exige o engajamento do sujeito na ação: deve-se crer que "dizer é fazer". Evidentemente, esses três tipos de opinião se alimentam reciprocamente; os sistemas de valores que os fundam interferem uns nos outros, chegando às vezes a fundirem-se, portanto, a confundirem-se. É estudando a evolução dos diferentes tipos de opinião que poderemos tratar a questão da degenerescência do discurso político.

Um deslocamento dos imaginários societários

É difícil determinar os imaginários societários. Eles se manifestam de diversas formas: normas de comportamento dos indivíduos que vivem tanto no espaço público quanto no privado; modos de organização dos diferentes setores da sociedade (empresa, administração, instituição) que são reveladores dos tipos de hierarquia instauradas nas relações sociais; produções artísticas e culturais que refletem indiretamente os valores de uma época dada; enfim, por narrativas, comentários e análises de todas as espécies que circulam nos diferentes grupos e que são também tentativas de explicar a sociedade. Iremos nos apoiar particularmente nos discursos veiculados pelas mídias, em análises, entrevistas e enquetes publicadas nas revistas da grande imprensa ou da imprensa especializada, no que ouvimos nos programas de algumas estações de rádio, no que vemos na televisão em diferentes *talk-shows* e debates.

Do imaginário da "produção" ao imaginário do "consumo"

Um deslocamento parece ter-se operado do imaginário da "produção" para a o imaginário do "consumo". O primeiro nasceu no momento do desenvolvimento das sociedades industriais e foi mantido pelos discursos das instâncias estatais e patronais. O Estado, comanditário da exploração dos recursos naturais e fornecedor de bens de equipamento, justificava a necessidade de ser uma nação forte e poderosa. Os dirigentes – então proprietários de fábricas – diziam que para que a empresa vivesse em uma situação de competição era preciso produzir mais que as concorrentes; daí o ritmo de trabalho cobrado dos trabalhadores executantes. Mas o imaginário da produção também foi mantido pelo mundo operário, que, ao organizar-se em contrapoder e engajar-se em lutas e reivindicações sindicais, estigmatizava o produtivismo e procurava melhorar as condições de trabalho, mas não o questionava de verdade; foi o que se passou particularmente nos países comunistas.

O segundo, imaginário do consumo, parece se impor pouco a pouco. O poder de compra de uma classe média ascendente – na qual se insere a classe operária que forma uma classe popular extensa – aumenta, e essa classe toma como modelo de ascensão social a classe dos possuidores, outrora aviltada. Nasce, então, uma espécie de direito ao consumo que não é mais reservado apenas aos ricos. Esse fenômeno é reforçado por uma nova implantação de lugares de consumo: super e hipermercados que fazem todas as classes sociais se misturarem e cuja organização interna incita os consumidores a comprar os mesmos tipos de produtos. A esse fenômeno é preciso adicionar o da "clonagem" dos bens de consumo, que consiste em reproduzir objetos caros utilizando materiais menos nobres, mas dando-lhes a aparência do luxo, a um preço acessível para a grande massa de consumidores.[432]

O discurso que sustenta esse imaginário de consumo é – adivinha-se – o da publicidade, que, doravante onipresente, incita os indivíduos a apropriarem-se realmente desses bens ou a sonhar que podem fazê-lo caso sejam muito caros. O discurso publicitário cinicamente faz o indivíduo crer que é o herói e futuro beneficiário de uma busca pelo preenchimento de uma falta (seu desejo profundo) e que ele pode obter esse objeto de busca graças ao auxílio mágico que é o produto apresentado.[433] De uma sociedade de produção, na qual as relações de força eram marcadas pelos *destinos dos exploradores e dos explorados*, teríamos passado a uma sociedade de consumo na qual o indivíduo *se libera da fatalidade* de seu "grupo de origem", que o cravava a seu destino, para viver segundo um "grupo de referência" ideal, que lhe dá a ilusão de sua liberdade, de um novo poder, e a possibilidade de se sonhar "possuidor".

---

[432] Notamos que os automóveis caros – com exceção de algumas marcas de primeiríssima qualidade – não são mais exclusividade de patrões de charuto nem de profissionais liberais, e são cada vez mais consumidos por pequenos comerciantes e artesãos.

[433] Para a descrição do "contrato de comunicação publicitária", ver Charaudeau (1994).

O imaginário do "trabalho": da fatalidade à escolha livremente consentida

No imaginário do "trabalho" parecem ocorrer vários deslocamentos. Em primeiro lugar, como anteriormente, um deslocamento do trabalho concebido como *fatalidade* para o trabalho concebido como *escolha*. Isso se deve à melhoria da formação dos indivíduos: escola obrigatória, prolongamento dos estudos, supressão progressiva dos obstáculos ao acesso às classes superiores e à universidade, o que produz uma relativa mistura de classes sociais e dá ao indivíduo a ilusão de poder escolher sua profissão. Isso decorre também do fato de a organização da vida empresarial ter-se tornado mais anônima: a direção não está mais sob a responsabilidade de grandes famílias, mas nas mãos de grupos financeiros de diversos países que investem dinheiro e, consequentemente, exigem resultados imediatos tanto de dirigentes quanto de empregados, cuja grande rotatividade faz a empresa perder sua memória. As relações de autoridade não estão, portanto, mais fundadas na imagem de um pai protetor nem na de um herdeiro ou na de um estatuto, quão prestigioso este possa ser, nem na de um saber diplomado, mas no modelo do saber-fazer e da *performance*: respeita-se, escuta-se aquele que prova que sabe fazer e que mostra como é preciso fazer.

Outro deslocamento consiste na relação entre o trabalho e o esforço.[434] Considera-se que o trabalho não deve ser necessariamente marcado pelo *sofrimento*. Em diversas pesquisas e entrevistas realizadas com pessoas que trabalham – particularmente as gerações mais jovens[435] – observam-se declarações segundo as quais não haveria mais empregos definitivos, mas seria possível mudar de emprego tão frequentemente quanto necessário, caso eles se tornem penosos, fazendo-se mesmo bicos até que se ganhe dinheiro suficiente para em seguida aproveitar; tanto que é difundida nas mentes a ideia de que o trabalho físico e árduo é mais mal remunerado que o trabalho de organização, de conselho e de controle. É assim que

---

[434] Não esqueceremos de que, em sua origem, trabalho é "instrumento de tortura" (*Dicionário Houaiss*).

[435] Como referência, consultamos a revista *Sciences Humaines* n° 127, assim como muitas revistas voltadas para jovens e adolescentes.

se passa sub-repticiamente à ideia de que se pode ganhar dinheiro rapidamente sem passar pelos rigores de uma disciplina: ser figurante, entrar para a televisão, sendo a transmissão do *Loft story** a pedra de toque dessa espécie de sucesso social: a única forma de prestígio que parece interessar à geração mais jovem é a da *aparição pública*. Essa valorização do sucesso rápido dá a entender que o trabalho não é mais julgado em função do ato produtivo e da qualidade do produto, mas segundo a imagem daquele que mostra que sabe fazer. É sobre esse imaginário que Bernard Tapie construiu durante certo tempo sua notoriedade. Essa não seria mais o resultado, mas uma preliminar para o sucesso. Verdadeiras ou falsas, é assim que as representações funcionam.

Dito de outro modo, no imaginário do trabalho não haveria mais fatalidade, mas uma relativa *livre escolha*; nem uma memória que prende e cria filiações, mas um *ser presente*; nem autoridade dita natural, mas uma autoridade do *saber-fazer*, do qual é preciso trazer a prova;[436] nem sofrimento, mas um direito à facilidade e ao *ganho imediato*. O indivíduo que trabalha não seria mais representado, em teoria, como um animal submisso às restrições que a aprendizagem de uma profissão exige, mas como um duende borboleteando ao sabor dos encontros e do que a vida social lhe oferece. É como se a própria concepção do trabalho tivesse evoluído através da história de maneira mais e mais abstrata: até o século XVIII, o trabalho era marcado pela sujeição do mundo rural; no século XIX, o mundo camponês passou para a fábrica e conheceu uma outra forma de sujeição na produção em série, mas descobriu ao mesmo tempo a solidariedade operária; no século XX, o trabalho torna-se robotizado e o trabalhador começa a se liberar de seu sofrimento; no século XXI, o trabalho é tecnologizado e o indivíduo distancia-se tanto do produto fabricado quanto do local de trabalho, que não é mais enclausuramento, mas o lugar de redes múltiplas. O indivíduo que trabalha terminará por desaparecer no anonimato e perder toda a identidade profissional? Nada é certo, mas pode ser que seguindo

---

* N.T.: Versão francesa do *reality show* Big Brother, exibida pelo canal aberto M6. Doze participantes permanecem encarcerados em um apartamento (*loft*) de 225 m², sob a vigilância ininterrupta de câmeras de vídeo.

[436] O que é contraditório com o conceito de autoridade; ver neste livro "As condições do discurso político: contratos e estratégias", As restrições do discurso político, dispositivos, identidade, legitimidades.

essa tendência ele venha a imaginar que não tem praticamente de prestar contas à sociedade.[437]

Haveria muitos outros imaginários a serem estudados de perto: a transformação das relações pessoais no cotidiano e no trabalho, decorrente da existência de telefones celulares e de correio eletrônico; mudança da implantação das famílias, que mais parece determinada por uma comodidade de vida que por uma fatalidade do emprego ou da região de origem. Essas observações parecem indicar que, sob o benefício de inventário das criações da modernidade,[438] se produzem deslocamentos em alguns imaginários societários que terminam por modificar a consciência identitária dos indivíduos de nossa sociedade moderna, a qual passaria a se caracterizar por uma necessidade crescente do indivíduo de ver reconhecida sua pessoa, o que apresenta várias implicações: exposição do *eu* em uma cena pública; identificação mais forte com modelos ou figuras de personalidades públicas; prevalência de uma identidade pessoal sobre a identidade do grupo, tornando o indivíduo estranho à responsabilidade coletiva[439] e ao engajamento em uma luta para defender uma causa se não enxergar nela o interesse imediato. Há uma espécie de expectativa de diferenciação, onde até o presente havia visões globais: diferenciação segundo os setores de atividade (o que vale para um setor não vale para outro),[440] diferenciação segundo as necessidades econômicas (pouco importa o que o outro ganha, o que importa é o que eu ganho),[441] diferenciação, enfim, de acordo com o desejo de trabalhar (eu quero escolher livremente meu ritmo de trabalho).[442] Essa diferenciação, que

---

[437] A passagem à semana de 35 horas e à redução do tempo de trabalho (RTT) é, talvez, o sintoma dessa fuga para o futuro em uma sociedade de lazeres organizados.

[438] Isto é, estudos conduzidos com mais distanciamento verificariam se é verdade que, como diz Morin (1975), a cultura de massa, auxiliada pela indústria cultural, acaba por se sobrepor a outras formas de cultura, como ocorreu com a cultura nacional ensinada pela escola, a cultura religiosa inculcada pela Igreja e a cultura humanista impressa pela arte e filosofia. Ver também a leitura que Mace (2001) fez a esse respeito.

[439] Pode-se analisar a delinquência como um caso de transgressão das normas sociais; mas também como ausência de assimilação das normas.

[440] Tendência ao reagrupamento corporativo e às lutas de categorias profissionais contra as fusões das grandes empresas em nome de lutas ideológicas.

[441] Ouvem-se menos críticas aos salários exorbitantes que reivindicações para aumentar os salários menores.

[442] Pode-se entendê-lo como uma crítica à aplicação indiscriminada à semana de 35 horas, mas não ao princípio da redução do tempo de trabalho; pode-se compreendê-lo também como a aceitação progressiva de um sistema de aposentadoria à escolha do trabalhador.

parece ir no sentido de uma maior individualização da vida em sociedade, é um tanto paradoxal na medida em que ao mesmo tempo a identidade do indivíduo tende a desaparecer no anonimato das redes ou a se fundir nos modelos de identificação. Isso sempre conduz a uma espécie de dessacralização dos valores de *solidariedade*, cujo impacto sobre a consciência cidadã iremos agora interrogar.

Uma transformação da consciência cidadã

O conceito de consciência cidadã não é mais fácil de delimitar que o de opinião pública. Entretanto, para nós ele tem a vantagem de escapar dos simulacros de que a opinião pública é objeto. Elaborados pelos *marketings* comercial e político veiculados pelas mídias, esses simulacros contam com a grande ajuda das pesquisas para classificar a opinião em categorias de "perfis de consumidores", "estilos de vida", "grupos de opinião" etc. Trabalhamos aqui com uma serpente que morde a própria cauda, pois a opinião pública é convidada a olhar-se no espelho dessas categorias e termina por "colar-se"[443] a elas. Para evitar essa circularidade, e retomando nossa distinção entre sociedades, poder-se-ia falar de uma *consciência civil* que caracterizaria a sociedade civil pelos valores que o conjunto dos seus membros partilha em virtude do modo de comportar-se na vida pública e privada, de ver o mundo e de julgar os outros. De igual maneira, uma *consciência cidadã* caracterizaria a sociedade cidadã pelos julgamentos e crenças que tendem a definir uma concepção idealizada da vida política. Se a consciência civil é um estado de fato que dá testemunho do que é uma sociedade, a consciência cidadã é o resultado de uma construção voluntária:[444] por *atribuição*, como já foi dito, na medida em que determinada organização política a convida a se exprimir pelo voto; por *autodeterminação*, quando ela se organiza em grupo de ação e se exprime através de manifestações de rua, de *slogans*, de panfletos, e de mídias de informação. Essa consciência obriga os indivíduos

---
[443] A opinião pública termina por se identificar com essas categorias respondendo às pesquisas de acordo com o que estas suscitam.
[444] "Voluntária" deve ser entendido aqui no sentido de "vontade de viver e de fazer junto".

de uma comunidade a posicionarem-se em relação a tudo o que concerne à organização concreta da vida em sociedade (da escala local à nacional) e mais particularmente em relação ao que diz respeito à gestão da vida comunitária pelas instâncias político-administrativas.

Pode-se, portanto, dizer que essa consciência é atravessada ao mesmo tempo pelos imaginários que alimentam a sociedade civil e pelos que implicam posicionamentos sociopolíticos sobre a maneira de enfocar a vida em sociedade. É necessário, entretanto, precisar que essa opinião se constrói segundo o que os cidadãos veem do jogo político, isto é, mais de acordo com o que aparece na cena política do que com o que se trama nos bastidores. Apoiando-nos nesses modos de manifestação, apresentaremos aqui um esboço do que parecem caracterizar, em nossa modernidade, esses imaginários.

Sobre o fim das "massas"

Isso pode parecer paradoxal em nossa época de grande consumo, mas é preciso inicialmente se livrar de uma concepção que por muito tempo prevaleceu nas análises do campo político: o conceito de "massas". Apesar do que dizem muitos escritos, não se pode mais considerar a instância cidadã como uma massa. Esse conceito, nascido com a sociedade industrial, tinha sua razão de ser em virtude do fato de que diante de um pequeno número (ainda que crescente) de possuidores que controlavam as bolsas e as rédeas das empresas, com mão forte sobre a organização do trabalho e da produção, encontrava-se uma massa de executantes – o mundo operário e uma classe média ascendente – que não era ainda estruturada e que não tinha ainda consciência do seu poder.

Entretanto, a partir do século XIX, essa massa estruturou-se em torno de uma nova situação: um poder de compra em crescimento (capital econômico), uma instrução que passou a se estender progressivamente a todas as classes sociais (capital intelectual), uma mudança nas posições hierárquicas e no reconhecimento dos indivíduos no trabalho (capital social). Esses diferentes tipos de "capitais" (Bourdieu), que outrora coincidiam entre si (fraco capital econômico = fraco capital social = fraco capital intelectual), agora coincidem cada vez menos: pode-se ter um capital intelectual elevado, um capital econômico fraco e um capital social médio. Daí a emergência de uma nova consciência identitária.

A massa explodiu em uma multiplicidade de grupos que têm consciência de sua existência, de seus direitos, portanto, de seu direito de reivindicar, e, coisa ainda mais recente, graças à cumplicidade das mídias, de seu poder de pressão junto à autoridade política. A massa não constitui mais um amálgama homogêneo de indivíduos de opinião e comportamento únicos, ela está fragmentada em vários tipos sociais. Quanto mais aumenta o nível de vida, o desenvolvimento da educação e a expansão do saber, mais esclarecida e, ao mesmo tempo, mais complexa se torna a consciência cidadã. Nas sociedades plurais do mundo moderno, as relações entre as elites e o povo, instância política e instância cidadã, não são, portanto, mais exatamente as mesmas de outrora, mesmo se apesar de tudo permanecem as relações de dominação. Não haveria mais enfrentamento entre instâncias política e cidadã homogêneas, mas relações de poder e contrapoderes múltiplos.

As sociedades modernas são compósitas do ponto de vista dos grupos de opinião que as constituem, mas pode-se constatar que a cada época esses grupos de opinião são atravessados por imaginários fundadores (democracia, solidariedade, soberania etc.) em relação aos quais se posicionam. É nesse jogo de relação entre imaginários fundamentais e posicionamento dos grupos de opinião que se constitui a consciência cidadã. Esta pode, portanto, variar segundo a natureza dessa relação, e é a observação dos discursos que circulam em um momento dado, em um espaço dado, que permite detectar suas características.

Quando se lê os *slogans*, os programas eleitorais, os comentários jornalísticos, quando se ouve as declarações vindas dos mundos político e cidadão da última campanha eleitoral para a presidência da República de 2002, na França, veem-se emergir os temas que parecem preocupar cada vez mais os cidadãos franceses de nossa época. Inicialmente, uma constatação de crise:

> Em um mundo em que a comunicação é ao mesmo tempo multiforme e instantânea, as trocas entre os homens são incessantes e frequentemente positivas. Mas essas facilidades técnicas não fazem desaparecer nem a solidão, nem os obstáculos dos que têm idade

avançada [...]. As [provações] farão outros, doentes ou isolados, serem atravessados por melancolia ou inquietude.[445]

E ainda:

> Também, no plano econômico, o aumento das riquezas produzidas em nosso planeta é acompanhado por desigualdades persistentes: entre os países, inicialmente, os mais pobres se tornam atrasados em relação aos mais ricos, que não param de progredir. Entre os indivíduos, também: quem não vê que, entre nós, o crescimento da renda não é sinônimo de progresso para aqueles que permanecem desempregados ou vivem com o mínimo para sobreviver?

E depois algumas soluções, sob a forma de preconização: é preciso "resolver os problemas que vocês têm no dia a dia", "prevenir a delinquência pelo diálogo", "garantir melhor o respeito à lei", "oferecer uma verdadeira qualidade de vida: jardins, moradias, cultura etc.". Encontramos aqui invocados os temas recorrentes: o de uma confissão, o do progresso que não torna o mundo mais igualitário; o de um desejo de equidade que lembra a solidariedade; e o de uma reivindicação: resolver inicialmente os problemas do cotidiano.

O sentimento de impotência

Vemos surgir nos discursos dos cidadãos, transmitidos pelas mídias, um sentimento de impotência que seria devido à conscientização da importância das forças da economia: estas teriam atingido tal grau de liberalização que não haveria mais possibilidade de controlar seus efeitos negativos. Nesse momento, os governantes estariam submetidos às leis de uma globalização, aos imperativos econômicos e jurídicos contra os quais nada podem, e dos quais os cidadãos não poderiam escapar, fazendo o mundo mergulhar em um "a troco do quê?". Estaríamos todos absorvidos por uma grande máquina feita de superestruturas e de grandes organismos internacionais anônimos

---

[445] Essa citação e as seguintes foram extraídas de uma mensagem de ano novo da deputada do 14º distrito (*arrondissement*) de Paris aos seus eleitores (ano 2000).

(Seattle, Comissão Europeia, G7 etc.) que têm a frieza de cérebros abstratos que não levam em conta as pessoas e fazem desaparecer sua qualidade de cidadão.

Mas o sentimento de impotência é igualmente oriundo da visão que o cidadão moderno teria do mundo político. Numerosas declarações estigmatizam uma classe política enfraquecida que se encontra desacreditada pelo acúmulo de escândalos relativos ao desvio do bem público, de corrupção ou de comprometimentos, aí compreendidos a justiça e o poder político.[446] Essa visão atinge de igual modo as entidades sindicais – que, entretanto, são o último bastião de uma moralidade política – que, segundo se diz, pareceriam mais preocupadas com seu próprio interesse do que com o de seus mandantes. Enfim, esse sentimento de impotência é nutrido pelo avanço do poder da tecnologia (telefones celulares, computadores, internet) e isso apesar dos discursos que a celebram como um benefício e apesar de o cidadão ser apresentado como beneficiário dela.

Parece despontar nesses discursos o imaginário do *desaparecimento* identitário: a organização da informação em rede apresenta o mundo como uma imensa teia de aranha na qual os cidadãos estariam presos como pequenos insetos manipulados por um grande cérebro aracnídeo. Além disso, a televisão, por meio dos programas que teriam por único objetivo satisfazer aos imperativos dos índices de audiência, se dedicaria a uma lavagem cerebral ao mascatear as ideias da moda e os clichês do "politicamente correto". Portanto, sentimento de impotência que se faz acompanhar de uma perda de identidade das pessoas, a qual repousa sobre um paradoxo: graças ao crescimento geral do nível de instrução, o indivíduo aumentaria consideravelmente seus conhecimentos e sua capacidade de análise, mas, ao mesmo tempo, perderia sua identidade, portanto, agiria cada vez menos. Sua consciência cidadã encontra-se afetada, e talvez por isso ela se refugie ora na indiferença ("a troco do quê?") ora na procura por uma figura de autoridade (Le Pen).

---

[446] Antes não passavam de rumores alimentados pelo diz que diz e pela imprensa marrom especializada em assuntos cotidianos; agora o rumor é alimentado pelas mídias.

Uma preocupação com a equidade

Os imaginários de "igualitarismo" e de "solidariedade" caminham lado a lado: ambos são marcados por contradições. No caso do primeiro, contradição entre os discursos que reivindicam liberdades individuais e reconhecimento dos grupos minoritários e os que declaram que para se defender dos grandes grupos é necessário um elo social agregador. Às vezes, a instância política responde a essa contradição com *cotas*: para mulheres na representação política, cotas étnicas nas diferentes categorias profissionais (particularmente em certos países), cotas para deficientes no mundo do trabalho. Mas o igualitarismo sofre igualmente outra contradição: entre o direito que todos têm de serem tratados socialmente em pé de igualdade, e o espírito de justiça, que quer que cada um seja reconhecido na proporção do seu trabalho, dos seus esforços e dos resultados obtidos. Uma prova desse estado de espírito acaba de ser dada pelo resultado de uma pesquisa[447] junto ao sistema educacional francês, que mostrou que os professores não creem mais na capacidade igualitária do colégio único para todos e desejariam um sistema educativo fundado "na excelência republicana", na verdade, na "meritocracia".[448] Além disso, outras pesquisas e declarações de líderes sindicais mostram que as mentes aderiram às privatizações realizadas pela esquerda, e que se tomou consciência da necessidade de introduzir um pouco de capitalização no sistema de aposentadorias. Dito de outro modo, contradição entre um direito fundado na igualdade dos *status* (democracia providencial) e um direito fundado no mérito (democracia concorrencial). Surge aqui uma ética da equidade bem difícil de ser concretizada socialmente e que é próxima ao pragmatismo e à eficácia.

De igual modo, o imaginário da solidariedade também é perpassado por movimentos contraditórios. De um lado, o reconhecimento da precariedade (os desempregados, os sem-teto, os imigrantes ilegais), de um desejo ideal de integração dos imigrantes no interior de uma grande República (os indivíduos se percebem como tolerantes, abertos aos outros e antirra-

---

[447] Pesquisa da Fédération Syndicale Unitaire (FSU), ver *Le Monde*, 28 de novembro de 2002.
[448] *Le Monde*, 3 de dezembro de 2002.

cistas);[449] de outro, uma rejeição da *insegurança*, de tudo que ameaça a ordem estabelecida, os bens e as pessoas. Contradição entre os meios a serem utilizados para combater essas ameaças: prevenção e educação de um lado, repressão de outro. Contradições entre um "ter direito" de ser como todo mundo e um "ter direito" de ser reconhecido em função do que se faz; entre um "dever ser" como todo mundo para fazer existir um *eu* coletivo e um "dever ser" diferente para fazer existir um *eu* singular. Daí uma dificuldade de tornar compatível igualdade e solidariedade. Talvez seja por essa razão que se tenha observado uma mudança na forma da solidariedade, que se transformou em uma "fraternidade humana", que é exercida para com os que sofrem, mas se encontram longe, distantes e por isso mesmo são menos comprometedores. Assim pode ser dado livre curso a uma compaixão que não incomoda, que não leva a outro engajamento que não o da expressão de uma opinião ou o da participação em operações financeiras de assistência. Isso em nome da dignidade humana.[450]

Os particularismos

Vimos que o imaginário de "soberania" faz com que entrem em conflito duas tensões que atravessam todo grupo social: o universal e o local. Acabamos de ver uma manifestação do deslocamento da solidariedade em direção a uma fraternidade humanitária, mas vendo os movimentos sociais em favor dos particularismos e os discursos que os justificam, pode-se produzir igualmente uma preferência pelo local. Poderíamos encontrar cinco motivos para isso: primeiro, o *sentimento de impotência*, de que falamos há pouco, que cria uma forte desconfiança em relação a tudo que é grande, global, posto que desterritorializado, desencarnado, sem ator que se possa identificar, notar, tocar. Desse modo nasce a impressão de que se é manipulado permanentemente por potências abstratas, de que não se poder gerir ou controlar nada, nem mesmo pelo viés das instituições

---
[449] *Le Monde*, 13 e 14 de outubro de 2002.

[450] Nós vimos isso acontecer em conflitos que foram desencadeados fora da União Europeia e dos Estados Unidos: no Oriente Médio, nos Bálcãs (ver Charaudeau (org.), 2001), na Chechênia e na África negra.

nacionais. Segundo, uma *perda dos símbolos e dos mitos* que, em diferentes épocas e lugares, sempre tiveram o efeito de reunir os indivíduos em torno de noções abstratas que definem as soberanias dos povos, das nações, dos territórios. Anteriormente esses símbolos eram providenciados tanto pelos conflitos e pelas guerras quanto pelas instituições (dentre as quais a escola) portadoras de um discurso fortemente estruturado e solenemente declarativo, que exaltava valores e deveres dos participantes na comunidade soberana. Terceiro, a *ausência de conflitos* no território nacional, que outrora permitiam reativar o sentimento de pertencimento a uma comunidade ameaçada. Quarto, o *enfraquecimento do discurso das instituições*, elas próprias presas a movimentos contraditórios de soberania e de tolerância. Quinto, a *ruptura com um passado glorioso* do qual as jovens gerações parecem se desviar (os monumentos aos mortos desapareceram da cultura contemporânea e os rituais de celebração não são mais reservados senão a alguns sobreviventes).

Essa conjunção de fenômenos provocou a dissolução desses símbolos e desses mitos heroicos em uma abstração anti-histórica que ocasionou uma perda de memória coletiva. A esses motivos acrescenta-se uma *ruptura entre eleitos e cidadãos*, governantes e povo, como se a política ofertada pelas elites não mais correspondesse à demanda cidadã: diversas sondagens e pesquisas dão a entender – quando não o dizem explicitamente – que a instância cidadã estaria à frente da instância política em questões como voto dos imigrantes (58% da população seria favorável), o direito dos homossexuais de viverem como casal, o aborto, a integração dos imigrantes ilegais etc.

Em reação a essa perda de simbolismo nacional torna-se célebre tudo que é pequeno ("*Small is beautiful*"), visível e notável no interior de um território bem circunscrito, com atores identificáveis, pois se encontram em comunidades vizinhas, enfim, tudo o que dá a impressão de que a gestão da vida pública pode ser dominada e a solidariedade local, eficaz. Daí os movimentos de reivindicação que reforçam os elos sociais visíveis, que fazem com que membros de um grupo se reconheçam em uma identidade comum de "fazer junto": grupos corporativos (enfermeiras, caminhoneiros, carteiros e, fato novo, os clínicos gerais) organizados e coordenados sem a participação – na verdade, contra elas – das entidades sindicais, julgadas suspeitas porque muito ligadas a imperativos políticos nacionais; grupos étnicos que se definem em torno de uma mesma história, religião ou tribo e se lançam em movimentos de separatismo mais ou menos violentos;[451] grupos regionais que se identificam em relação ao território, partilham os mesmos rituais e reivindicam reconhecimento de autonomia, na verdade, soberania total, no interior de uma entidade nacional.

O individualismo

Outra característica que marca a consciência cidadã de nossa época é o que se chama de crescimento do "individualismo". Há vários deles: aquele pregado há muito pela doutrina econômica do liberalismo e redefinido de maneira ideológica por seus vassalos políticos de direita, o qual celebra os valores do esforço, do heroísmo individual, de moral pessoal, de tudo quanto se opõe ao que é de ordem do coletivo. A este se soma, como já foi dito, um novo posicionamento da esquerda política francesa. Ao pregar progressivamente nos anos 70 e 80 a consciência das devastações que os totalitarismos causavam no Leste, ela passou de uma defesa dos direitos da classe operária para uma defesa dos "direitos do homem", isto é, de uma ética categorial a uma ética universal, criando assim uma desconfiança em relação à coisa política (como se os direitos do homem não pertencessem à coisa política). Mas igualmente, ao aceitar a economia de mercado, a esquerda rejeitou pouco a pouco as soluções coletivistas, suscitando pelo mesmo processo uma suspeita em relação ao Estado excessivamente dominador. Surgiram, portanto, nos vassalos de esquerda, ideias e valores até então desconhecidos, tais como a concorrência econômica, o mérito pessoal no trabalho, a excelência na formação, tudo o que celebra a diferença e, consequentemente, o indivíduo. Colocaremos igualmente na conta desse fenômeno o papel desempenhado pelas mídias, as quais se tornaram, como veremos, um local de questionamento crítico da classe política, ocasionando desconfiança em relação a ela.

Assim, pode-se explicar o que caracterizou a atitude da juventude francesa nas eleições presidenciais de 2002: uma grande porcentagem de abstenção

---

[451] Isso pode ir a ponto de provocar guerras civis, interétnicas (Ruanda, ex-Iugoslávia).

(33%) no primeiro turno entre a geração de 18 a 24 anos e uma forte mobilização cidadã entre os dois turnos. As entrevistas, debates, questionários e outras pesquisas efetuadas junto a essa população evidenciaram um discurso apolítico de um gênero novo. Com efeito, quando reivindicado por certos indivíduos em outras épocas, o apolitismo não era um fato ligado a uma geração. Ele se exprimia por um discurso que dizia recusar o engajamento político nas organizações militantes percebidas como lugar de aliciamento, mas essas mesmas pessoas não se privavam de emitir uma opinião sobre esse ou aquele político, esse ou aquele partido, essa ou aquela decisão governamental e, acima de tudo, as estatísticas o atestam, não eram indiferentes às urnas. Agora, as declarações feitas ao sabor das entrevistas dão a entender que para alguns desses jovens a política é um negócio de adultos, uma coisa complicada para a qual não sentem nenhuma inclinação e, sobretudo, que vem perturbar o princípio do prazer, pois "a política dá trabalho", ela é origem de conflitos dos quais não se tem necessidade, pois a vida já é bastante complicada do jeito que é: "Política enche. É um negócio de velhos." [452] Desconfiança em relação ao teatro político ("Todas essas pessoas se batem, mas jamais estão de acordo"), desconfiança em relação às mídias ("As mídias nos aliciam").[453]

Vemo-nos aqui às voltas com um efeito desmobilizador acompanhado de um movimento de refúgio em certa forma de individualismo. Nessas condições não é de se espantar que Jean-Marie Le Pen, ao passar à frente de Lionel Jospin no primeiro turno e permanecer no páreo durante o segundo, com Jacques Chirac, produza uma reação: acaba de se desenhar o rosto de um diabo que simboliza o que essa geração da pluralidade identitária mais detesta, a segregação e a exclusão, uma vez que aparece, enfim, o adversário, um inimigo contra o qual partir para a guerra ("A única coisa que faria com que eu me engajasse seria ver Le Pen chegar ao poder ou muito perto dele"[454]); e daí essa participação no cenário dramatizante da luta pela salvação da República na qual eles tomam o lugar de salvador da pátria, daí essa imersão

---
[452] *Le Monde*, 10 de maio de 2002.
[453] *Ibid.*
[454] *Ibid.*

em um imaginário pseudossoberanista, que na realidade é um imaginário humanitarista. Uma oposição entre, de um lado, uma França que defende os valores do interesse pessoal (segurança, renda, caça, pesca etc.), com um líder combativo transformado em pai severo, que fustiga uma sociedade permissiva, e, de outro, uma França sem líder, que não pode mais defender seus valores, a não ser os abstratos,[455] contra a exclusão, o sofrimento, a miséria, o meio ambiente, e que só se exprime na ocasião de rejeitar certos fatos da sociedade (pedofilia, *junk food*, antiglobalização).

Esse individualismo é resultado de um encontro entre os imaginários que circulam em cada uma das três instâncias do discurso político e que convergem para substituir o *direito dos povos* pelo *direito das pessoas* na consciência cidadã. Ao mesmo tempo, tudo se passa como se essa consciência identitária concebesse certa culpabilidade por só jogar no campo da proximidade egoísta e se reabilitasse promovendo um discurso de compaixão para com as vítimas dos excessos praticados aqui e ali; um discurso de reivindicação dos direitos do homem, de alerta sobre o meio ambiente, mas a ser compreendido como um discurso de abertura em direção ao outro, em contraponto ao discurso de defesa de seu domínio de influência identitário. Todos esses movimentos, todas essas representações, fazem supor que se produziria uma transformação da consciência cidadã. Esta se desviaria das diferentes filiações de uma macro-história soberanista de grandes símbolos universais, fundadora das nações, para se inscrever em uma nova temporalidade, a de uma micro-história em um novo espaço de soberania local (a vila e o torrão), no qual se pode cruzar com o outro na rua, encontrá-lo, falar com ele, estabelecer relações de proximidade. Uma consciência identitária mais individualista, como se não houvesse outra ordem social além da desejada pelo indivíduo ou pelo grupo restrito que partilha as mesmas aspirações:

> Enquanto as gerações anteriores cresceram com a ideia de que a existência individual encontrava parte de sua razão de ser, de sua dignidade, de sua justificação no serviço de valores superiores [...] em uma tradição imemorial que, através de todos regimes, aí com-

---

[455] "Abstratos" em oposição aos valores do passado igualmente abstratos, mas que se apoiam em referentes sociais tangíveis, tais como os trabalhadores ou a colonização.

preendida a República, fazia do serviço da coletividade a referência suprema, [...] a atitude atual, em contrapartida, concede à vida um preço inestimável. É ela que está subjacente à ideia de guerra limpa com morte zero.[456]

É o modelo que os filmes americanos mostram à saciedade, o do individualismo furibundo do herói solitário que tem razão contra todas as instituições, ao contrário do modelo apresentado por numerosos filmes franceses, o de microcosmos sociais nos quais cada um deve saber apelar à sua própria engenhosidade ou à sua sagacidade, sempre sendo capaz, ao mesmo tempo, de atos de solidariedade para com seu vizinho.

Sobre as tensões na razão de ser militante

O grupo militante constitui, como já afirmamos, um subconjunto da sociedade cidadã: ele partilha com ela a preocupação pela coisa política e se caracteriza por uma especificidade que é seu engajamento na ação. Pode-se ser cidadão – e cidadão moralmente responsável – sem ser necessariamente militante.

O militante não é somente o cartão de visita de um partido. Ele é, sobretudo, aquele que sai à rua, vai às manifestações, às reuniões, participa dos grandes protestos, assume determinada identidade discursiva feita de paixão em função de suas declarações, de suas sentenças peremptórias a favor ou contra ideias ou pessoas, julgamentos performativos na medida em que o militante deve crer, como foi dito, que "dizer é fazer", e constrói uma imagem de combativo que o integra a um imaginário de virilidade ("Nós combatemos!") ou de fecundidade ("Nós combatemos por nossos filhos!"). De maneira ideal, um militante é disciplinado e profissional: "Ele deve ser estimado por seus camaradas de trabalho. Deve ser alguém de bem, não ser daqueles que bebem até cair, nem que fumam baseado."[457] Sabendo que é preciso agir com conhecimento de causa, o grupo militante se organiza e concebe suas ações em função de um estudo da situação política que o leva, contrariamente

---

[456] Rémond (2002).

[457] Declaração de Robert Barcia, também conhecido por Hardy, dirigente histórico da Luta Operária, em seu livro *La véritable histoire de la Lutte Ouvrière*. (2003).

à sociedade cidadã, a ir ver o que se passa nos bastidores da vida política. Aqui se observam os indícios de uma mudança tanto no comportamento quanto no discurso dos movimentos militantes.

Inicialmente, uma mudança no que concerne aos objetos reivindicados. Alguns não mudaram muito. Sempre se vê desenvolverem-se ações militantes para apoiar reivindicações contra as medidas governamentais que vão de encontro aos interesses dos assalariados ou de outras categorias de trabalhadores: aumento das taxas e das tarifas públicas, mudança do sistema de aposentadorias da função pública, instauração de um processo seletivo no sistema educativo. Mas a esses objetos somam-se outros: de um lado, a responsabilidade dos políticos em grandes escândalos judiciários, nas políticas de saúde (sangue contaminado), de meio ambiente (*Amoco Cadiz**) etc.; por outro lado, as ameaças planetárias (poluição, transgênicos, desmatamento) devidas aos efeitos da globalização sustentada pelos países mais ricos (G7 e agora G8). Isso acarreta uma transformação do teatro em que se desenvolvem essas ações, uma vez que ele se torna mais jurídico, de um lado, e mais mundial, de outro. As causas não são mais nacionais, mas societárias. Porto Alegre é o símbolo: estamos aqui para dizer "Pare! Com a guerra, com a miséria, com a injustiça social [...], com a corrupção", mas também para "refletir e falar sobre questões sociais", pois acreditamos que "um outro mundo é possível" e que "a utopia fecunda o real".[458]

Vê-se acontecer também uma transformação no modo de organização da vida militante. Tradicionalmente, ela era assumida pelos partidos ou sindicatos que estavam mais próximos da governança política, os quais estudavam as situações políticas e decidiam os discursos a serem sustentados e as ações a serem promovidas. Pode-se dizer que, nessa tradição, a massa dos militantes sempre foi instrumentalizada pelos líderes e responsáveis por essas organizações, que, com fins táticos, tinham necessidade de mostrar sua força manifestando-a maciçamente nas ruas, nos locais públicos e nas reuniões.

---

* N.T.: Em 16 de março de 1978, um petroleiro da companhia americana Amoco Transport, pertencente à Standard Oil, naufragou próximo ao vilarejo de Portsall, na França, devastando quatrocentos quilômetros do litoral da Bretanha. Após a catástrofe, organizações ecologistas na França propuseram um boicote aos produtos da Shell, que seria a responsável pelo transporte. Posteriormente, a justiça absolveu a empresa e condenou as organizações a ressarcirem-na pelos prejuízos causados por suas ações.

[458] Excertos de uma pesquisa dirigida pelo jornal *Le Monde*, 6 de fevereiro de 2003.

Agora os grupos militantes se constituem de forma mais ou menos espontânea, ao sabor das situações de crise; e se surge uma instância coordenadora, ela frequentemente permanece à margem dos partidos e sindicatos. Quando esses movimentos nascem no quadro de uma empresa ou de uma categoria profissional, eles são coordenados pelo pessoal afetado, que, em geral, se associa de maneira unânime. Os sindicatos tomam parte, mas não assumem a direção.[459] Quando esses grupos nascem em decorrência dos grandes escândalos nos quais o Estado, o governo, as instituições ou as personalidades estão implicados, eles tomam a forma de movimentos associativos constituídos de maneira *ad hoc* a fim de defender os interesses das vítimas, chegando a se tornar parte civil no processo que se segue (transfusões sanguíneas, derramamento de petróleo no mar, crianças e mulheres espancadas etc.). Quando nascem em oposição às grandes orientações da política econômica, sobre as quais os países ricos se entendem em detrimento dos países pobres ou dos cidadãos, eles assumem a forma de grandes ajuntamentos festivos (ainda que às vezes estes sejam acompanhados de manifestações violentas) dos quais participam todos os tipos de pessoas, mais particularmente os jovens, em um *happening* que dura o tempo do ajuntamento. Entretanto, aqui também é necessária uma organização para aumentar as chances de eficácia das ações, pois os ditos militantes estão longe de ter uma opinião homogênea ("Não há mais pureza militante. Para agir em conjunto não é preciso estar de acordo sobre tudo"[460]). E é por isso que se veem proliferar, desde as primeiras manifestações antiglobalização, associações cujas denominações exprimem os objetivos de sua ação: "Chiche!",[461] "No pasarán",[462] "RAP",[463] "Attac",[464] "É preciso reagir",[465] "A Centelha".[466]

---

[459] Isso aconteceu nas manifestações dos professores em maio e junho de 2003, na França: radicalização e extremismo por parte da base constituída por jovens, que obrigou os sindicatos – então prestes a negociarem com o governo – a associarem-se a esses movimentos para não perderem espaço (ver *Le Monde*, 27 de junho de 2003).

[460] Ver a revista *Télérama*, n° 2725, p. 22.

[461] Interjeição que indica desafio, Chiche! é também o nome adotado por um grupo de jovens ecologistas, que se define como político-ecologista. Privilegiando "o solo mais que as urnas", esses manifestantes de inspiração ideológica verde-vermelha se pretendem independentes de todos os partidos políticos, de qualquer linha ideológica.

[462] *Slogan* do grupo de comunistas espanhóis que tentavam, nos anos 30, barrar a escalada fascista.

[463] Grupo de resistência à agressão publicitária.

[464] Associação pela taxação das transações com ajuda dos cidadãos.

[465] Grupo de antimilitaristas.

[466] Grupo de revolucionários.

Além disso, com a transformação dos meios de comunicação, assistem-se a novas formas de apelo além dos ajuntamentos, marchas e outras manifestações. É assim que se viu o efeito multiplicador da internet, que permitiu aos americanos contrários à guerra do Iraque reunirem-se e manifestarem-se em massa, em protestos que, no dizer de certos jornais, eles próprios americanos, foram mais importantes que os da época do Vietnã,[467] e isso apesar "da ausência de cobertura de seu movimento pelas grandes mídias".[468] A questão que permanece é saber quem são esses internautas, qual é sua consciência cidadã: "O tráfego na internet poderia bem constituir apenas uma 'câmara de eco' do militantismo virtual, e não tanto um protesto verdadeiramente significativo."[469]

Em contrapartida, as táticas de ação e os modos de ativismo desses movimentos conheceram nesses últimos tempos certo desvio em direção a métodos de ação mais veementes. Embora se tenham produzido grandes manifestações pacíficas para protestar contra fatos da sociedade (pedofilia na Bélgica, atos terroristas na Espanha), trata-se aqui mais de manifestações da sociedade civil, que se torna, naquele instante, sociedade cidadã. O ativismo militante é sempre exteriorizado de maneira tonitruante, pois ele sabe que se opõe ao que está institucionalmente instalado e que goza no sistema democrático de certa legitimidade. É preciso, portanto, que sua ação seja percebida pelos governantes como uma ameaça de desordem, de revolta, na verdade, de revolução. Toda ação militante diz: "Aí está o que sou capaz de fazer! Eis o que pode acontecer com vocês!" A enunciação militante exprime-se sempre sob a modalidade da *advertência*.

Entretanto, veem-se surgir na cena militante ações violentas premeditadas (distintas dos excessos que podem acompanhar as manifestações pacíficas) que ora são obra de grupos armados que se encontram na clandestinidade e podem atacar pessoas ou bens (as organizações armadas da Córsega ou do País Basco espanhol), ora de grupos não armados que visam somente aos bens (destruição de um McDonald's, símbolo da *junk food*, ou de plantações

---

[467] Nos dizeres do jornal *News day* (*Le Monde*, 14 de fevereiro de 2003).
[468] *Ibid.*
[469] *Ibid.*

de transgênicos). Essas ações, às vezes qualificadas como terroristas, são justificadas por seus autores em nome da "réplica proporcional": diante do terrorismo de Estado, um terrorismo da dissidência e dos perseguidos ("a ira dos povos" de que já falava Maquiavel); diante do comprometimento de nossos representantes, uma frente da recusa; diante da língua de madeira* dos políticos e das promessas não cumpridas, uma ação iconoclasta. A isso se soma um argumento: em razão da submissão da população temerosa ou passiva, são necessários ações ousadas e heróis que salvem o povo dele próprio (assim se define por outro ponto de vista o "direito de ingerência").

Outra tática que caracteriza essa nova ação militante consiste em utilizar as mídias de informação, na verdade em instrumentalizá-las, organizando manifestações suficientemente espetaculares para que elas não possam não ecoá-las. As ações violentas e inesperadas de certos grupos de agricultores e, anteriormente, os grandes movimentos orquestrados pelos caminhoneiros, enfermeiros e pessoal hospitalar são alguns exemplos. Além disso, as mídias são utilizadas como tribuna para a realização de debates mais ou menos contraditórios e agitados, e para declarações intempestivas (ato do *Act up*** em programa sobre a aids).[470] Um uso original e sutil das mídias foi feito pelo subcomandante Marcos e sua equipe na defesa dos índios de Chiapas, no México: graças a declarações que iam de encontro à língua de madeira dos políticos e às regras tradicionais da negociação política, ele acabou por liberar – em termos relativos – a imprensa do país, então completamente submissa à informação oficial do Estado,[471] fazendo-se admitir como parceiro político no centro do parlamento mexicano[472] e, além disso, logrando

---

* N.T.: A propósito do conceito de língua de madeira, cf. nota na subseção "O *ethos* de 'virtude'", aqui mesmo.
** N.T.: Criada em junho de 1989, a *Act up* é uma associação que tem por objetivo combater a propagação da aids, sobretudo pela divulgação de informações sobre a doença. Seu modo de ação consiste basicamente na desobediência civil, com a realização de intervenções-relâmpago em locais públicos com o objetivo de chocar e chamar a atenção para sua causa.

[470] "Cerca de vinte militantes da associação de luta contra a aids, *Act up*, interromperam nessa terça-feira, 4 de fevereiro, em Paris, uma sessão da Academia de Medicina. Eles macularam a fachada do prédio com sangue falso" (*Le Monde*, 6 de fevereiro de 2003).

[471] Ver Emilsson e Zaslavsky (2000) e Zaslavsky (2003).

[472] Quando da última marcha dos zapatistas na cidade do México, o subcomandante Marcos declarou "ajude-nos a perder", isto é, "reconheça-nos". Mais, no fim desse acontecimento, o Exército Zapatista de Libertação Nacional (EZLN) foi admitido para ser representado no Parlamento mexicano na pessoa da comandante Esther, que fez um discurso e lançou, da tribuna, um "Viva, México!", mostrando assim que o EZLN não se apresentava como grupo dissidente.

internacionalizar sua luta, convocando todos os combatentes para a defesa dos "oprimidos da terra".

A transformação do modo de ação militante é caracterizada pelo fato de que a militância não mais se contentaria em crer que "dizer é fazer" e teria necessidade de crer em um "fazer é dizer".

Perda ou transformação identitária?

Realmente, parece que as sociedades ocidentais desenvolvidas conhecem uma transformação importante em seu modo de vida e paralelamente em sua concepção de mundo, em seu ideal; como consequência, seu sentimento identitário individual e coletivo se encontraria transformado. Mas tratar-se-ia aqui de qualquer coisa verdadeiramente nova ou de um retorno da história, apesar de alguns pensarem que ela não se repete?[473] Afinal, a época do renascimento e da industrialização racionalista dos séculos XVIII e XIX conheceu igualmente grandes transformações, sem falar do século XX e de suas duas guerras mundiais. Lamenta-se agora a hegemonia do aspecto econômico? Entretanto, Balzac, em *A comédia humana*, afirmava que na época da "toda poderosa nota de cem sous*"[474] em que "o banco, realeza formidável, domina os tronos e os povos",[475] o dinheiro é "o único deus moderno ao qual se faz fé",[476] que "os únicos que o negam são os parvos e os palermas, uma vez que, apesar de tantas declarações ingênuas sobre o dinheiro, sempre é preciso [...] beijar o casco fendido do bezerro de ouro".[477] A dificuldade em perceber as transformações é tanto maior na medida em que as transformações comportamentais podem ser observadas, porém sem que sejam acompanhadas, ao menos de imediato, de transformações conceituais nos valores e vice-versa.

---

[473] Por exemplo, o tema da unidade nacional face aos particularismos regionais estava igualmente em debate na Grécia arcaica. Ver Dabdad Trabulsi (2001), que faz um paralelo entre o ditador grego e o latino-americano (Ver neste livro "O efeito de interferência das mídias").

* N.T.: A partir de 1793, um sou passou a valer cinco centavos de franco francês.

[474] *A prima Bette*.
[475] *Ilusões perdidas*.
[476] *A prima Bette*.
[477] *Les employés*.

Se atentarmos para a situação francesa, observaremos que a sociedade funcionava até então – em todo caso, da Revolução até a social democracia moderna – sobre uma representação tripartite da sociedade. De um lado, os possuidores, os patrões, os financistas, unidos por uma solidariedade empresarial e financeira que representa o poder de decisão sobre o mercado de trabalho e o poder de investimento e de criação de bens de consumo, cujo discurso de justificação é: "não há sociedade poderosa sem produção de riqueza". De outro, os operários, os trabalhadores executantes, que representam a força produtiva, sendo supostamente explorados por aqueles, organizando-se em contrapoder das forças produtivistas impostas pela indústria capitalista, formando grupos sindicais para impor negociações coletivas, sendo apoiados por discursos de denúncia dos malefícios do capitalismo e de reivindicação dos direitos do trabalhador. Assim era mantida a imagem de um "trabalhador em luta" diante do "patrão explorador". Essa tradição de rebelião foi por muito tempo o símbolo identitário forte da sociedade francesa.[478] De um terceiro lado, o Estado providencial ou, ao menos, regulador desse antagonismo, o qual deve velar pelo bem-estar do cidadão e mostrar-se fiador da repartição das riquezas; o discurso de justificação é o jacobino, o da necessidade de um Estado forte para assegurar a soberania nacional e a proteção social.

Ora, parece que agora se assiste, como acabamos de ver, a uma transformação de certos aspectos da vida social, oriunda dos imaginários que os sustentam: deslocamento do imaginário da produção para o do consumo, de uma visão do trabalho que não seria mais marcado pelo esforço e pelo sofrimento, mas pelo sucesso imediato; a tecnologização do trabalho manual no qual a mão não tem mais esforço a realizar; o desaparecimento do contato humano com a multiplicação das redes de conexão e a desmaterialização das relações de conflito. Tudo isso dá aos atores sociais a impressão de que dominam o mundo, de que escapam à fatalidade produtivista e de que podem substituí-la por um gozo consumidor. O apagamento progressivo da fronteira entre a vida privada e a pública faz com que as categorias sociais

---

[478] Crettiez e Sommier (org.) (2002).

se recomponham mais em função das atividades da vida pessoal que da vida profissional, perturbando as clivagens clássicas entre as categorias de idade e de sexo, de profissão, de origem familiar, misturando dados dos capitais social, econômico e cultural, provocando uma fragmentação identitária e fazendo desaparecer o sentido da responsabilidade coletiva. Ocorre a substituição de uma relação de confiança democrática entre povo e elites por uma relação de desconfiança alimentada por um discurso de descrédito em relação à classe política, pela constatação da impotência em relação tanto às instituições nacionais quanto às supranacionais, monstros abstratos e inapreensíveis. Enfim, em reação a esse clima de ceticismo, ocorre a substituição do imaginário de solidariedade social, que exige um engajamento participativo, por um imaginário de fraternidade humana ou de fraternidade comunitária. É também em reação a esse mesmo ceticismo que a ação militante, que outrora era bem finalizada e circunscrita, transforma-se agora em grandes ajuntamentos pacifistas e festivos – mas heterogêneos do ponto de vista ideológico – ou em ações pontuais violentas contra os bens que têm valor de símbolo.

Uma vez mais, vê-se emergir essa imensa contradição entre o desejo do "localismo" e o desenvolvimento do "globalismo". É a razão pela qual as elites e os pensadores da política procuram definir uma nova forma de soberania, que poderia superar as nações sem perder a ligação identitária: "Pode-se de fato preferir uma sociedade em que os indivíduos veem reconhecida sua autonomia, mas reconhecem as ligações da solidariedade que as une."[479] Afinal, a história da Europa é também a da recomposição sucessiva de soberanias que vão de encontro aos particularismos que, como diz Castoriadis, foram frequentemente mortais. E é aqui que se aposta, para o século vindouro, numa nova busca de identidade.

---

[479] Régis Debray, *Le Monde*, 20 de outubro de 1998.

Os efeitos de interferência das mídias

Se nos interrogamos sobre o papel das mídias no campo político, é porque elas teriam uma influência sobre a opinião dos cidadãos, portanto, porque repercutem nas estratégias de comunicação dos políticos. Ora, é difícil medir a natureza e a importância das relações de influência entre as mídias e a opinião. De um lado, porque ao tomar a televisão como modelo, temos a tendência de tratar as mídias como uma entidade única, quando há diversos tipos de suportes de informação (rádio, imprensa, televisão, internet) que se dirigem a públicos diferentes, das maneiras que lhes são próprias, ainda que a televisão pareça dominante em função do número de telespectadores que ela reúne em seus telejornais. Por outro lado, porque para poder medir o impacto de uma informação sobre o público seria preciso saber o que é essa opinião. Ora, viu-se que esta é fragmentada, o que impede que se saiba qual é a parte da informação que remete a uma opinião civil portadora de julgamentos sobre todos os fatos sociais, a que é direcionada a uma opinião cidadã mais circunscrita e a que se destina a uma opinião militante mais visada.

Os próprios analistas estão divididos quanto a essa influência e produzem diferentes teorias. Alguns, sobretudo aqueles que trabalham sobre o fato político, minimizam seu alcance, arguindo que há fenômenos de estrutura da ação política que se impõem e tornam obsoleta toda explicação sobre o papel que as mídias podem desempenhar, mesmo no comportamento do eleitorado. Outros, ao contrário, procuram testar essa influência com trabalhos sobre a maneira como é recebido o discurso midiático. Esses estudos de recepção não têm, evidentemente, nada que ver, quanto a seu método, com as pesquisas; eles próprios se dividem entre os adeptos de estudos empíricos[480] e os de estudos experimentais. [481] Como quer que seja, não há, no estado atual das ciências humanas e sociais, pesquisas que mostrariam que existe uma relação certa e sistemática de causa e efeito, entre uma estratégia deliberada de influência por parte de um indivíduo ou de um grupo e seu impacto sobre ele.[482] Se fosse o caso, poderiam ser feitas predições; portanto, poder-se-ia proceder a manipulações para influenciar o comportamento dos indivíduos. Ora, a variedade de situações de comunicação, a diversidade dos públicos, a transformação das circunstâncias sociais e históricas são tais que é impossível fazer previsões: nesse caso, a história não se repete, exceto por acaso.

Especificidades da midiatização contemporânea

Para existir, toda sociedade tem, conforme afirmamos, necessidade de uma mediação social, de um sistema de valores mais ou menos mitificado que, para desempenhar seu papel de cimento identitário, deve ser partilhado pelo conjunto de membros da comunidade. Para tanto é preciso que sua circulação seja assegurada pelo suporte de uma instância social que tenha autoridade: na Idade Média, era essencialmente a Igreja que assegurava o curso de uma moral divina; no século XVIII, eram a imprensa nascente e a escola que faziam circular uma moral laica, a da razão crítica toda poderosa; no século XIX, com a industrialização, reuniram-se diferentes instâncias de organização da produção que insuflaram uma moral do trabalho; no século XX, os meios de informação das massas fizeram explodir a dominação dos aparelhos de

---

[480] Sociologia da recepção.
[481] Psicossociologia experimental.
[482] Isso foi mostrado nos Estados Unidos por meio de muitos estudos realizados no domínio publicitário. Ver Chabrol (1994) e Baudru-Chabrol (1994).

Estado ao facilitar a divulgação de modelos de vida e de pensamento ao mesmo tempo diversos e dominantes. Na segunda metade do século XX, as mídias desempenharam o papel de suporte a ponto de terem midiatizado totalmente a sociedade contemporânea: elas são portadoras de imaginários sociais que têm influência sobre as opiniões sem que se saiba verdadeiramente qual é essa influência. Essa questão já foi por nós estudada e descrita em outro livro;[483] assim nos contentaremos em resumir as grandes linhas para ver quais problemas ela coloca ao discurso político e, consequentemente, qual é a parcela da responsabilidade das mídias nesse jogo de influências.

Uma máquina de captar o público

Ao nos interrogarmos sobre as mídias, devemos começar por verificar quem informa, com quais intenções e procedimentos. Apesar de ser uma ideia corrente, não se trata jamais de um jornalista, mas do que nós chamamos de uma "máquina de informar". De fato, o jornalista que estava no local do acontecimento e o relata, ou aquele que tem de analisar e explicar os fatos, sabe que suas notas serão retomadas pela redação do órgão de informação, que elas aparecerão no meio de outras notícias e que serão encenadas de maneira mais ou menos dramatizadora na página do jornal, no desenrolar das informações do rádio ou nas imagens do telejornal. Além disso, se esse papel for lido ou ouvido, o será por pessoas que o jornalista não conhece, cujas características podem ser vislumbradas apenas de uma maneira vaga: aqui por sondagens sobre os leitores do jornal e as cartas que enviam, lá por pesquisas e algumas enquetes complementares de recepção. Não estamos, portanto, em um modelo de comunicação em que um indivíduo dialoga com um conhecido (como no caso de uma carta ou de uma conversa telefônica), nem no de uma pessoa que se dirige a uma ou várias outras das quais não conhece senão a função, o papel social ou o estatuto (como no caso de um em relatório administrativo, de um artigo científico ou de instruções de trabalho), nem no de uma pessoa que fala ao público

---

[483] Charaudeau (2005).

que tem diante dela (como no caso de uma conferência ou de uma reunião). Encontramo-nos aqui diante de um modelo de comunicação que reúne duas instâncias compósitas: uma instância de informação, de um lado, que se compõe de diferentes atores (jornalistas locais, enviados especiais, analistas, jornalistas especializados, chefes de redação, âncoras de telejornal etc.); de outro, uma instância de recepção heterogênea que se compõe de leitores-ouvintes-telespectadores de idades, graus de instrução, meios sociais e interesses diferentes.

A instância de informação encontra-se em uma situação em que deve resolver vários problemas. Inicialmente, diante da massa de fatos que se produzem todos os dias, selecionará aqueles que serão convertidos em notícias e que dependem, ao mesmo tempo, tanto de acontecimentos previstos ou não, oriundos da vida social (catástrofes naturais, guerras, conflitos, criminalidade etc.) quanto da agenda política imposta pelas decisões, declarações e ações de todo gênero e que estão subordinadas ao mundo político. Algumas vezes, a instância midiática procura por essas informações (com investigações); em outras, as desperta (com entrevista) e mesmo as provoca (com debates), mas se pode dizer que apesar dessa pressão externa, dos acontecimentos e da agenda, é ela a responsável pelas escolhas que opera. Do mesmo modo, é apresentada ao público uma seleção-construção de notícias que se impõem como as únicas possíveis, na verdade, as únicas existentes.

Uma vez selecionados os fatos, é preciso hierarquizá-los, descrevê-los, contá-los e explicá-los. Ao problema precedente da seleção dos acontecimentos, associa-se agora o de sua encenação, pois a instância de informação é submissa à lei implacável da *captação*: é preciso seduzir o público. Todo órgão de informação é antes de tudo uma empresa que tem necessidade de recursos financeiros para viver que decorrem das vendas dos exemplares, no caso dos jornais, e da publicidade, no caso da imprensa, do rádio e da televisão, sendo o preço dos espaços publicitários diretamente proporcional à audiência obtida. Isso os coloca em uma situação de concorrência comercial que passa pela necessidade de atingir um maior número de eleitores, ouvintes ou telespectadores. À lógica da informação, que exige credibilidade no tratamento das notícias, se sobrepõe uma lógica de mercado, que exige resultados quantitativos.

Ora, como captar esse maior número que, conforme já foi dito, é heterogêneo, senão procurando o maior denominador comum? E como atingi-lo senão utilizando estratégias discursivas passíveis de atrair a atenção do público, cativando seu interesse, solicitando sua emoção e apresentando explicações que deveriam ser compreendidas por todos? Com esse fim, as mídias recorrem a certas técnicas para descrever os acontecimentos, comentá-los e colocá-los em debate. Elas reportam os fatos de acordo com os cenários dramáticos de combate a fim de suscitar movimentos emocionais diversos: antipatia em relação aos agressores, simpatia para com os salvadores, compaixão pelas vítimas.[484] Comentam esses mesmos acontecimentos ao reduzi-los na maior parte do tempo a esquemas de explicação mais ou menos estereotipados, sem perspectiva histórica, mas com aparência de evidência. Os debates que supostamente alimentam o espaço de discussão, confrontando opiniões diferentes e contrárias com o intuito de esclarecer o público, são apresentados como torneios oratórios, na verdade, espetáculos retóricos, que, ao final das contas, convertem as opiniões em julgamentos passionais.

Uma visão do mundo fragmentada e atemporal

Essas características evidenciam que as mídias constroem uma visão do mundo e que da sucessão rápida de notícias que vão "de chagas a chamadas"[485] surge um tempo breve. Elas chegam mesmo a fazer desaparecer toda temporalidade por meio de uma encenação dramatizadora que apresenta um mundo a ser consumido no instante, sem perspectiva histórica: a máquina de informar é amnésica. Ela constrói um mundo inscrevendo-nos em um espaço duplo que hesita sempre entre o *local*, quando se trata de defender as identidades do torrão, e o *global* (nacional, europeu, internacional, civilizacional), quando é o caso de promover uma transcendência identitária.[486] Os acontecimentos apresentados nesse espaço dependem sempre da infelicidade como um sintoma da desordem social que permite colocar em

---
[484] Ver Charaudeau (2000).
[485] Ver Charaudeau (2005, 3ª parte).
[486] *Ibid.*

cena as vítimas e os dramas vividos por elas, os malefícios, os perseguidores e os salvadores. O mundo nos é apresentado, a nós, público cidadão, sem que se possa distinguir a realidade da ficção: é apresentada uma espécie de "verdade verossímil", que faz "fundirem-se os dados da ficção na ilusão do autêntico"[487] por meio de uma narrativa que "constrói seu próprio ideal, fazendo comércio de nossos imaginários".[488]

Ao operar aproximações entre fatos que parecem similares (não importando quão pequena é a notícia de violência cotidiana colocada na conta da insegurança), comentando os acontecimentos com explicações sem perspectiva histórica, convertendo o debate público em espetáculo dos conflitos de opinião e em teatro no qual se misturam problemas domésticos e problemas públicos, as mídias constroem paradoxalmente um público sem opinião: este só pode aderir a essa visão do mundo ou rejeitá-la de maneira cega – a menos que ele se retire do campo da opinião e refugie-se no dos céticos, dos sem opinião. A máquina midiática não pode pleitear inocência.

A confusão dos espaços público e privado

Os estudos sobre as mídias frequentemente concluem por uma confusão entre o *espaço público* e *privado*. Essa confusão resulta de uma invasão deste por aquele, ou melhor, diremos nós, de uma aparição do segundo no primeiro, de uma *publicização da intimidade* outrora preservada do olhar do outro.

A intimidade esteve por muito tempo oculta e começou a surgir – ao menos na sociedade francesa, se nos basearmos nos historiadores das mentalidades – com os escritos (falsamente) autobiográficos dos séculos XVII e XVIII: foi – e é ainda – a época da "revelação poética do eu", da qual um dos, textos mais representativos é o das *Confissões* de Rousseau. Depois, bem mais tarde, começou uma exposição progressiva do corpo até a exibição quase total, em público, da "nudez" por meio do cinema e da publicidade:

---

[487] *Ibid.*
[488] *Ibid.*

foi a época do "corpo-objeto". Mais recentemente, sobretudo com a aparição em psicanálise das terapias de grupo – com algumas de suas técnicas expandindo-se pelo mundo do trabalho sob a denominação de "dinâmicas de grupo" –, o indivíduo descobre a importância de sua personalidade nas relações sociais: é a época da "expansão terapêutica do eu" ao olhar do outro com quem se constitui um grupo fechado sobre si mesmo. Enfim, chega-se à exposição do *eu* interior em uma cena, quer dizer, deixado ao olhar de um terceiro anônimo. Uma certa popularização da psicanálise nos programas de rádio e de televisão (do tipo "psi show")[489] fez aceitar que o *eu* íntimo – sobretudo se ele sofre – pode ser exposto sob a cobertura do testemunho pessoal. Muito antes ainda, acontece a exposição da intimidade das pessoas, não mais pelo que elas dizem, mas pelo que fazem (é o caso dos programas como *Big Brother* e *Loft story*). Os indivíduos se mostram agindo em uma situação doméstica, relacionando-se com outros que não conhecem, mas que terminam por tratar da maneira mais privada e íntima possível (sendo a cama o último rincão da intimidade dos corpos). É como se a intimidade não mais pudesse passar pela expressão do dizer, mas pela expressão muda dos corpos. Trata-se aqui de uma ruptura com as épocas anteriores e com os gêneros precedentes (a autobiografia literária era suspeita quanto à sua verdade), pois essa exposição do eu íntimo ao olhar de um terceiro anônimo não se apresenta mais com o álibi da ficção. Nesse momento, muda o olhar que o indivíduo é levado a dirigir sobre o que constitui sua identidade. Esse olhar não é mais de projeção/introspecção em um ser idealizado de ficção, como é o caso no cinema ou em um romance; não é mais de alteridade em uma relação de diferenciação/adesão ao outro – esse outro que está diante de mim que posso odiar ou amar; é um olhar de fusão com aquele que pode ser eu mesmo, mas um eu mesmo magnificado por sua aparição na cena pública: "sou o que está exposto ao olhar de todos". É por isso que se pode dizer que se criou um novo imaginário identitário da constituição do "si", um si que sai da esfera privada e fusiona-se com um outro que já é conhecido na esfera pública.

---

[489] Ver os trabalhos de Dominique Mehl (1996).

Novas condições de visibilidade do discurso político

Os políticos sempre tiveram necessidade de *visibilidade* (devem ter acesso à cena pública), de *imagem* (devem seduzir) e de *legibilidade* de seu projeto político (devem ser compreendidos). Os antigos retóricos, que podem ser considerados os primeiros conselheiros em comunicação da Antiguidade, eram prolixos não só em conselhos de todas as ordens sobre a maneira de falar, de postar a voz, de articular, de assumir atitudes físicas, de gesticular, porque pensavam que "o corpo é o espelho da alma", mas também na maneira de expor suas ideias, de apresentar seus argumentos e de convencer o público. A política se desenvolve na cena pública, e essa é uma cena de teatro na qual se expõe ao mesmo tempo o *ator*, o *personagem* e a *pessoa*. O ator é aquele que desempenha um papel predeterminado, que o faz conscientemente, assim como o público: ele está em uma cena e se dá a ver. O personagem é um ser de ficção construído em uma narrativa, uma entidade figurada que pode ser representada por um ator. A pessoa é um indivíduo singular com suas características psicológicas, seus pensamentos, seus sentimentos: ela está sempre escondida e em princípio exprime-se apenas em sua intimidade do privado.

O político é assim conduzido implacavelmente a fazer o triplo papel de ator, de personagem e de pessoa: como ator, mostra sua imagem, na verdade, seu carisma; como personagem, desempenha plenamente seu papel de político no exercício de suas funções; como pessoa – discretamente destilada –, mostra que não é menos humano, que tem sentimentos como os demais.[490] O cidadão espectador dessa cena está, portanto, à espera de imagens que remetam a esses três papéis, pois ele realmente precisa de algo que justifique seus movimentos de adesão ou de rejeição ao político, mas ele espera igualmente por projetos políticos que façam sonhar e que sejam suscetíveis de transcendê-lo e de provocar esse ou aquele programa de ação. Quando os eleitores respondem em pesquisas que votam em primeiro lugar nos programas e em segundo lugar na personalidade dos homens ou mulheres que se candidatam, pode-se pensar que aí existe uma inversão de

---

[490] Ver O *ethos* de "humanidade".

prioridades para não parecer deixar a emoção se sobrepor à razão; como quer que seja, eles são sensíveis a esses dois imaginários, a esses dois aspectos do discurso político. Não há sociedade sem rumores, sem imaginários, sem projetos utópicos, sem aspirações a serem jogadas na cena do mundo real, portanto, sem o desejo de se deixar seduzir por quem desejar corresponder realmente a essas expectativas. Toda a questão do discurso político volta, desse modo, à coincidência entre os papéis desempenhados pelo político e as expectativas do público. O que é, então, específico de nossa época e que representa um problema para o político?

A cena midiática

Um primeiro problema reside na projeção feita pelos meios de informação e, particularmente, pela mídia televisiva, que muda as condições de visibilidade. De fato, por um lado, as mídias constroem seu próprio alvo (um público fluido e heterogêneo do ponto de vista de suas opiniões), mas este não coincide necessariamente com o destinatário-alvo do discurso político, que deveria ser bem categorizado: os "a favor" de um lado, os "contra" de outro, e os indecisos. Em decorrência desse fato, ao passar pelas mídias – e elas são incontornáveis –, o político encontra-se diante de um alvo inapreensível, cujos imaginários de expectativa devem ser objeto de hipóteses muito gerais. Parece que havia certa coincidência entre o discurso e as expectativas do público ao longo do que se chamou os "anos de De Gaulle, Giscard e Mitterrand", mas trata-se aqui apenas de racionalizações *a posteriori* e que em todo caso não podem ser aplicadas nem ao ex-primeiro-ministro Jospin, nem ao Presidente Chirac.[491]

Por outro lado, apresenta-se ao político o problema das condições de acesso à cena midiática. Aqui se produz um leilão entre os políticos e os órgãos de informação, que tendem a convidar para seus programas apenas aqueles que já gozam de certa notoriedade e que são loquazes. Isso obriga os demais, particularmente os chamados "candidatos nanicos", a lançar

---
[491] Ver Esquenazi (2002) e Santville (2002).

mão de todos os meios para ter acesso às mídias, multiplicando as declarações provocativas (Jean-Pierre Chevènement) ou comprometendo-se em programas de entretenimento na televisão: "A política é como uma cena de teatro: há os atores principais, os coadjuvantes, os figurantes e aqueles que estão fora de cena. O objetivo é jamais estar nos bastidores, mas atingir o maior público possível. Esses programas nos oferecem a oportunidade de uma extraordinária lente de aumento."[492] Voltaremos a esse ponto.

Uma guerra dos discursos

Outro problema reside no tratamento sistematicamente dramatizador dado à informação, conforme comentado há pouco. Ao privilegiar os efeitos da emoção, esse tratamento coloca obstáculos à exposição racional dos projetos políticos: as técnicas de anúncio (títulos de jornais, boletins de informação, apresentação dos telejornais) privilegiam até a obsessão alguns assuntos e ocultam outros; as comparações produzem efeitos de amálgama; as explicações essencializantes transformam causas em fantasias de ameaças e os responsáveis, em malévolos perseguidores do mundo. Os políticos sabem disso, sabem que devem jogar com a tendência das mídias de colocar as luzes sobre certos temas e determinadas declarações que ocultarão aquelas que lhes são mais particularmente caras. Foi o caso da "violência" e da "insegurança", temas lançados pela direita e pela extrema direita, destacados e sustentados pelas mídias na última campanha presidencial na França, e que tiveram entre outros efeitos o de ocultar a questão do balanço que a equipe de Lionel Jospin queria fazer prevalecer. É também o caso, em muitos países, do tema recorrente da "corrupção". Para alcançar certo impacto, esses assuntos têm necessidade de visibilidade, mas não é somente sua repetição que a assegura, é preciso que eles correspondam à preocupação do público no momento, é preciso que esta última esteja latente.[493]

---

[492] Propostas de Roselyne Bachelot, deputada do RPR (*Rassemblement pour la République*), reportadas nos *Dossiers de l'audiovisuel*, Ina, nº 102, p. 59.

[493] Levantamento efetuado pela equipe do programa *Arrêt sur image*, a respeito do tempo destinado aos diferentes temas tratados na televisão durante a campanha à presidência de 2002 na França, mostrou o seguinte resultado: "economia": 27 minutos; "internacional": 30 minutos; "emprego": 34 minutos; "insegurança": 48 minutos.

Os políticos sabem também que os jornalistas se apossam com voracidade das pequenas frases pronunciadas por eles, espontâneas ou calculadas, para, descontextualizando-as, fazê-los dizer frequentemente uma coisa diferente daquela que elas significavam em seu contexto de origem. Esse foi particularmente o caso, nas mesmas eleições, das frases infelizes lançadas por Lionel Jospin: uma, a propósito do presidente da República, candidato que lhe parecia "caduco"; outra, sobre seu próprio programa, que "não era socialista"; outra ainda sobre a insegurança em relação à qual ele considerava ter sido um pouco "ingênuo". Essas poucas palavras colocadas em destaque, retiradas de seu contexto – e apesar das negações posteriores de seu autor –, tiveram um efeito desastroso junto a seu eleitorado. Exemplos desse gênero abundam em todas as campanhas eleitorais e mesmo fora delas; quanto mais forte for, da parte dos jornalistas, essa busca pela pequena frase, mais se afundará seu autor ou, ao contrário, mais será levado ao pináculo.

É verdade que, justo retorno das coisas, os políticos jogam voluntariamente com o efeito de *slogan* que certas frases podem produzir, supondo – ao menos segundo numerosos estudos realizados pelo *marketing* político – que são elas que têm o maior impacto e são mais bem memorizadas pelo público. Foi o caso não só da expressão "a fratura social", muitas vezes mencionada aqui, mas também de todas as que Jean-Marie Le Pen utiliza em seu comércio com certo sucesso, ao menos no que tange à repercussão obtida nas mídias. Há, portanto, uma espécie de "escaramuça" discursiva a que se entregam os políticos e as mídias nesse jogo de lançar/recuperar pequenas frases com seu lote de retificações, denegações e novos lances explicativos, cujo desafio discursivo é, para as duas partes, o impacto nas mentes.

De igual modo, os políticos conhecem os problemas que as entrevistas e os debates organizados pelas mídias apresentam, principalmente na televisão. Nas entrevistas, nos vemos às voltas com encenações diversas, seja porque os jornalistas "papericam" os convidados fazendo perguntas preparadas e

---

Essa contabilidade é parcial e imprecisa, mas mostra, simultaneamente que a despeito dos inúmeros comentários de jornalistas, a insegurança não foi o único tema em questão na campanha, mas que foi esse assunto que prevaleceu. Todavia, não se pode deixar levar pelos cálculos estatísticos, pois um tema particularmente sensível pode ter sido pouco tratado e, no entanto, ter-se apropriado de uma tal força emocional que gerou a impressão de dominar o debate público.

convenientes,[494] seja porque procuram obter revelações, perseguindo o que se encontraria escondido sob o que é dito: o segredo. O político é, então, constrangido a usar estratégias para não cair em algumas armadilhas que lhe são preparadas nessas trocas; daí essa língua de madeira que lhe é recriminada e que, contudo, é necessária ao discurso político. Nesse momento, em nome de uma razão de Estado, o responsável político deve preservar o segredo, ou, em todo caso, não deve revelar tudo o que sabe. A palavra política só pode ser tática, esquecê-la em nome de um purismo excessivo pode ser contraprodutivo.

Há ainda os debates. Os políticos sabem igualmente que a espetacularização destes pode dar-lhes a glória ou o opróbrio. Mas eles são ao mesmo tempo atraídos por essa forma moderna da dramaturgia política que ocupa o lugar das representações teatrais ou das cerimônias religiosas de antanho: a dramaturgia é tão útil para a educação dos povos de hoje quanto a tragédia grega o era para os atenienses. Muitos autores já o destacaram, ela faz parte dos rituais políticos destinados a tocar a emoção, a paixão, os sentimentos. Nesse local, jogam-se os efeitos do *ethos*, do *pathos* e do *logos* que o político produz mediante a encenação de seu discurso. Aqui, tudo intervém, ainda que em graus de importância diversos: a atitude do corpo, os gestos, a voz e evidentemente a força das propostas contidas nas réplicas: "A Europa, a Europa...!" e "A esbórnia acabou", de De Gaulle; o "Você não tem o monopólio da verdade", de Giscard a Mitterrand; o "Olhos nos olhos, eu o contesto", de Mitterrand a Chirac; as derrapagens verbais de Jean-Marie Le Pen que fizeram correr tanta tinta.

Levantar a ponta do véu

Outro problema para os políticos é essa tendência das mídias de fazer investigações e precipitar-se em revelações que acusam as pessoas, deixam entender que elas agiram de maneira intencional e que, ao final das contas, são as verdadeiras responsáveis por certos escândalos: o do sangue contami-

---

[494] As conversas amigáveis ou "à beira do fogão", com diferentes presidentes da República francesa: De Gaulle, Pompidou, Giscard d'Estaing, Mitterrand.

nado que acusou ministros e o próprio chefe de governo antes que a justiça se pronunciasse; o escândalo da fita cassete divulgada por Jean-Claude Méry, que acusava o chefe de Estado e que levou as mídias a pressionarem-no para que ele viesse explicar-se solenemente quando de uma entrevista na televisão; e, mais recentemente, o escândalo da declaração de falsa agressão racista em um trem metropolitano de Paris, que provocou reações de indignação da parte dos políticos e comentários altamente dramatizados por parte das mídias. Essas acusações por meio das mídias são ainda mais contestáveis eticamente quando são revelados escândalos relativos à vida privada dos políticos de ambos os sexos (o caso Clinton-Lewinsky) ou fatos antigos da vida pública, mesmo que anedóticos, sem nenhuma incidência sobre a atualidade (o caso Joshka Fischer na Alemanha, "que teria tomado seu café da manhã, há trinta anos, com certa jovem";[495] caso Cohn-Bendit na França, por declaração julgada pedófila em 1968; caso Jospin sobre seu passado trotskista). Essas acusações podem ser assassinas. No plano político e social, elas satisfazem àqueles que querem desacreditar não uma política, mas pessoas; elas satisfazem às mídias, que assim mantêm a polêmica, o que é de seu interesse.

Depois aparece um fato novo: programas de entretenimento que não tratam da vida política, mas aos quais os políticos de ambos os sexos comparecem. Eles se encontram em um lugar de familiaridade pública e respondem a questões que concernem à sua vida privada e mesmo íntima. Algumas dessas questões triscam a indecência, na verdade, a obscenidade;[496] em alguns programas, os políticos são convidados a se entregarem a atividades lúdicas que não tem nada que ver com sua vida pública.[497] Os produtores desses programas justificam-se afirmando que isso permite quebrar a língua de madeira dos políticos e "mostrar quem eles são, o que os motiva, quais são suas intenções".[498] Além disso, segundo eles, isso responderia a um desejo (oculto?) do público de entrar na vida privada desses notáveis do mundo,

---

[495] *Le Monde*, 27 de fevereiro de 2001.
[496] "O que você pensa da sua carranca?", pergunta Marc-Olivier Fogiel a Nicolas Sarkozy; "Chupar é trair?", pergunta Thierry Ardisson a Michel Rocard.
[497] Entoar uma canção, tocar guitarra, recitar poemas de grandes autores.
[498] Fogiel nos *Dossiers de l'audiovisuel*, Ina, n° 102.

pois é lá que se encontrariam a autenticidade e a verdade dos grandes que nos governam.

Isso não impede que se produza uma subtração da intimidade dos políticos (que não precisa ser exposta de maneira deformada na cena pública) nem que a classe política seja desacreditada em seu conjunto. Na medida em que isso é um tema recorrente do discurso de extrema direita do qual Jean-Marie Le Pen se faz o arauto, esses programas tendem a sugerir que "as elites são decadentes" e que é preciso "desestabilizar o *establishment*",[499] pois a política não tem necessidade de especialistas, ela diz respeito a todos e o povo pode dela se apropriar: "O povo da França somos nós";[500] "Para dar a palavra ao povo, é preciso chegar à democracia direta, pois apenas ela permitirá desenvolver a participação do povo em seu próprio destino."[501] Podemos nos perguntar se as mídias, levadas por um leilão dramatizador, não teriam cortado a ligação entre cidadãos e elites políticas suprimindo progressivamente os relés de opinião que são, de um lado, os políticos locais (prefeitos, vereadores, deputados estaduais) e, de outro, os sindicatos, os *experts* e os jornalistas especializados.[502]

Sobre a responsabilidade das mídias

Falar da responsabilidade das mídias não é acusá-las. Descrever uma responsabilidade é descrever uma cadeia de causalidades que mostram como, de maneira consciente ou inconsciente, uma pessoa, um grupo, uma instituição ou uma instância qualquer desempenha um papel mais ou menos determinante na produção de um fato social. A acusação é um ato de linguagem que designa uma entidade qualquer como o agente direto, mais ou menos consciente, de um ato delituoso; ela se inscreve em um discurso jurídico. Trata-se, portanto, aqui, de concluir acerca do papel que desempenham as mídias quando intervêm no campo do discurso político.

---

[499] Souchard et alii (1997, p. 136).

[500] *Op. cit.* (p. 13).

[501] *Op. cit.* (p. 137).

[502] Explicitemos que esses dois últimos existem e que nós os escutamos no rádio e, mais raramente, na televisão, mas em horários tardívagos.

Deslizes do discurso midiático

O procedimento de *essencialização* das causas que estariam na origem da desordem do mundo, o qual descreve a fonte do mal de maneira abstrata e anônima, nos apresenta uma realidade que estaria sob a ação de uma força inacessível, de um cérebro oculto que não temos capacidade para combater. O procedimento de *questionamento* da responsabilidade das pessoas com base na descrição de intenções supostamente ocultas nos entrega os culpados como pasto antes mesmo de a justiça intervir. O procedimento de *espetacularização* dos debates apresenta os debatedores como boxeadores em um ringue[503] e nos impõe a visão de um espaço político comparável a um campo de batalha no qual os inimigos se entregam a combates mortais, inclusive no interior dos mesmos partidos.[504] O procedimento de *representação* do Zé-Ninguém em programas de televisão, na companhia de personalidades políticas para desvelar a intimidade destes, dá-nos a ilusão de que esse Zé-Ninguém teria se tornado ator em tempo integral do jogo político e de que seria igual aos responsáveis políticos. Todos esses procedimentos mostram que desde certo tempo o discurso midiático (sobretudo da televisão) tem-se permitido alguns deslizes: do "Veja o que se passa" para o "Eis o escândalo do mundo", do "Reflita sobre o que é preciso pensar" para o "Eis o que é preciso pensar"; do "Veja o que dizem os políticos" para o "Eis o que eles pensam secretamente"; do "Veja o que eles fazem" para o "Eis o que eles deveriam fazer". O dizer das mídias deixou o que deveria ser um discurso da constatação, da informação, do testemunho (o jornalista permanecendo de fora) e passou a uma *denúncia* generalizada (o jornalista se envolvendo sem dizê-lo).

Assim, esses discursos exercem um papel importante na ascensão do individualismo, quando propõem aos indivíduos modelos de existência de um *si* anônimo que constrói, paradoxalmente, a imagem abstrata de um indivíduo sem história, sem filiação, sem experiência e sem personalidade. Como foi dito, os programas de televisão do tipo *Loft story* são o exemplo perfeito,

---

[503] Lembramos que o jornalista Paul Amar foi destituído do cargo no canal France 2 por ter sacado luvas de boxe no confronto Le Pen–Tapie.

[504] Sabemos que, depois de algum tempo, esses debates que obtiveram sucesso na França entre os anos 1970 e 1995 praticamente desapareceram das telas de televisão.

pois exacerbam o "individualismo individualista" (concorrência, seleção, eliminação) da autoaprendizagem da vida, eliminando no mesmo processo toda referência às outras instâncias de educação ditas tradicionais (família e parentes, escola e mestres, grupos de referência diversos e educadores).

Desse modo, o cidadão é colocado em uma posição esquizofrênica: ele é espectador de combates que envolvem o ideal político e ao mesmo tempo lhe é dada a ilusão de ser ator que intervém nas mídias de diferentes formas; é pedida sua opinião, mas ele jamais pode discuti-la; seria desejado que se exprimisse racionalmente, mas só suas emoções são solicitadas. Além do mais, as mídias incitam a instância cidadã à impaciência. Ao selecionar as notícias em função do que é julgado mais evidente na atualidade, interpelando os políticos e destacando sua impotência ou sua procrastinação,[505] elas incentivam a instância cidadã a pedir resultados com urgência, ao passo que se sabe que o tempo da ação política e jurídica não é o das mídias, que trabalham no efêmero. As mídias são uma máquina sem memória que tende a construir uma consciência cidadã também sem memória. Assim, a opinião pública construída pelas mídias escapa ao político, pois apenas raramente ele corresponde ao que deveria ser o alvo do discurso político: uma consciência política.

Crenças paradoxais

Esses deslizes do discurso midiático são talvez devidos a certas crenças que circulam no meio jornalístico, expressas pelos próprios interesses e que, às vezes, são paradoxais. Primeiro, crença de que o jornalista é apenas uma simples testemunha que reporta o que se passa no mundo e que a imagem não pode senão reproduzir fielmente a realidade, como transparece nessa declaração: "Se a televisão exibe violência, é porque a sociedade é violenta. Não fomos nós que a inventamos."[506] No entanto, sabe-se que toda percepção da realidade é uma construção. Depois, crença em uma

---

[505] Stéphane Paoli a François Hollande no canal France Inter, 28 de setembro de 2000: "É preciso oito anos da justiça para instruir os casos de corrupção!" Os cronistas, naquele mesmo dia: "Quando se vai sair desse marasmo?", "É urgente fazer a faxina!".

[506] O redator-chefe do canal France 2, depois que as televisões foram questionadas acerca do tratamento dado ao tema insegurança nas eleições presidenciais de 2002.

missão: considerando-se um dos elos entre o poder político e o cidadão, os jornalistas se julgam investidos de um dever de elucidação, de revelação, na verdade, de denúncia, sobretudo pelo fato de que, como dizem eles próprios, a comunicação política (isto é, o *marketing* político) procura ocultar os verdadeiros problemas ao fabricar imagens de seus políticos,[507] enquanto a informação é ela própria uma forma de comunicação. Finalmente, crença no poder das mídias das sociedades modernas a ponto de elevá-las ao grau de "segundo poder"[508] e de pensar que "se não há mais debate político na televisão, isso se deve ao fato de os políticos não inovarem e não terem proposições a fazer".[509] Entretanto, poder-se-ia pensar que é sobretudo às mídias que cabe encontrar fórmulas novas que correspondam às aspirações da sociedade com a qual ela se relaciona.

Às vezes, os jornalistas chegam mesmo a fazer julgamentos sobre a qualidade do debate político (e nisso saem de seu papel de informadores), levando ao descrédito não apenas esse ou aquele político, mas o conjunto da classe política. Por exemplo, nas últimas eleições presidenciais na França foram vários os jornalistas que disseram que não havia nenhum debate político ou que este era inexistente e que a campanha era entediante. Muitas são as apostas de que, devido ao efeito amplificador dessa máquina de informar, esse julgamento teria tido um impacto negativo na campanha e um efeito desmobilizador junto ao cidadão. Poder-se-ia levar os jornalistas a terem um pouco mais de modéstia, lembrando-os de que para realizar suas análises eles não dispõem nem dos instrumentos dos historiadores, nem dos das ciências humanas e sociais, e que se por acaso alguns os possuem, eles não podem produzir um discurso de explicação de acordo com essas disciplinas, sob o risco de não serem compreendidos por seu público. Mas talvez pudéssemos fazer também os políticos perceberem que, ao se submeterem cegamente às condições do discurso midiático, eles correm o risco de perder toda credibilidade e de fazer ruir o debate democrático.

---

[507] Os jornalistas Jean-Marie Colombani e Ignacio Ramonet fizeram-se os arautos dessa teoria infundada que opõe informação à comunicação.
[508] O jornalista Stéphane Paoli, da France Inter, no programa "O telefone toca".
[509] Stéphane Paoli e Bernard Guetta, da France Inter, a Philippe Douste-Blazy, 19 de setembro de 2000, assim como inúmeras declarações de Arlette Chabot.

Talvez essas transformações e esses desvios na maneira de tratar o discurso político testemunhem, como afirma Marc Abélès, "uma espécie de hiato entre a comunicação política moderna e os diferentes aspectos do ritual que até agora prevaleceu nas sociedades tradicionais: sacramentalismo, tradição, apagamento relativo do indivíduo como suporte de valores coletivos, territorialização das práticas". Mas ele próprio sugere que poderia tratar-se da "aparição de novas formas de comunicação política, [que] não implicam mecanicamente [...] o desaparecimento de práticas ligadas a toda uma concepção da vida pública".[510] Pode-se também acrescentar as transformações que se operaram nos imaginários que, como sugere Ferry,[511] talvez modifiquem "as condições da reprodução cultural das sociedades". Qualquer coisa mudaria no processo de interiorização da opressão em que "os de baixo" são vítimas por submissão consentida e no qual eles teriam dificuldade em tomar consciência (Bourdieu). Ao não se conscientizarem, cairiam em um poujadismo;* caso contrário, cairiam em uma nova militância, mais global: o humanitarismo ou a antiglobalização.

Seja como for, seria observada uma predominância do afetivo sobre o ideológico, inclusive nesse novo discurso militante, a menos que se considere agora que o afetivo tome o lugar da ideologia. Como quer que seja, como mostramos anteriormente, acerca do tratamento dado pela televisão aos conflitos,[512] as mídias têm alguma responsabilidade no fenômeno de interferência da consciência cidadã. Sua ideologia da dramatização e, sobretudo, essa tendência de querer se erigir em "consciência moral universal", praticando interpelações e denúncias sistemáticas de poderes políticos,[513] só pode exacerbar o sentimento de impotência da consciência cidadã. Será que as mídias têm dificuldade para adaptar-se à democracia que é a procura de consenso?

---

[510] Abélès (1991, p. 129).

[511] Ver explicação de Ferry na revista *Sciences humaines*, n° 129, julho de 2002, p. 31.

* N.T.: Criado em 1953 por Pierre Poujade, o poujadismo é uma doutrina política que visava à união e à defesa dos comerciantes e artesãos. Antiparlamentarista, antieuropeu e nacionalista, o poujadismo constituiu de 1956 a 1958 o grupo parlamentar "União e Fraternidade Francesas". Atualmente, o termo adquiriu uma conotação pejorativa, designando indivíduo ou grupo corporativista.

[512] Ver conclusão de *La Télévision et la Guerre*, Charaudeau (org., 2001).

[513] Ver, na mesma obra, Guy Lochard, "L'interpellation des autorités", capítulo 3.1.8.

As interferências do discurso dos atores políticos: o chão do populismo

Se analisarmos os discursos dos partidos políticos, observaremos características novas, específicas de nosso tempo; de um lado, os imaginários de verdade anteriormente descritos; de outro, o posicionamento dos atores no interior do que temos chamado de a instância política. Percebe-se uma ausência de utopia e o apagamento da instância adversária.

O DISCURSO DE ESQUERDA: FIM DA UTOPIA

Se considerarmos o discurso da esquerda dita clássica, perceberemos a ausência de referências a uma sociedade igualitária que deveria se tornar realidade em razão da luta do povo explorado contra os possuidores exploradores. Não há mais esse discurso da mística da classe operária, que por tanto tempo ocupou a cena política do século XX; nem de mística do igualitarismo inscrito no frontispício da trilogia republicana francesa (Liberdade, Igualdade, Fraternidade); nem de mística do triunfo do povo sobre o burguês, sendo que o próprio conceito de povo mudou de significado (ele não é mais reservado de forma exclusiva aos operários ou aos trabalhadores, mas abrange o conjunto das categorias sociais); nem de mística, enfim, de uma transformação da sociedade como motor das lutas populares. Agora vemos um discurso que não mais se inscreve em uma perspectiva histórica nem mais propõe a utopia, e que pode conduzir a certo desencantamento dos setores militantes.

Em contrapartida, veem-se aparecer temas novos. Desde que a economia de mercado foi aceita pelas elites de esquerda – cuja data pode ser fixada no segundo governo Mitterrand, com Laurence Fabius como primeiro-ministro[514] –, surgiu um discurso, por muito tempo sustentado pelos partidos de direita, que prioriza a economia de mercado em detrimento do igualitarismo: é preciso produzir a riqueza para depois reparti-la. Lionel Jospin, por exemplo, declara em seu programa eleitoral de 2002: "Sim à economia de mercado e não à sociedade de mercadores", pregando "uma nova aliança entre a classe média, a classe popular e os excluídos".[515] Ao mesmo tempo, no discurso de esquerda, é constantemente feita alusão à existência de restrições a serem consideradas, que não podem ser eliminadas em um passe de mágica, e que é preciso, portanto, aprender a gerir. Isso dá a entender que haveria certa impotência por parte dos governantes para oporem-se às forças abstratas das "leis do lucro", da "globalização do mercado", vagamente controladas por entidades também abstratas que são – nomeadas por siglas ou nomes de cidades – G7 e G8, Gatt, OMC, Davos, Bruxelas etc. Passou-se de um imaginário *quente* da vontade revolucionária, do desejo de transformação, da pulsão combativa, a um imaginário *frio* da submissão à gestão parcimoniosa das restrições econômicas, aos *diktats*[*] de potências anônimas e a uma nova razão de Estado, a do equilíbrio mundial.

Isso dá a entender algo que também não estava presente no discurso da esquerda: as novas condições do modernismo limitam o poder do Estado;

---

[514] A menos que, como sugere Jean-Claude Michéa (2002), esse tema remonte ao caso Dreyfus. Em 1894, o capitão Alfred Dreyfus, judeu de origem alsaciana, foi condenado injustamente por espionagem para os alemães. O caso divide opiniões: de um lado, os defensores de Dreyfus, na sua maioria pertencentes a partidos de esquerda e de forte tradição jacobina, originada na Revolução Francesa. De outro, seus detratores, a maior parte filiada a partidos de direita. Quatro anos mais tarde, descobriu-se que o processo havia sido uma fraude, fato que fez com que os partidos de centro-esquerda e esquerda (radicais e socialistas) se tornassem maioria. É nesse momento, em que os republicanos estão impregnados pelo pensamento das Luzes, que se estabelece a aliança com os socialistas.

[515] *Le Monde*, 8 de junho de 2002.

[*] N.T.: *Diktat* foi o termo utilizado pelos alemães para denominar as cláusulas do Tratado de Versalhes, de 1919, que definiu as condições de rendição da Alemanha na Primeira Guerra Mundial. Posteriormente, em 1940, o mesmo termo passou a ser utilizado pelos franceses, desta feita para designar as imposições feitas pela Alemanha nazista à França, durante a ocupação do território francês (1940-1944).

seu papel não seria mais o de ser protetor dos interesses do bem público, pois, por causa de sua presença hipertrofiada, ele teria se tornado um entrave ao modernismo. O Estado deveria, portanto, esvanecer-se em proveito de uma gestão mais descentralizada, segundo alguns, mais liberal na opinião de outros. De repente, e paradoxalmente, as críticas mais vivas que foram endereçadas ao governo de esquerda de Jospin vieram de seu próprio campo, dos parceiros da esquerda plural: Jean-Pierre Chevènement, questionando a soberania e a insegurança; os Verdes, censurando a globalização; o Partido Comunista, condenando a situação social. Isso explicaria o que já comentamos, a saber, que as reações militantes deslocaram-se do campo de batalha sindical e antipatronal para o da antiglobalização (mais violento) ou o do humanismo (mais pacífico).

O DISCURSO DE DIREITA: FIM DO AUTORITARISMO

No discurso da direita não extremista observa-se em igual medida uma ausência de perspectiva histórica que estaria relacionada, dessa vez, ao soberanismo, à autoridade e ao individualismo. Fraca mística da soberania nacional e da grandeza da Nação, discurso que teve no general De Gaulle seu último defensor, o que explica em parte a tentativa de recuperação desse sentimento por políticos mais radicais (Charles Pasqua), assim como sua apropriação por uma direita mais extremista (de Villiers, Le Pen).[516] Fraca mística também da autoridade que, no entanto, era uma das constantes do discurso da direita bonapartista.[517] É verdade que a autoridade[518] foi colocada em maus lençóis em 68 e nas gerações seguintes, aí compreendidas as famílias de direita. Fraca mística, apesar dos discursos de alguns convertidos ao liberalismo, em relação ao individualismo liberal, que deveria ser fiador do sucesso econômico obtido pela livre concorrência, pelo esforço pessoal

---

[516] Mas ao mesmo tempo em que observamos o pouco sucesso que obtiveram esses políticos, pode-se pensar que essa mística não é mais que uma grande rentabilidade eleitoral.

[517] Alusão aos três componentes da direita definidos por Rémond (2002). É verdade que assistimos, na última campanha presidencial, a um retorno, senão ao tema da autoridade, ao menos às declarações autoritárias sobre as saídas para a insegurança.

[518] Seria preciso dizer o "autoritarismo".

e pela seleção. Essa fraqueza se explica pela aparição de temas novos, cuja novidade decorre, na verdade, do fato de eles não serem frequentes no discurso de direita.

Também vemos aparecer aqui, ainda que de maneira mais atenuada, o tema do "peso das administrações extragovernamentais", que procurariam impor regras de mercado idênticas a todos os países da Europa e mesmo do planeta. Assim fica subentendida, como no discurso de esquerda, uma certa impotência dos governantes para fazer prevalecer o que lhe é específico, fato que alimenta suspeitas quanto ao papel do Estado e que não é particularmente mobilizador para os povos, podendo apenas levá-los a refugiarem-se em um individualismo apolítico. Ainda mais notável é a aparição de temas como a "redução das desigualdades sociais" – que jamais foi dominante na direita e surgiu com força em 1995 com a expressão "fratura social" –, a "proximidade" e o "local", nascidos com a expressão "a França de baixo". Este último é feito para dar a impressão de que se está novamente próximo de uma parte da população, a mais numerosa, a não parisiense, a que se sente bastante distante das batalhas travadas pelas elites em suas instâncias nacionais.

Evidentemente, trata-se aqui de temas lançados por uma parte da direita, a mais dominante, a da coligação RPR-UMP (*Rassemblement Pour la République – Union pour un Mouvement Populaire*): que aumenta em um tanto os temas mais europeístas e parlamentaristas de centro-direita. Pode-se dizer a esse respeito que Jacques Chirac, por todas suas declarações e intervenções, transformou o gaullismo nacional e soberanista em gaullismo popular, destinado a tranquilizar e seduzir a classe média: comerciantes, artesãos e pequenos agricultores.

A FUSÃO DOS IMAGINÁRIOS DE VERDADE

Vê-se que, de certa maneira, as fusões à direita e à esquerda reencontram-se na ideia de *impotência*: do Estado em relação às forças da economia, impotência para defender os interesses das classes médias locais, impotência para preservar uma especificidade cultural e impotência para lutar contra a precariedade. Mas, ao mesmo tempo, imersos nessa impotência, os partidos se reencontram em uma reação centrista comum, que prega um "ativismo gerencial"[519] para tentar casar as exigências de uma economia de mercado com uma equidade social (que antes eram os apanágios da direita e da esquerda, respectivamente). Essa atitude será chamada ora de realismo econômico,[520] ora de pragmatismo político: "Em nosso país sempre se quis confrontar, em termos ideológicos, os que defendiam a solidariedade e os que pregavam a responsabilidade [...]. Eu sou pragmático."[521] Nessas condições, não é de se espantar que nas bancas de jornal da França se tenham visto cartazes com a capa de uma revista (*Le Monde 2*) que mostrava o rosto de um único candidato composto meio a meio por Lionel Jospin e Jacques Chirac. Tal conjunção de discursos de direita e de esquerda é encontrada nos antípodas dos grandes sonhos e das utopias políticas do século passado, que fizeram tremer os povos.

UM DISPOSITIVO SEM ADVERSÁRIO

Do ponto de vista dos posicionamentos no dispositivo político, percebemos em contrapartida uma oposição clara entre, de um lado, os discursos dos partidos ditos clássicos – isto é, tanto os de esquerda quanto os de direita que estiveram no poder, conheceram as pressões e descobriram as fracas margens de manobra da governança – e, de outro, os partidos ditos extremistas, que jamais estiveram no governo. Na triangulação do dispositivo anteriormente descrito[522] – *instância política, instância adversária* e *instância cidadã* –, os partidos clássicos tendem a fazer desaparecer a instância adversária, enquanto os partidos extremistas, ao contrário, a colocam em evidência. Isso se traduz em termos discursivos por uma radicalização dos propósitos destes últimos, que faz com que reclamem (mais do que proponham) certos valores ao mesmo tempo em que denunciam o adversário como único obstáculo à sua chegada ao poder.

---

[519] Jacques Le Goff na revista *Télérama* n° 2724.

[520] Foi este o sentido da resposta dada por Lionel Jospin aos assalariados da fábrica de biscoitos LU, que vieram interpelá-lo na campanha eleitoral.

[521] Jean-Pierre Raffarin, *Le Monde*, 23 e 24 de junho de 2002.

[522] Ver neste livro "As condições do discurso político: contratos e estratégias", As restrições do discurso político.

São esses partidos (extrema esquerda, extrema direita) que, cada um à sua maneira, manejam um discurso de denúncia, fazendo de seus adversários a fonte dos males da sociedade, amalgamando em uma mesma categoria essencializada todos os concorrentes, seja qual for o partido a que pertencem. Assim se passa com a extrema direita de Le Pen, que denuncia o "*Établissement*",[523] isto é, o conjunto da classe política que governa, estratégia que lhe permite colocar no mesmo saco a direita europeísta e corrompida pelos escândalos e a esquerda social-comunista que defende a igualdade e a imigração. É assim que se passa também com a extrema esquerda francesa, que denuncia globalmente todos os que, governantes de direita como de esquerda, abandonam os "trabalhadores e trabalhadoras" no caminho da precariedade.

Não ter inimigo, para os membros de um grupo social, é privar-se de uma parte do que lhes permite construir sua identidade: a fonte do mal deixa de ter rosto, os valores simbólicos que devem constituir o cimento identitário do grupo caem na deliquescência. Os membros do grupo não mais encontram elo social, não mais acham marcas identitárias, nem uma razão para agir. Ter um adversário é inverter todas essas proposições. Se os discursos ditos populistas sempre têm tido sucesso nos períodos de crise ou de dilaceração do tecido social, é porque, entre outras coisas, eles essencializam o adversário e o englobam em uma figura espectral que faz confundir o inimigo com o mal supremo: o capitalismo para os países socialistas, o comunismo para o ocidente capitalista de antes da queda do muro de Berlim; o ultraliberalismo e a globalização econômica para a extrema esquerda; a imigração (e os imigrantes) para a extrema direita.[524] Conforme observamos ao fazer a descrição das categorias de *ethos*, pode ser que o discurso que ignora a existência do adversário seja benéfico para aquele que o exibe. Assim, nas eleições presidenciais de 1988, diante de um Jacques Chirac que se mostrava obstinado, interpelando o cidadão e denunciando o socialismo e seu líder, François Mitterrand aparecia nos cartazes de perfil, olhando em direção ao futuro, sem citar jamais seu concorrente, como se dissesse: "Um adversário, eu? Não, não tenho." Mas isso pode ser apenas uma estratégia

---

[523] Trata-se do *establishment* deliberadamente afrancesado por Le Pen.

[524] Foi esta globalização que permitiu a Le Pen afirmar meias-verdades e enunciar estatísticas falsas. Pois o que conta, nesse caso, é a denúncia do inimigo e do mal (*Le Monde*, 9 de maio de 2002).

circunstancial e ainda é preciso que ela seja compensada por um grande imaginário identitário: "A geração Mitterrand".

Indo de encontro à radicalização dos propósitos políticos dos partidos extremistas, vemos os partidos clássicos atenuarem as oposições, evitarem nomear o adversário, procurarem um consenso em torno dos valores médios supostamente partilhados por todos, em um discurso que paira sobre um imaginário do razoável e supõe que a instância cidadã não seria mais calada por paixões e que teria, enfim, inscrito a discussão política em um espaço de razão. Erro tático, certamente, em vista da ascensão das reações populistas, mas também visão ingênua de uma sociedade cujos sistemas de crença estariam desembaraçados de toda emoção. É verdade que até os anos 90 os posicionamentos políticos estavam relativamente marcados por dois ideais: o igualitarismo e o liberalismo. Porém, talvez não se tenha dado conta de que a opinião política era progressivamente substituída por uma opinião pública, ao mesmo tempo mais ampla e fragmentada, que reconstrói uma consciência sobre outros imaginários menos antagonistas, mais consensuais que outrora. Pode-se ver aqui o fundo de uma crise política das sociedades modernas.

Conclusão: da dessacralização do discurso político à pesquisa de uma nova ética

A social-democracia[525] engendrou um modo de governança que desde o século XVIII – com o nascimento das soberanias laicas, passando pelo século XIX industrial e suas novas exigências técnicas e econômicas – se instalou entre os extremismos de direita (o nacional-socialismo e o ultraliberalismo, fontes de discriminações sociais) e de esquerda (o socialismo estatal, fonte de uniformização social). Isso permitiu certa regulação dos conflitos entre o mundo patronal e o mundo operário, e uma alternância entre os governos de progresso econômico (produção de riquezas) e os de progresso social (repartição delas). Essa social-democracia encontrar-se-ia agora em crise dada sua dificuldade em assegurar a visibilidade dessa regulação e alternância?

Para responder a essa questão será preciso ainda esperar, tal o grau de complexidade da análise dos fenômenos sociais. Quer se trate de uma crise dessa social-democracia, de sua refundação ou da emergência de uma nova forma de governança, será preciso considerar o fato de que em política as ideias não são suficientes: é preciso que sejam dotadas de certo peso. Em "os pesos das ideias", há ideias e pesos. As ideias são fundamentais, pois

---

[525] Esse termo, ainda que proveniente da tradição política alemã, é aqui empregado em seu sentido extensivo de "socialismo reformista".

constituem o sistema de valores que desempenha um papel de mediação social, o qual, por sua vez, permite a um grupo constituir sua identidade comunitária. O peso depende da natureza das relações de força existentes, no interior de um grupo social, entre os representantes dessas ideias e o restante dos membros do grupo. Essas relações foram por muito tempo marcadas por diversos *autoritarismos*: o da Igreja e das monarquias até o século XVII, o dos impérios e da administração no século XVIII, o da burguesia patronal dirigente e industriosa no século XIX, o dos totalitarismos e dos colonialismos nos séculos XIX e XX. Com o declínio do autoritarismo, a relação não podia mais ser gerida apenas com a força, pois não restava nada além do peso da sedução, obtido sob a condição de que se aceitem as regras do jogo do *ethos* e do *pathos*. O *ethos*, para fabricar imagens de líder fidedigno e sedutor; o *pathos*, para dramatizar a cena política. Se quiserem exercer qualquer forma de influência sobre os cidadãos, os políticos desse mundo moderno do cartaz e do espetáculo devem aprender novas regras da *insinceridade* e do *mentir verdadeiro* legítimos, aceitar esse paradoxo moderno que quer que se conceda uma grande importância ao parecer, em uma época em que a cidadania é, além disso, mais esclarecida.

A PRÁTICA POLÍTICA OCULTANDO O CONCEITO POLÍTICO

Retomando nossa discussão inicial sobre a diferença entre o conceito político e a prática política, parece que no espaço público atual a segunda teria sobrepujado o primeiro. Política como lugar de exercício do poder e de influência para compartilhar as ideias e a governança; como gestão das relações sociais que se preocupa com o impacto dos discursos. Ela dominaria o conceito político, lugar dos valores simbólicos em que são elaborados projetos do ideal social e que se voltou para a fabricação das ideias, não se preocupando – ou se preocupando pouco – com seu impacto. Parece que se teria operado a passagem de um a outro, a ponto de aquilo que pertence aos processos discursivos de influência ocultar, e mesmo penetrar e reconstruir, o que pertence às ideias. Para falar de novo em termos de retórica, não é o *logos* que teria se vestido de *ethos* e de *pathos* para ser mais bem aceito, mas o *ethos* e o *pathos* é que agora fabricam o *logos*. A questão da "insegurança" que dominou a campanha presidencial de 2002 na França é um bom exemplo. Esse tema se tornou dominante, ocultando todos os outros, em virtude da encenação dramatizante dele feita pelas mídias, acrescida das declarações dos candidatos de direita e de extrema direita. Ele adquiriu a força de uma potência cega que ameaça o bem-estar das pessoas, de cada um de nós em nossa singularidade e em nossa intimidade, reativando o imaginário do "direito a preservar sua pessoa". Ele não pôde, portanto, ser abordado de maneira racional, como ocorreria com um fato de sociedade que teria sido assumido pelo conjunto da coletividade cidadã.[526]

Esse deslocamento se une àquele que o discurso publicitário conhece desde sua origem. Na época em que era chamado de "reclame", esse discurso era centrado na apresentação mais ou menos estilizada[527] do produto de consumo, mas sem discursos sobre suas qualidades: tratava-se somente de fazê-los existir aos olhos do público e desse modo sugerir globalmente seus benefícios. Em um segundo momento, o discurso publicitário tornou-se muito prolixo a respeito das qualidades daquilo que vendia, pois a concorrência do mercado exigia que cada marca se distinguisse das demais: uma publicidade das marcas que procurava singularizar cada uma delas com estratégias de encenação mais ou menos sutis.[528] Em sua terceira fase, a publicidade atual fala apenas dela própria, mostra-se como verdadeiro produto a ser possuído, sendo o sucesso de seu ato de sedução considerado capaz de produzir a compra do produto: a posse de um acarretaria a posse do outro, e o público, de consumidor potencial de uma mercadoria, como ocorria anteriormente, é chamado a reagir como consumidor efetivo da própria publicidade. O discurso político parece seguir essa via: não é mais o conteúdo das ideias que é dado a entender, mas sua encenação. A fórmula "a França de baixo" lançada por Jean-Pierre Raffarin, ex-primeiro-ministro de Jacques Chirac, conheceu certo sucesso e faz parte, em todo caso, desse

---

[526] Recordamos que os jornais e as reportagens televisivas trataram desse tema de maneira recorrente e dramatizante, nas encenações em que essencialmente apareciam tanto vítimas entrevistadas em sua condição de indivíduos, quanto pessoas a quem nada tinha acontecido, que se encontravam em um contexto de uma vida sem problemas e que, entretanto, diziam temer por seus bens e por elas próprias. Não é assim que se pode ter consciência cidadã.

[527] Como nos cartazes dos anos 50.

[528] Jogos sobre as palavras, a lógica, a conjunção dos contrários; jogos paródicos até a criação de universos insólitos.

fenômeno: ela é consumida por ela própria, com os diferentes sentidos de que pode ser portadora, de acordo com os tipos de público, sem que nos interroguemos sobre o que está em jogo em termos ideológicos. De igual forma, nos dizeres dos conselheiros[529] de comunicação de Bertrand Delanoë, seria uma imagem de competência local que teria facilitado sua eleição à prefeitura de Paris. Diante do candidato Philippe Séguin, que tinha estatura política nacional, a estratégia deles consistiu em dotar Delanoë de uma imagem de candidato honesto que conhecia perfeitamente as questões relativas a Paris; em recusar um debate televisivo em cadeia nacional;[530] em mostrar Séguin obrigado a mergulhar em seus papéis para responder às perguntas do jornalista e de seu adversário, ao passo que este as respondia sem consultar suas anotações etc.

UMA PREDOMINÂNCIA DO AFETO

É possível que nos sistemas democráticos a opinião trabalhe mais com as imagens e com o afeto do que com a razão e os valores. Isso não nos impede de observar que até recentemente as clivagens políticas eram feitas segundo posicionamentos de ordem ideológica, isto é, com base em sistemas de valores. Tinha-se um posicionamento de esquerda ou de direita, de um partido operário, esquerdista ou ultranacionalista, com ideias (uma ideologia) bem acabadas, ao menos é isso que parecia. É verdade que nossa época – a do fim do século XX e começo do XXI – apresenta características que podem explicar esse desaparecimento de antagonismos: uma educação geral cívica e política que permitiu ao cidadão tomar consciência do horror no qual as guerras mergulharam os povos e que, longe de satisfazer os desejos de expansão dominadora ou de vingança, engendraram mais sofrimentos que benefícios; uma educação que permitiu ao cidadão ler a história dos povos não mais como uma simples sucessão de batalhas, de vitórias e derrotas, mas

---

[529] Exposição de Jean-Louis Missika, conselheiro de comunicação de Bertrand Delanoë, no Centro de História da Europa do Século XX. "Tempo, mídias e sociedade", Fundação Nacional das Ciências Políticas.

[530] Proposta da equipe de Delanoë de fazer um debate no France 3, canal regional; sugestão recusada pelo canal e pela parte contrária, que propuseram o France 2. Essa ideia foi, por sua vez, recusada pela equipe de Delanoë. O debate finalmente ocorreu no Canal +, não difundido em rede nacional.

como o resultado de uma sucessão de compromissos entre sonhos utópicos e progresso técnico, aprendendo assim a não mais opor, de maneira radical, os discursos que remetem a um imaginário de tradição e os que se referem a um imaginário de modernidade; uma educação, enfim, que contribuiu para instaurar um espaço de discussão no qual os indivíduos aprenderam a trocar opiniões sem necessariamente trocar insultos ou lançar acusações na cara do outro. Isso em um contexto sociopolítico europeu e mundial, que progressivamente colocou fim aos conflitos armados depois da Guerra Fria, fazendo ruir no mesmo processo as grandes causas de engajamento militante e os grandes sistemas de pensamento ideológicos que categorizavam e opunham de maneira drástica as comunidades de opinião em "-ismos" (comunismo, socialismo, trotskismo, capitalismo, liberalismo).

Em seguida, uma perda de radicalização nos afrontamentos entre grupos de opinião, nos quais até recentemente cada um representava para o outro um inimigo a ser abatido. Se acrescentarmos a isso, como foi visto, que a esquerda tradicional – ao menos na França – terminou por integrar a seu sistema de pensamento a economia de mercado, por muito tempo execrada, e que a direita tradicional integrou, de seu lado, uma dose de necessário controle do Estado para evitar as fraturas sociais que poderiam ocasionar movimentos de protesto, compreende-se que o discurso político moderno tenha se apresentado de maneira menos radical que outrora, permitindo atingir aqueles, cada vez mais numerosos, que se reúnem em torno de uma opinião média de compromisso. Nesse momento, as clivagens tradicionais desapareceram, as escolhas foram feitas mais de maneira pontual, pragmática (vê-se o interesse imediato) e, ao mesmo tempo, afetiva (passou-se a ser sensível ao carisma de tal político ou procurou-se puni-lo). Não se pode dizer, por exemplo, que o voto em favor de Jean-Marie Le Pen, na França, revele uma ascensão do fascismo, que ele testemunhe uma adesão crescente aos valores do *Front National*, nem tampouco que o voto maciço em favor de Jacques Chirac, nas mesmas eleições, testemunhe um reavivamento republicano. Trata-se aqui de votos antes passionais e efêmeros, dados em reação a uma situação passional em si mesma, sem engajamentos políticos nem militantes, sem densidade histórica. Daí, uma vez mais, a predominância do *ethos* e do *pathos* no discurso político. Então, não haveria mais *logos*? Aonde então ele vai se abrigar? Encontra-lo-emos em certos espaços do debate intelectual (tribunas dos jornais, debates de certos programas de rádio e televisão), lá onde pensadores, pesquisadores e outros especialistas propõem análises ou opiniões engajadas; mas, frequentemente, é sem a presença dos políticos que isso ocorre. É lá que se ouve dizer, com prudência, que bem poderia ocorrer a emergência de uma situação nova, mediante um duplo fenômeno de "recomposição do sentimento identitário" e de "dessacralização do político".

Em direção a uma recomposição identitária

Vemos surgir os índices de uma recomposição identitária que dificilmente aconteceria entre dois discursos opostos.

De um lado, mas em escala global, um discurso de defesa dos valores soberanistas que, para atingir esse reconhecimento identitário, prega o reagrupamento das entidades sociais de todas as naturezas e a aplicação de um mesmo modelo a todas elas, que as sobredeterminaria em nome do "viver junto". É isso que se passa com o reagrupamento das nações europeias em um vasto conjunto comunitário para enfrentar a potência americana; com as tentativas dos partidos políticos de reunir em uma grande entidade os pequenos partidos e as diferentes correntes da mesma tendência, a fim de melhor controlar as dissidências; com as grandes empresas que se fundem em grupos financeiros de envergadura internacional para melhor dominar os mercados. Um argumento vem reforçar o discurso do reagrupamento, o da concorrência: para evitar que um único grupo domine o mundo, é preciso ser forte, portanto, atingir uma dimensão que permita enfrentar a pressão do outro. É assim que se teria criado a união monetária europeia contra a força do dólar, segundo se diz. Aqui está qualquer coisa um tanto paradoxal, ou que ao menos acarreta efeitos perversos, pois não se pode atingir tal dimensão a não ser pasteurizando as diferenças e seguindo uma pulsão de extensão hegemônica. É desse modo que raciocinam os Estados Unidos ao querer impor seu modelo de democracia ao mundo árabe e, se possível, a outros continentes; é assim com as decisões da Comissão de Bruxelas, que edita leis que devem ser impostas às nações europeias; também com o FMI, que impõe os mesmos critérios de ajuda aos países em via de desenvolvimento, sem levar em conta as especificidades de cada um deles; com os grandes grupos financeiros (Vivendi Universal) que procuram ocupar o mercado mundial.

Por outro lado, circula um discurso que defende valores particularizantes e prega separações, dissidências, movimentos de independência em nome de um "fazer junto". Esses particularismos se fazem às vezes ao preço do sacrifício e do sangue. É isso que se passa com os territórios geográficos que reclamam soberania territorial contra as soberanias nacionais, como na Espanha ou nos Bálcãs; com os partidos que se subdividem em correntes e subcorrentes, mas sempre se ligando a um partido dominante (esquerda ou direita plural). A consequência perversa – para os partidos clássicos – é o sucesso dos extremistas tanto de direita quanto de esquerda, que reivindicam, uns, uma solidariedade nacional estrita – na verdade, ostracista; outros, uma solidariedade social para com as pessoas que vivem na precariedade. Mas aqui também aparece uma contradição: como os pequenos grupos poderiam resistir às investidas hegemônicas das grandes instituições internacionais? Não seria preciso fazer o jogo dos grupos nacionais que teriam mais chances de resistir, juntamente com sua história, sua tradição e sua cultura? O "fazer junto" não deveria se incluir no "viver junto"?

Esses dois tipos de discursos não são novos. Na Idade Média, o Estado feudal da Europa era dominado por uma "força localista" sustentada por um discurso que defendia os pequenos territórios, feudos e soberanias. Na Renascença, começou um movimento ao mesmo tempo de abertura e de expansão, que progressivamente marcou o fim do feudalismo até que as nações se definissem e que foi sustentado por um discurso universalizante no século XVIII e nacionalista no século XIX. Depois, surgiram as grandes guerras que questionaram as soberanias nacionais e provocaram movimentos em defesa de suas fronteiras. Agora, assistem-se simultaneamente ao movimento de globalização dos bens de consumo, aí compreendidos os culturais (força de expansão), e, talvez como reação, aos recuos comunitários reivindicados de maneira mais ou menos violenta (força localista). Esse duplo movimento acarreta um dilema: quanto mais se defendem os pequenos grupos, menos se tem força para lutar contra os grandes; quanto mais se defendem os grandes grupos, menos se pode esperar viver em uma dimensão humana.

Mas, talvez, a maior novidade seja a coexistência desses dois tipos de discurso, que conduz a uma identidade complexa. Não se trata mais de conferir a si próprio uma identidade única em função do pertencimento a um só grupo, mas de dar-se uma identidade que é ao mesmo tempo plural, em razão da multiplicidade de redes de relação nas quais nos encontramos; *essencializada*, porque construída mais em relação ao grupo de referência idealizado do que em relação a seu grupo de filiação; e fragmentada, porque é aceita do mesmo modo que os grupos considerados heterogêneos.[531] Uma identidade perpassada por correntes contrárias: recusa da globalização e defesa dos pequenos grupos, mas que procura, ao mesmo tempo, uma fusão anônima com grandes ajuntamentos. Uma identidade do "tudo é possível", que recusa o autoritarismo, reivindica sua autonomia e sente compaixão humanitária mais em virtude do espírito de fraternidade do que pela solidariedade coletiva, portanto, uma identidade que sofre de paternalismo, o que explica as reações populistas.

Sobre a dessacralização

O ideal dos fins sempre foi marcado por tensões: tensão entre os discursos que pregam o *realismo* dos interesses e os que defendem o *idealismo* dos sonhos; entre a *tradição* para manter as raízes identitárias e o *modernismo* para aderir ao imaginário do progresso; entre o *universalismo* para partilhar os valores morais e o *particularismo* para agradar ao desejo de enraizamento etnogeográfico do grupo; entre o *globalismo* para produzir mais riquezas e o *antiglobalismo* para ter a ilusão de dominar a vida em coletividade. A definição desses ideais resulta sempre, em cada época, do encontro entre a percepção que a sociedade tem da natureza humana e sua concepção do que deve ser a organização social. A natureza humana foi percebida como feita de paixões (Platão e Aristóteles), marcada pela fatalidade do pecado original

---

[531] O filme de Cédric Klapisch, *Albergue espanhol* (2002), é uma boa ilustração do caso.

(Santo Agostinho) ou pelo desejo de poder (Maquiavel), submetida às leis da seleção natural (Darwin) ou do desejo sob o empreendimento de Édipo (Freud). A organização ideal das sociedades foi igualmente concebida de acordo com as épocas: como devendo resultar do debate público (*dêmos*), da autoridade dos príncipes e das Igrejas (monarquias), depois dos povos (democracias), e em seguida da razão científica (positivismo); devendo surgir de uma luta de classes que culmina em uma "ditadura do proletariado" (comunismos), ou devendo congregar forças políticas opostas a fim de evitar os nacionalismos, o totalitarismo e as ditaduras (republicanismos e social-democracia).[532] Qualquer que seja a definição desses ideais, eles têm sempre algo a ver com o *sagrado* ou, ao menos, seriam sacralizados a cada vez pelo discurso que os produz: pureza do elo social, sem cálculo de interesse pessoal nem de corrupção; poder de um Estado soberano, fiador do bem-estar do povo, que luta contra a miséria, a marginalidade, a exclusão, a desigualdade, preocupando-se apenas com o interesse geral; um Estado igualmente fiador da identidade coletiva segundo seus componentes linguísticos, culturais, históricos e políticos (a Constituição) e garantidor da integração social.

Agora se produziria um fenômeno de *dessacralização*, que corresponderia a um enfraquecimento das instâncias estatais ou, mais exatamente, à percepção desse enfraquecimento por uma instância cidadã cada vez mais crítica: um Estado que parece sacrificar o interesse geral em proveito das elites que se instituem como tais por cooptação, que trabalham em círculos cada vez mais fechados, cada vez mais isolados da demanda social e que se deixariam levar pelos escândalos de corrupção; um Estado impotente diante das instâncias supranacionais e das regras do mercado mundial que se sobrepõem às regras nacionais; um Estado que não pode mais garantir a perenidade da tradição, daquilo que constitui a memória histórica de um povo, sua filiação identitária, e que deveria permitir a recuperação dos valores do passado e sua transmissão aos descendentes; um Estado que não torna mais possível o enunciado: "Eu trabalho para o futuro dos meus filhos."

---

[532] Trata-se aqui de uma simplificação do que foi vivido e imaginado de maneira própria pelos países, de acordo com seu contexto histórico. Por exemplo, há na tradição francesa dois republicanismos: um de esquerda igualitária, outro de direita liberal, ainda que, é preciso dizer, ambos tendam a se aproximar.

Essa dessacralização das instituições e instâncias estatais provém talvez de uma dessacralização das relações que o indivíduo entretém com o saber e suas formas de transmissão. Ao menos se pode pensar que até um pouco antes do fim do século XX, o indivíduo disporia de algumas marcas para distinguir as diversas fontes de saber: a escola, as universidades, a pesquisa científica que produzem mestres do saber, professores, especialistas e cientistas, de um lado; de outro, a imprensa, o rádio e uma prática editorial capazes de distinguir textos acadêmicos dos de divulgação, produzindo informantes e comunicadores do debate social. A partir da propagação onipotente da televisão, que fez o privado aparecer no público, sugerindo que o primeiro explica o segundo e suscitando em todos a fantasia da aparição em público; e a partir do desenvolvimento fantástico da tela (cujo último produto parece ser o *blog*), que dá a cada um a ilusão de poder divulgar seu pensamento, sua opinião e suas apreciações íntimas para o restante do mundo, não há mais a possibilidade de distinguir, de hierarquizar, nem de selecionar as informações e o saber, condição *sine qua non* para construir o pensamento. Jornalistas que denunciam e julgam, divulgadores que recebem tanta atenção quanto especialistas, uma atividade editorial que favorece o ensaio jornalístico; tudo isso cria um mundo de comunicação "onde se dispensa ajuda ou autorização para escrever alto e forte" (Clay Shizky),[533] portanto, em que não há mais necessidade de auxílio para avaliar a substância desses escritos. Ao destruir as marcas do saber em uma sociedade, o próprio saber é destruído e dessacralizado.

Além do discurso populista, uma nova ética

Recomposição identitária e dessacralização não indicam necessariamente uma degenerescência. O discurso populista citado como prova sempre existiu. Além disso, não é prática exclusiva da extrema direita. Há também um populismo de esquerda, como vemos em certos países da África ou da América Latina.[534] Independentemente do posicionamento ideológico, o discurso populista sempre jogou com certos imaginários sociais, tomando

---

[533] *Le Monde diplomatique*, agosto de 2003.
[534] Fidel Castro, Hugo Chávez, Juan Domingo Perón para a América Latina.

os mais emotivos para transformá-los em verdade racional: à direita, ao falar da corrupção da classe política, do perigo que representa o estrangeiro imigrante, ao clamar pela ordem contra a desordem, pela autoridade contra a leniência moral etc.; à esquerda, ao falar de igualitarismo, denunciando a exploração dos trabalhadores, a arrogância dos ricos etc. As elites sempre utilizaram imaginários cuja pregnância varia segundo os países, as épocas e as situações sociais. Mas não adianta dizer que em todas as épocas houve rumores, discursos populistas e demagógicos; parece que a sociedade midiatizada na qual nos encontramos teria transformado as relações entre a instância política e a instância cidadã, transformação que se caracteriza por uma confusão entre a opinião política e a pública. Os efeitos de interferência que destacamos fazem com que a atenção do cidadão esteja mais do que nunca voltada para os sintomas e não para as causas dos problemas sociais. Quer se trate da pornografia na televisão, da prostituição, dos ambulantes, da segurança nas estradas, dos imigrantes, da corrupção, as mídias abordam essas questões por seu aspecto mais visível e seu efeito ameaçador (as crianças diante da pornografia, os clientes da prostituição, os roubos dos ambulantes, a velocidade e o álcool no volante etc.) e raramente consideram sua causa. O perigo é as elites jogarem esse jogo do sintoma, tornando-se dependentes dessa opinião construída pelas mídias, não mais percebendo que isso seria uma demanda política. É um perigo para a soberania das democracias que exige a existência de uma relação controlada entre a oferta das elites e a demanda cidadã.

Uma nova relação entre as instâncias política e cidadã

Mais do que uma degenerescência, parece colocar-se ao nosso século a questão de uma nova *ética* política, isto é, a questão da relação entre o conceito político como fundamento dos ideais e a política como prática de ajustamento a eles. É evidentemente prematuro dizer o que acontecerá, e não cabe à análise do discurso sozinha fazê-lo, mas, pelo diagnóstico que esta permite elaborar, vemos que a articulação entre ideais e práticas políticos deverá fundar uma nova relação de legitimidade entre a instância política e uma instância cidadã tornada múltipla. Uma nova relação que se caracteriza por: um *ethos* de exemplaridade da instância política ao olhar da moral e da competência; relações de confiança – não entre os atores do jogo político, cujas relações são estratégicas e marcadas por artimanhas, na verdade, por traições –, mas entre a instância política e a instância cidadã mediada pelos órgãos de informação, de sorte que declarações, promessas, compromissos e advertências sejam mantidos; instauração de uma escuta recíproca e de um diálogo entre os atores políticos e seus mandantes, sempre mantendo a distância necessária que deve permitir à instância política exercer sua responsabilidade de mandatária para gerir os negócios do país. Mas também, a instância política e a instância midiática, cada uma à sua maneira, deveriam ter a coragem e se dar os meios de fazer a instância cidadã compreender que ela se engana quando crê tudo saber. Seria preciso fazê-la compreender que a política é um negócio que exige, ao mesmo tempo, a preservação de um segredo, a qual obriga a retenção de informações e pode ir até a maquiagem da verdade: "Em política nada mais difícil de guardar que um segredo. [...] Ora, o segredo é a carta mais importante no jogo político. Aí está a razão pela qual sempre tomei meus cuidados com a verdade."[535] É aqui que reside a dificuldade do diálogo entre a instância política e a instância cidadã: situar-se entre a demagogia do "Disse-lhes tudo, não lhes escondi nada" e o necessário "Não lhes digo tudo, mas vejam que posso dizer-lhes", evidentemente, com um fundo musical apropriado. Seria preciso, assim, lembrar à instância cidadã de que o exercício do poder implica relações de força, que se trata de modificar o pensamento e a ação de uns, de sancionar o comportamento desviante de outros ou fazer aderir o maior número possível de indivíduos aos valores dominantes do momento, empregando formas de coerção diversas.[536] Lembrar, enfim, que a democracia exige da parte das instâncias de reivindicação um espírito de conciliação: o déficit democrático moderno provém de uma falta daquilo que permite a regulação social.

---

[535] Confidência de François Mitterrand a Franz-Olivier Giesbert, palavras citadas por William Carrel em seu documentário *Uma mentira de Estado*, difundido pelo canal France 3 em 2001.

[536] É o que Michel Foucault mostrou muito bem em seus escritos.

AS CONDIÇÕES PARA UMA DEMOCRACIA POPULAR NÃO POPULISTA

Para governar, a instância política deve encontrar-se no lugar e na posição de uma figura tutelar, e é dessa mesma posição que ela deve ser capaz de produzir um discurso que defina um projeto de sociedade capaz de fazer sonhar. São necessárias, entretanto, condições que façam com que as democracias possam ser chamadas de populares (no sentido de uma democracia para o povo) e não de populistas. Para isso, é preciso igualmente que as instâncias midiática e cidadã operem elas próprias transformações que as impeçam de cair na armadilha das opiniões radicalizadas e essencializadas, como as que dizem que "todos são podres", "são todos iguais", "é tudo farinha do mesmo saco".[537] É verdade, não se pode cair numa ingenuidade excessiva. As relações entre instância política e instância cidadã são complexas, cada qual apresentando movimentos mais egocêntricos que altruístas. A instância cidadã será sempre movida por crenças que a levam a idealizar as leis, a sacralizar costumes, a se fundir na personalidade de um líder carismático.[538] Sempre a instância cidadã, nesse ponto ajudada pela instância midiática, reclama pela transparência no exercício do poder, e sempre a instância política jogará com a opacidade necessária a esse exercício. Entretanto, a prática comunitária obriga cada uma delas a se compor com a outra. A instância cidadã, descontente, pode escolher submeter-se pela lealdade em nome de uma responsabilidade coletiva,[539] retirar-se do campo político e refugiar-se na abstenção em razão da impotência ou da incompreensão, ou protestar, reivindicar e interpelar a instância política em nome de uma consciência que a obrigue a implicar-se na vida coletiva.[540]

Instância política e instância cidadã estão ligadas por uma solidariedade de consciência política que as torna responsáveis, cada uma à sua maneira, pelo regime político que contribuíram para instalar. Assim cai o tabu que

---

[537] Entre as opiniões essencializantes, vemos emergir uma nova, a do "especialista": a instância cidadã reconsidera a legitimidade dos políticos ao requerer que o poder seja antes confiado aos especialistas da sociedade civil que aos profissionais da política. Parece que foi para responder a essa demanda que Jacques Chirac escolheu Francis Mer para as Finanças, Luc Ferry para a Educação e Jean-François Mattei para a Saúde.
[538] Encontramos aqui as três fontes de dominação legítima que Max Weber distingue (1971).
[539] O que os psicossociólogos chamam de "altruísmo normativo" (Moscovici, 1994).
[540] O que os psicossociólogos chamam de "altruísmo participativo" (Moscovici, 1994).

impede de ver e de dizer que todo povo tem uma parte de responsabilidade na política praticada por seus governantes, mesmo que ele seja oprimido por uma ditadura. Sem ir muito longe, isso foi verdade para a Alemanha de Hitler, a URSS de Stalin, a Espanha de Franco, a América Latina dos ditadores e de outros líderes populistas. Mas isso foi verdade também, para não ficar de fora, para a França, durante as jornadas sangrentas da Revolução Francesa; nos excessos do Império napoleônico; na não intervenção, em 1936, do governo do *Front Populaire* na Guerra Civil Espanhola; para a França de Vichy, durante a ocupação alemã na Segunda Guerra; nos massacres e torturas da Guerra da Argélia. Quer se submetam quer se rebelem, os povos participam, sempre, pelo discurso e pela opinião pública interposta, da situação política de seu país, como hoje é verdade para a América de Bush; quer ajam quer reajam, por comodidade, por medo, por questão de sobrevivência ou pela vontade de mudanças, não se pode liberar os povos de sua parcela de responsabilidade. Às vezes, é verdade, eles pagam um preço alto, bem maior que o dos dirigentes, mas é aí que está sua glória.

Sobre o dever dizer e o direito de olhar

No dispositivo da comunicação política, a instância política não ocupa uma posição confortável, presa que está entre dois enfoques contraditórios. Ela deve, por exemplo, visar a reunir atrás de si o maior número de indivíduos, mas um grande montante tende a perder as marcas de identidade. Ela deve tentar fazer (res)soldar o sentimento identitário, enquanto o espaço social se fragmenta cada vez mais. É que é difícil conceber a existência de um grupo social, qualquer que seja sua dimensão, sem a existência de uma mediação forte que constitui o cimento identitário. Ora, essa mediação precisa ser figurada e essa figuração deve ser mais marcante à medida que o elo social se tornar fraco. Para tanto, é preciso que o discurso que a sustenta designe, no próprio movimento, aquele a que ele se opõe. Então, como agir nas sociedades modernas dos países desenvolvidos, que tendem a apagar os antagonismos em nome da democracia? Eles devem seguir o modelo americano de um Bush que constrói com todas as peças um inimigo que ameaçaria a integridade territorial e identitária do povo – sinal paradoxal de um início de decadência[541] – ou seria preciso imaginar novos antagonismos no interior do consenso? Se pensarmos que uma democracia se sustenta com opiniões opostas, é essa a questão que se coloca à nossa época.

Outros enfoques contraditórios fazem a instância política agir como um equilibrista: levar em conta as reivindicações da instância cidadã e tentar responder a elas, ou desconsiderá-las, na verdade, impor-lhe suas ideias. Outra questão que se coloca ao nosso tempo: como suscitar um desejo de partilha fundado em trocas de confiança recíproca?[542] Efetivamente, sem um imaginário de confiança, não há elo social possível. A não ser que se admita que as sociedades modernas desenvolvidas só podem ser governadas por oligarquias que transformam os povos "em uma plebe imperial, alimentada por bens industriais do planeta inteiro".[543] É possível que se invente um discurso político que diga que não há verdade escondida, que não há outra verdade além daquela que nos damos. É preciso, talvez, acabar com essa ideologia, muito bem mantida pelas mídias, a da máscara que esconde. Nós dissemos que as máscaras não caem jamais. O discurso é um jogo de máscaras do qual todos participamos, elites e povos, e que nos liga por um contrato de solidariedade recíproca. Assim se constrói a consciência política que deveria impedir que caíssemos na tentação do elitismo, que tende rápido a se tornar uma oligarquia (cujo fim fatal é, com frequência, o totalitarismo), ou na tentação do populismo (cuja fatalidade é, paradoxalmente, a desagregação social). Tanto melhor assumi-la.

Talvez isso seja o "mentir verdadeiro": o discurso dos sonhos dos homens, de sua busca pelo infinito, no qual colocam máscaras sucessivas. Seria preciso, então, inventar um discurso que dissesse que a democracia – até o presente, o menos ruim dos sistemas – será sempre esquartejada entre uma utopia igualitária, que se abre ao outro, e uma soberania comunitária, que de uma maneira ou de outra se fecha sobre si. Ao final, mesmo que pensemos que os povos se satisfaçam com a dominação consentida, desde que legítima,

---

[541] Essa explicação é igualmente sustentada por Todd (2003).

[542] O que os psicossociólogos chamam de "altruísmo fiduciário" (Moscovici, 1994) e o filósofo Paul Ricoeur, "crença" (1990, p. 33).

[543] Essa proposta de Todd (2003, p. 227), como hipótese a respeito do povo americano e que poderíamos estender aos países desenvolvidos, corresponde à confiscação do discurso político pelas elites, por nós observada.

seria preciso inventar um discurso e estruturas políticas que suscitassem a emergência de uma ética da participação: de um lado, um dever de dizer; de outro, um dever de saber; aqui, um dever de agir; lá, um direito do olhar, na verdade, de vigiar. Talvez aqui esteja a nova utopia democrática.

Bibliografia

ABÉLÈS M., « Rituels et communication politique moderne », *Hermès* n° 4, CNRS, Paris, 1991.

AFOUTOU J.-M. et RENAULT J.-J., « La récitation », in *Présidentielle*, Groupe Saint-Cloud, Nathan-Ina, Paris, 1995.

ALTHUSSER, « Idéologie et appareils d'État », *La Pensée* n° 151, Éditions sociales, Paris, 1970.

AMOSSY R., « Pathos, sentiment moral et raison : l'exemple de Maurice Barrès », in Plantin C. et *al. Les Émotions dans les interactions communicatives*, Presses universitaires de Lyon, 2000.

AMOSSY R., *L'Argumentation dans le discours. Discours politique, littérature d'idées, Fiction*, Nathan-Université, Paris, 2000.

ARENDT H., *Condition de l'homme moderne*, Calmann-Lévy, Paris, 1961.

ARENDT H., *Du mensonge à la violence*, traduction française, Gallimard, Paris, 1972.

ARENDT H., *Qu'est-ce que la politique ?*, traduction française de *Was ist Politik ?* Piper Verlag, Munich 1993, Le Seuil, Paris, 1995.

ARISTOTE, *Éthique de Nicomaque*, Flammarion, Paris, 1965.

ARISTOTE, *Rhétorique*, traduction française, Tel-Gallimard, Paris, 1991.

AUGÉ M., *Pour une anthropologie des mondes contemporains*, Flammarion, Paris, 1994.

AUTHIER-REVUZ J. et ROMEU L., « La place de l'autre dans un discours de falsification de l'histoire », *Mots* n° 8, Fondation des sciences politiques, Paris, 1984.

BADIOU A., *Abrégé de métapolitique*, Le Seuil, Paris, 1998.

BARCIA R., *La Véritable Histoire de Lutte ouvrière*, Denoël, Paris, 2003.

BARTHES R., *Mythologies*, Le Seuil, collection Points, Paris, 1957.

BARTHES R., « L'ancienne Rhétorique », *Communications* n° 16, Seuil, Paris, 1970.

BARTHES R., *Roland Barthes par R.B*, Le Seuil, Paris, 1979.

BAUDRILLARD J., *De la séduction*, Galilée, Paris, 1979.

BAUDRU C. et CHABROL C., « Pour en savoir plus », *Mscope* n° 8, *La publicité : masques et miroirs*, CRDP, Versailles, septembre 1994.

BAYART J.-F., *L'Illusion identitaire*, Fayard, Paris, 1996.

BEAUVOIS J.-L. et JOULE R.-V., *Petit traité de manipulation à l'usage des honnêtes gens*, Presses universitaires de Grenoble, Grenoble, 1987.

BONNAFOUS S., « L'arme de la dérision chez J.-M. Le Pen », in *Dérision, contestation, Hermès* n° 29, CNRS Éditions, Paris, 2001.

BONNAFOUS S. et TOURNIER M., « Analyse du discours, lexicométrie, communication et politique », *Langages* n° 117, Larousse, Paris, 1995.

BONNAFOUS S. et TOURNIER M., « Discours et gestes télévisés : quelles méthodes ? », *Mots* n° 67, décembre, ENS Éditions, Lyon, 2001.

BOURDIEU P., *Ce que parler veut dire*, Fayard, Paris, 1982.

BOURDIEU P., *La Domination masculine*, Le Seuil, Paris, 1998.

CALBRIS Geneviève, *L'Expression gestuelle de la pensée d'un homme politique*, CNRS Éditions, Paris, 2003.

CARBÓ T., « Regarding reading : on a metgodological approach », *Discourse and Society*, volume 12 (1), (59-89), SAGE Publications, London, 2001.

CASTORIADIS C., *L'Institution imaginaire de la société*, Le Seuil, Paris, 1975.

CATHALAT B., *Styles de vie*, Éditions d'Organisation, Paris, 1986.

CHABROL C., « Qu'est-ce qu'un bilan de campagne publicitaire », *Mscope* n° 8, *La publicité : masques et miroirs*, CRDP, Versailles, septembre 1994.

CHABROL C., « Le tiers du discours dans l'espace idéologique », in *La Voix cachée du tiers. Des non-dits du discours*, L'Harmattan, Paris, 2004.

CHABROL C., « Pour une psychologie des communications politiques », colloque université de Caen, 22-23 novembre 2002 et Rouen du 16 janvier 2002.

CHARAUDEAU P., *Grammaire du sens et de l'expression*, Hachette, Paris, 1992.

CHARAUDEAU P., « Le discours publicitaire, genre discursif », *Mscope* n° 8, CRDP de Versailles, septembre 1994.

CHARAUDEAU P., « Le dialogue dans un modèle de discours », in *Cahiers de linguistique française* n° 17, Université de Genève, Suisse, 1995.

CHARAUDEAU P., *Le Discours d'information médiatique*, Nathan-Ina, Paris, 1997.

CHARAUDEAU P. et Ghiglione R., *La Parole confisquée. Un genre télévisuel : le talk show*, Dunod, Paris, 1997.

CHARAUDEAU P., « L'argumentation n'est peut-être pas ce que l'on croit », *Le Français aujourd'hui* n° 123, Association des enseignants de français, Paris, septembre 1998.

CHARAUDEAU P., « Une problématisation discursive de l'émotion. À propos des effets de pathémisation à la télévision », in Plantin C. et *al.*, *Les Émotions dans les interactions communicatives*, Presses universitaires de Lyon, Lyon, 2000.

CHARAUDEAU P. (dir.), *La Télévision et la Guerre*, Ina-De Boeck, Louvain-la-Neuve, 2001.

CHARAUDEAU P. et Maingueneau D., *Dictionnaire d'analyse du discours*, Le Seuil, Paris, 2002.

CHARAUDEAU P., « Tiers, où es-tu ? À propos du tiers du discours », in *La Voix cachée du tiers. Des non-dits du discours*, L'Harmattan, Paris, 2004.

CHARAUDEAU P., *Les Médias de l'Information. L'impossible transparence du discours*, De Boeck-Ina, Louvain, 2004.

CICÉRON, *De l'orateur*, traduction française, Les Belles Lettres, Paris, 1966.

COPI I. et BURGESS-JACKSON K., *Informal logic*, Prentice Hall, New Jersey, 1986.

COURTINE J.-J., *Analyse du discours politique*, Langages n° 62, Larousse, Paris, 1981.

CRETTIEZ X. et SOMMIER I. (dir.), *La France rebelle*, Éditions Michalon, Paris, 2002.

DABDAB TRABULSI J.A., *Ensaio sobre a mobilização política na Grécia Antiga*, Editora UFMG, Belo Horizonte, 2001.

DAYAN D., « Médias et diasporas », *Les Cahiers de médiologie* n° 3, *Anciennes nations, nouveaux réseaux*, Gallimard, Paris, 1999.

DAYAN D., « Télévision : le presque public », in *Communiquer à l'ère des réseaux*, Réseaux n° 100, volume 18, Hermès Science, Paris, 2000.

DEBRAY R., *L'État séducteur*, Gallimard, Paris, 1993.

DERRIDA J., *Voyous*, Galilée, Paris, 2003.

DERRIDA J. et STIEGLER B., *Échographies de la télévision. Entretiens filmés*, Galilée-Ina, Paris, 1996.

Dictionnaire encyclopédique du judaïsme, sous la dir. de G. Wigoder, Éditions du Cerf/Robert Laffont, Paris, 1997.

DOMENACH J.-M., *La Propagande politique*, PUF, Paris, 1950.

DUBOIS J., « Présentation », Langages n° 52, Didier-Larousse, Paris, 1978.

DUBY G., *L'Histoire continue*, Odile Jacob, Paris 1991.

DUBY G. et MANDROU R., *Histoire de la civilisation française*, Armand Colin, Paris, 1984.

DUCROT O., *Le Dire et le Dit*, Éditions de Minuit, Paris, 1984.

DURKHEIM E., *Les Formes élémentaires de la vie religieuse*, Alcan, Paris, 1925.

EEMEREN F.H. et GROOTENDORST R., *Argumentación, comunicación y Falacias. Una perspectiva pragma-dialectica*, (traduction espagnole de *Argumentation, Communication and Fallacies*, 1992), Ediciones Universidad católica de Chile, Santiago, 2002.

EGGS, E., « Logos, ethos, pathos, l'actualité de le rhétorique des passions chez Aristote », in Plantin C. et al., *Les Émotions dans les interactions communicatives*, Presses universitaires de Lyon, Lyon, 2000.

ELSTER J., « Rationalité, émotions et normes sociales », in *La Couleur des pensées*, Éditions de l'EHESS, Paris, 1995.

EMILSSON E. et ZASLAVSKY D., « Stratégies communicationnelles et construction d'identité : les effets du zapatisme dans l'espace public mexicain », *Hermès* n° 28, CNRS Communication, Paris, 2000.

ESQUENAZI J.-P., « Brève histoire politicienne de la télévision », *Dossiers de l'audiovisuel* n° 102, Ina, Paris, 2002.

FERRY J.-M., « Les transformations de la Publicité politique », *Hermès* n° 4, CNRS, Paris, 1991.

FLICHY P., *Une histoire de la communication moderne : espace public et vie privée*, La Découverte, Paris, 1991.

FLICHY P., « La place de l'imaginaire dans l'action technique. Le cas de l'Internet », *Réseaux*, volume 19 n° 109, Hermès Science, Paris, 2001.

FOUCAULT M., *Les Mots et les Choses*, Gallimard, Paris, 1966.

FOUCAULT M., *L'Archéologie du savoir*, Gallimard, Paris, 1969.

FOUCAULT M., *L'Ordre du discours*, Gallimard, Paris, 1971.

FOUCAULT M., *La Volonté de savoir*, Gallimard, Paris, 1976.

FUKUYAMA F., *La Fin de l'histoire et le dernier homme*, Flammarion, Paris, 1992 (traduction française de *The End of History and the Last Man*, 1992).

GHIGLIONE R. et CHARAUDEAU P., *Paroles en images, images de parole. Trois talk shows européens*, Didier Érudition, Paris, 1999.

GOFFMAN E., *La Mise en scène de la vie quotidienne*, t.1, traduction française, Éditions de Minuit, Paris, 1973.

GRACIÁN B., *Arte de ingenio, Tratado de la Agudeza*, Ediciones Cátedra, Madrid, 1998.

GRIZE J.B., « Argumentation et logique naturelle », *Hermès* n° 15, *Argumentation et rhétorique (I)*, CNRS Communication, Paris, 1995.

GROUPE SAINT-CLOUD, *Présidentielle. Regards sur les discours télévisés*, Nathan-Ina, Paris, 1995.

GUIMELLI C., *La Pensée sociale*, collection Que sais-je ?, PUF, Paris, 1999.

HABERMAS J., *Théorie de l'agir communicationnel*, trad. fr., Fayard, Paris, 1987.

HABERMAS J., « L'espace public, 30 ans après », *Quaderni* n° 18, automne 1992.

HAMBURGER K., *Logique des genres littéraires*, traduction française, Seuil, Paris, 1986.

HARTLEY J., « Invisible Fictions, Paedocracy, Pleasure », in *Textual Practice*, volume 1, n° 2, 1987.

HARTLEY J., « The Real World of Audiences », in *Critical Studies in Mass Communications*, septembre 1988.

HERVIEU-LÉGER D., *La Religion pour mémoire*, Éditions du Cerf, Paris, 1993.

JOUSSAIN A., *Les Sentiments et l'Intelligence*, Flammarion, Paris, 1930.

KANT E., *Anthropologie du point de vue pragmatique*, Flammarion, Paris, 1993.

KERBRAT-ORECCHIONI C., « Quelle place pour les émotions dans la linguistique du XXe siècle ? Remarques et aperçus », in Plantin C. et *al.*, *Les Émotions dans les interactions*, Presses universitaires de Lyon, Lyon, 2000.

LAMIZET B., *Politique et identité*, Presses universitaires de Lyon, Lyon, 2002.

LE BART C., *Le Discours politique*, PUF, Que sais-je ? n° 3397, Paris, 1998.

LEFORT C., *The Political Forms of Modern Society : Bureaucracy, Democracy, Totalitarism*, Polity Press, Cambridge, 1986.

LEFORT C., *La Complication. Retour sur le communisme*, Fayard, Paris, 1999.

LOCHARD G., « Parcours d'un concept dans les études télévisuelles », *Hermès* n° 25, CNRS Communication, Paris, 1999.

LORDA C.-U., « Les articles dits d'information : la relation de déclarations politiques », *Semen* n° 13, Presses universitaires franc-comtoises, Besançon, 2001.

MACÉ É., « Éléments d'une sociologie contemporaine de la culture de masse. À partir d'une relecture de *L'Esprit du temps* d'Edgar Morin », *Hermès* n° 31, CNRS Communication, Paris, 2001.

MACHIAVEL, *Le Prince*, traduction française, Flammarion, Paris, 1980.

MAFFESOLI M., *La política y su doble*, UNAM, Mexico, 1992.

MAINE DE BIRAN, *Mémoire sur la décomposition de la pensée*, Vrin, Paris, 1988.

MAINGUENEAU D., *Le Contexte de l'œuvre littéraire. Énonciation, écrivain, société*, Dunod, Paris, 1993.

MAINGUENEAU D., « Scénographie épistolaire et débat public », in J. Siess (dir.) *La Lettre, entre réel et fiction*, Sedes, Paris, 1998.

MAINGUENEAU D., « Lecture, incorporation et monde éthique », revue *Études de linguistique appliquée* n° 119, Didier Érudition, Paris, 2000.

MAINGUENEAU D., « Problèmes d'ethos », *Pratiques* n° 113/114 juin, Metz, 2002.

MAINGUENEAU D. et COSSUTTA F., « L'analyse des discours constituants », *Langages* n° 117, Larousse, Paris, 1995.

MANNO G., « L'appel à l'aide humanitaire : un genre directif émotionnel », in Plantin C. et *al.*, *Les Émotions dans les interactions communicatives*, Presses universitaires de Lyon, Lyon, 2000.

MARTEL G., « Débat politique télévisé. Une stratégie argumentative en trois dimensions : textuelle, interactionnelle et émotionnelle », in Plantin C. et *al.*, *Les Émotions dans les interactions communicatives*, Presses universitaires de Lyon, Lyon, 2000.

MATHERON A., « Passions et institutions chez Spinoza », in Lazzeri C. et Reynié D. (dir.), *La Raison d'État : politique et rationalité*, PUF, Paris, 1992.

MATHIEU-CASTELLANI G., *La Rhétorique des passions*, PUF, collection Écriture, Paris, 2000.

MEAD G.H., *L'Esprit, le soi et la société*, traduction française, (1re édition 1934, *Mind, Self and Society from the Stand Point of a Social Behaviorist*, Chicago, University Press of Chicago), PUF, Paris, 1963.

MEHL D., *La Télévision de l'intimité*, Le Seuil, Paris, 1996.

MICHÉA J.C., « Impasse Adam Smith », in *Brève remarque sur l'impossibilité de dépasser le capitalisme sur sa gauche*, Climats, Paris, 2002.

MIÈGE B., « L'espace public : au-delà de la sphère publique », *Hermès* n° 17-18, Paris, CNRS Éditions, 1995.

MORIN E., *L'Esprit du temps 1, Névrose*, Grasset, (1re édition 1962), Paris, 1975.

MORIN E., *L'Esprit du temps 2, Nécrose*, Grasset, Paris, 1975.

MOSCOVICI S., *La Psychanalyse, son image et son public*, PUF, Paris, 1976.

MOSCOVICI S., (dir.), *Psychologie sociale des relations à autrui*, Nathan, Paris, 1994.

Nussbaum M., « Les émotions comme jugement de valeur », in *La Couleur des pensées*, Éditions de l'EHESS, Paris, 1995.

Paperman P., « L'absence d'émotion comme offense », in *La Couleur des pensées*, Éditions de l'EHESS, Paris, 1995.

Pascal B., *De l'esprit géométrique et de l'art de persuader*, in Œuvres complètes IX, Pléiade-Gallimard, Paris, 1954.

Pascal B., *Pensées*, Flammarion, Paris, 1964.

Pasquier D., *La Culture des sentiments*, édition de la Maison des sciences de l'homme, Paris, 1999.

Pêcheux M., *L'Analyse automatique du discours*, Dunod, Paris, 1969.

Pêcheux M., *Les Vérités de la Palice*, Maspero, Paris, 1975.

Pêcheux M., « L'étrange miroir de l'analyse de discours », in *L'Analyse du discours politique* par J.-J. Courtine, *Langages* n° 62, Larousse, Paris, 1981.

Pêcheux M., « On a gagné » dans « le discours : structure ou événement ? » (juillet 1983), in *L'Inquiétude du discours*, Éditions des Cendres, Paris, 1990.

Pêcheux M., « Remontons de Foucault à Spinoza » (1977), in *L'Inquiétude du discours*, Éditions des Cendres, Paris, 1990.

Perelman C et Olbrechts Tyteca O., *Traité de l'argumentation. La Nouvelle Rhétorique*, Éditions de l'Université de Bruxelles, Bruxelles, 1970.

Petit J.-L., « Événement et sens », in *L'Événement en perspective*, Éditions de l'EHESS, Paris, 1991.

Picon A., « Imaginaires de l'efficacité, pensée technique et rationalisation », *Réseaux*, volume 19 n° 109, Hermès Science, Paris, 2001.

Pirat B., « En haut et au centre : la prééminence présidentielle », in Les Métaphores spatiales en politique, *Mots* n° 68, mars 2002, Lyon, ENS Éditions, 2002.

Plantin C., *Essais sur l'argumentation*, Kimé, Paris, 1990.

Plantin C., *L'Argumentation*, Le Seuil, Paris, 1996.

Platon, *La République*, Garnier-Flammarion, Paris, 1966.

Prost A., *Douze leçons sur l'histoire*, Seuil, collection Histoire, Paris, 1996.

Rawls J., *A Theory of Justice*, 1971, traduction française *Théorie de la justice*, Le Seuil, Paris, 1987-1997.

Rémond R., *Les Droites en France*, Aubier-Montaigne, Paris, 1982.

Rémond R., *Une mémoire française*, Desclée De Brouwer, Paris, 2002.

Ricœur P., *Soi-même comme un autre*, Le Seuil, Paris, 1990.

Ricœur P., *L'Idéologie et l'Utopie*, Le Seuil, Paris, 1997.

Rosanvallon P., *La Démocratie inachevée*, Gallimard-Folio, Paris, 2000.

Rousseau J.-J., *Œuvres complètes* (Tomes III et IV), Bibliothèque de la Pléiade, Paris, 1964.

Rousseau J.-J., *L'Émile ou De l'éducation*, Flammarion, Paris, 1966.

Santville D., « Les rituels de la communication politique », *Dossiers de l'audiovisuel* n° 102, Ina, Paris, 2002.

SCHANK R.C. et ABELSON R.P., *Scripts, Plans, Goals and Understanding : An Inquiry into Human Knowledge Structures*, Hillsdale (New Jersey), Lawrence Erlabaum, 1977.

SOUCHARD M. et *alii*, *Le Pen. Les mots. Analyse d'un discours d'extrême droite*, Le Monde éditions, Paris, 1997.

SOULAGES J.C., *Les Mises en scène visuelles de l'information. Étude comparée France, Espagne, États-Unis*, Nathan-Ina, Paris, 1999.

THOMPSON J.-B., *Studies in the Theorie of Ideologie*, Polity Press, Cambridge, 1984.

TOCQUEVILLE A. (de), *De la démocratie en Amérique*, Flammarion, Paris, 1981.

TODD E., *Après l'empire*, Gallimard, Paris, 2003.

TOULMIN S.E., *Les Usages de l'argumentation*, PUF, Paris, 1994.

TOURAINE A., *Comment sortir du libéralisme ?*, Le Livre de Poche, Paris, 1999.

TROGNON A. et LARUE J., *Pragmatique du discours politique*, Armand Colin, Paris, 1994.

VAN DIJK T.A., « Discurso, Poder y Cognición Social », *Cuadernos* n° 2, Universidad del Valle, Cali, 1994.

VAN DIJK T.A., *Ideology. A Multidisciplinary Approach*, SAGE Publication Ltd, London, 1998, traduction espagnole *Ideología. Una aproximación multidisciplinaria*, Gedisa, Barcelona, 1999.

VAN EEMEREN F. et GROOTENDORST R., *La Nouvelle Dialectique*, traduction française, Kimé, Paris, 1996.

VIDAL-NAQUET P., *Face à la raison d'État*, La Découverte (reéd.), Paris, 2002.

VILLEPIN D. (de), *Les Cent-Jours ou l'esprit de sacrifice*, Perrin, Paris, 2001.

VION R., *La Politique s'affiche*, Didier Érudition, Paris, 1988.

VOLTAIRE, *Traité de métaphysique*, in *Mélanges*, Bibliothèque de la Pléiade, Gallimard, Paris, 1961.

WEBER M., *Le Savant et le Politique*, La Découverte, Paris, 2003.

WEBER M., *L'Éthique protestante et l'esprit du capitalisme*, Plon, Paris, 1964.

WEBER M., *Économie et société*, Plon, Paris, 1971.

WOLTON D., « Communication politique : Construction d'un modèle », *Hermès* n° 4, CNRS Éditions, Paris, 1989.

WOLTON D., « Communication politique : les médias, maillon faible de la communication politique », *Hermès* n° 4, CNRS Éditions, Paris, 1989.

WOLTON D., « Les contradictions de la communication politique », *Hermès* n° 17-18, CNRS Éditions, Paris, 1995.

WUNENBURGER J.J., *Une utopie de la raison*, La Table ronde, Paris, 2002.

ZASLAVSKY-LARTIGUE D., *La presse aux prises avec le discours des acteurs politiques. Une analyse des titres de discours rapporté dans la presse mexicaine au cours de l'événement Chiapas (1994-1995)*, Thèse de doctorat, Université de Paris 13, 2003.

Os tradutores

Dilson Ferreira da Cruz é doutorando em Semiótica e Linguística pela Universidade de São Paulo (USP).

Fabiana Komesu é doutora em Linguística pela Universidade Estadual de Campinas (Unicamp).